경제적청춘

경제적 청춘

2017년 5월 1일 초판 1쇄 발행 | 2017년 5월 16일 5쇄 발행
지은이·조원경

펴낸이·김상현, 최세현
책임편집·김형필, 허주현, 조아라 | 디자인·고영선

마케팅·권금숙, 김명래, 양봉호, 임지윤, 최의범, 조히라
경영지원·김현우, 강신우 | 해외기획·우정민
펴낸곳·(주)쌤앤파커스 | 출판신고·2006년 9월 25일 제406-2006-000210호
주소·경기도 파주시 회동길 174 파주출판도시
전화·031-960-4800 | 팩스·031-960-4806 | 이메일·info@smpk.kr

ⓒ 조원경(저작권자와 맺은 특약에 따라 검인을 생략합니다)
ISBN 978-89-6570-458-4 (03320)

쌤앤파커스(Sam&Parkers)는 독자 여러분의 책에 관한 아이디어와 원고 투고를 설레는 마음으로 기다리고
있습니다. 책으로 엮기를 원하는 아이디어가 있으신 분은 이메일 book@smpk.kr로 간단한 개요와 취지,
연락처 등을 보내주세요. 머뭇거리지 말고 문을 두드리세요. 길이 열립니다.

경제적 청춘

경제학의 관점으로 보는 청춘의 선택과 기회

조원경 지음

쌤앤파커스

"

훗날 지나간 세월을 놓고
자신의 선택에 대한 기회비용을 아쉬워하지 말자.
기성세대가 만들어놓은 선택지를
정답이라 생각하고 좌절하지 말자.

"

'경제적 청춘'의 탄생

어수선한 세계 경제 분위기 속에서도 시간은 어김없이 흘러간다. 속절없이 흐르는 세월 속에서 경제 회복을 위한 골든타임을 찾으라는 구호는 몇 년째 허공의 메아리가 되고 있다. 비관도 낙관도 금물인 여건 속에서 우리는 여전히 긴 터널을 쉬지 않고 달리고 있다. 미끄러지면 다시 일어나 뛰겠지만 장기간 피로에 따른 체력 저하가 느껴진다. '어두운 터널을 완전히 벗어날 수 있을까?' 하는 두려움이 엄습한다. 끈기와 인내로 성장의 잠재력을 높이기 위한 정부의 다양한 처방이 내려진 지 오래지만 효과는 그다지 없었다. 모든 걸 한방에 해결할 만병통치약은 없는 것처럼 보인다. 조급한 긴급 처방에 의존하지 않고 경제의 자생력을 회복해서 역동적으로 나아갈 수 있는 복원력을 키워야 하는데, 그게 말처럼 쉽지만은 않다. 도처에 불확실성이란 지뢰가 도사리고 있기 때문이다.

누군가는 그것들을 화약고라고 부른다. 그런 모습을 바라보면 누구나 '내 미래의 경제적 성공 가능성'이란 말을 한 번쯤 되뇌이게 된다. 누구든지 태어나서 좋은 가정을 꾸리고, 적당한 소득으로 행복한 삶을 누리고 싶어 하지 않나. 청춘에게 그게 사치라면 그건 삶의 진정한 가치를 잃어버린 사회이리라. 어느 시인은 "청춘은 인생의 한 시기가 아니고, 마음의 상태"라고 말했다. 몸은 청춘인데 최악의 청년 실업률 파고 속에 마음마저 노쇠해간다면 얼마나 슬픈 일인가. 한 설문 조사에 의하면 지금 대한민국 20대 청춘들을 가장 힘들게 하는 것은 '돈과 직장'이라고 한다. '이유를 알 수 없는 무기력함과 우울함'이 그 다음이었고, 인간관계, 외모 고민, 이성 문제는 모두 10% 내외의 낮은 응답률을 보였다.

몸도 마음도 청춘인 것이 사치가 된 시대에서, 그들은 '경제적 청춘'을 구호로 내세워 자존감을 세우고자 절규하고 있다. 캥거루족을 넘는 각종 신조어가 마치 그들을 '불효할 수밖에 없는 2030'세대로 내몰고 있다. 부모의 노후 자금에 빨대를 꽂아 제 돈처럼 사용한다는 '빨대족'이 대표적이다. 그래서일까. 그들에게는 사랑에도 결혼에도 경제적 판단이 앞선다. 타인의 SNS에서 보이는 멋진 경제적 삶이 부러울 수밖에 없고, 그렇지 못한 현실 속 자신의 자존감은 낮아진다. 혼술에 혼밥을 하는 게 아무렇지도 않지만 가끔은 서러워 눈물이 나기도 한다.

수확을 앞둔 농부에게 가을의 된서리는 두려운 존재이다. 세계

경제적 청춘

적으로 일자리 창출, 소득증대, 양극화 해소를 요구하는 지구인의 목소리가 추상秋霜같이 다가온다. 그래서일까? 2016년 한해는 세계적으로 선거에 있어 이변이 많았다. 미래가 암담하다고 생각해서였을까? 민심은 각국 정부를 떠난 것처럼 느껴졌고 각 나라 정부는 민심을 추스르기 위해 분주하다.

지금 나뭇가지를 잡아 흔드는 바람 사이로 비가 내리고 그 사이로 수많은 청춘의 고뇌가 들린다. 많은 지구인이, 특히 젊은이들이 마음의 한기를 느끼며 일자리를 찾아 회색빛 거리를 거닐고 있다.

한때 나는 비발디의 '사계' 중 겨울 제2악장을 통화연결음으로 사용했었다. 헤어진 연인을 그리워해서는 아니었다. 꽁꽁 얼어붙은 경제 한파를 녹여줄 것 같아 이 음악을 선택하고 언제 올지 모를 봄의 아늑함과 평화로움을 염원했다. 신문에는 세계 경제의 회복 기미를 알리는 신호가 등장하지만, 지친 청춘들이 기대하고 있는 봄은 여전히 오지 않는 듯하다. 그들은 다리가 없어 앉을 수 없는 새의 처지가 된 채 집안 가득 배반의 장미 향기만 가득 느끼고 있다. 나 역시 그들에게 동화되어 며칠 전부터 컬러링을 바꾸고 싶은 생각이 불현듯 들었다. 클래식을 고집하고 싶은 개인의 취향을 고수하면서, 비발디 대신에 베토벤의 여러 곡을 번갈아가며 선택하기로 했다.

언제부터인지 나의 삶은 철지난 베토벤 바이러스에 심하게 감염되었다. 천재였지만 불행한 삶을 산 그가 시대의 아픔을 대변해줄 수 있는 '영웅'으로 느껴졌기 때문이다. 벽에 걸린 사진 속의 그가 나를 물끄러미 쳐다보는데 그 눈이 너무 슬퍼 보인다. 어떤 화가

도 그의 얼굴을 덮고 있는 슬픈 표정을 표현하지 못했다. 그의 시선이 오늘 따라 더 슬퍼 보인다.

세상살이에 대한 나의 고민이 더해질수록 그의 교향곡과 소나타를 번갈아 들으며 상념에 빠져드는 시간이 늘어갔다. 나와 마찬가지로 많은 사람들이 경제의 무기력증을 해소해줄 수 있는 '영웅'이 언제 나타날 것인지 진실로 갈망하는 듯하다.

'창조적 파괴'를 자본주의 발달의 원인으로 규정한 조셉 슘페터는 혁신적 영웅의 탄생을 염원했다. 4차 산업혁명의 불길이 세계를 덮고 있는 상황에서 한때 잊혀진 슘페터의 이론이 재조명받고 있다. 이제 경제를 움직이는 패러다임이 바뀌었다. 노동이나 자본의 양에 경제가 좌우되기보다는, 지식기반의 사회를 만드는 것이 더 중요하게 인식되고 있다. 기하급수적으로 발전하는 기술이 향후 인류의 삶을 송두리째 바꿔놓을 것이란 인식이 세계적으로 널리 퍼져 있다.

그런데 이상하다. 기술은 점점 발전하는데, 미래 세대가 겪을 여러 어려움을 해소할 구세주는 과연 나타날 것인지에 대한 불안감이 드는 것은 왜일까?

기술이 발전하면 일자리 문제는 더욱 악화될 것이라는 여론 때문일지 모르겠다. 마음을 진정시키기 위해 피아노 앞에 앉아본다. 피아노를 배울 때 누구나 한 번쯤 쳐봤을 '엘리제를 위하여'를 떠올리며 건반 위에서 두 손을 열심히 움직인다. 엘리제…. 그녀가 누구인지에 대한 여러 설이 있다. 그중 하나는 베토벤 친구의 연인이었던 엘리자베스 뢰켈의 별명 중 하나였던 '엘리제'를 칭한다는 설이다. 이루어질 수 없는 사랑의 아픔이 다가온다. 물론 이후의 연구에 의해 이 설은 진실이 아닌 것으로 밝혀졌다.

슘페터에게도 엘리자베스라는 여인이 있었다. 그는 여성 편력이 심한 학자였고 몇 번의 결혼을 했다. 3번째 부인이었던 엘리자베스는 슘페터 사후에 나온《경제 분석의 역사》를 편집하고 완성했다. 엘리자베스는 슘페터의 학문적 전성기를 함께했다. 그가 더 이상 학문적으로 진전된 성과를 보여줄 수 없었던 쓸쓸한 황혼기도 같이 했다. 나는 한편으로는 베토벤을, 다른 한편으로는 슘페터를 생각하며 연주에 몰입한다. 클라이맥스로 치닫다가 이윽고 영웅과 여인을 생각하며 건반 위의 손을 멈췄다.

경제적으로 자립을 해야 결혼도 하고 아이도 낳을 것 아닌가? 혼자 살기도 어려운 세상에 가정까지 꾸려서는 생활할 도리가 없다 보니 비혼 인구가 늘어난다. 가정을 못 꾸리는 데에는 경제적 요인이 가장 크다. '엘리제'를 한 번 안아보는 것이 그들에게는 그림의 떡일지 모르겠다.

이슥한 밤에 불을 끄고 오래된 턴테이블에서 흘러나오는 나의 영웅 베토벤을 다시 음미한다. 누군가는 개천에서 용 나기 어렵다고, 이번 생은 망했다고 한탄한다. '경제적 청춘'이란 그렇게 거창한 것이 아니다. 모든 것을 경제적으로 따져보게 되는 청춘들은 그저 경제적인 독립체로서의 '경제적 청춘'을 살아가고자 하는 군상群像일 수 있다. 그들은 한 떨기 전원의 라일락처럼, 홀로 서서 소박하고 유유자적하게 만족하는 삶을 살고 싶은 것일지도 모른다.

세상살이 '함께하기'가 이렇게 어려운건가? 세대 간의 갈등이 크게 느껴질수록 내 노트에는 통합과 화해의 중요성을 강조한 신문 스크랩이 가득해진다. 어르신도 젊은이도 소중한 우리 이웃인데 생각하는 간격은 커져만 간다. 혼술과 혼밥이 인간을 극단화된 개인주의 삶에 익숙하게 만들어가는 것은 아닌지도 걱정된다. 세상이 각박해져서일까? 자기 나라만 잘살면 된다는 신고립주의가 등장하고 있다. 그래서인지 세계 경제의 낙관은 금물이라고 신문의 기사들이 뾰로통하게 나를 쳐다보며 쏘아댄다.

신고립주의로 대표되는 트럼프노믹스나 브렉시트 협상이 어떻게 전개될지 자못 궁금하다. 한미 자유무역협정은 Korea의 Kor와 United States의 약어 U.S.를 결부시켜 KORUS FTA라고 한다. 이와 동음이의어인 chorus는 '합창'이란 뜻이다. 합창은 '함께하는 것'이다. 함께해가는 것이 무엇이 있을까 생각하니 눈앞의 피아노 건반이 보인다. 신문에는 '함께'란 단어를 비웃듯 자유무역협정이 자국의 일자리를 빼앗고 중산층 붕괴를 야기한 주범인 양 지금까지 체결한 조약들을 미국이 다시 검토할 수 있다는 으름장을 우려 섞인 목소리로 적시하고 있다.

피아노 건반을 생각하며 베토벤의 '합창 교향곡'을 떠올려본다. 합창의 정신이 훼손되면 세계 경제는 더욱 위축될 수밖에 없다. 반세계화의 기치가 나오는 가운데 베토벤은 진실로 우정을 나눈 자는 환희의 기쁨을 함께해야 함을 강조하고 있었다. "야호" 하고 이쪽에서 외치면 저쪽에서 "야호" 하고 메아리가 울려 퍼져야 하는데 자기 나라만 잘살면 된다는 외침이 심히 우려되는 상황으로 세상살이가

경제적 청춘

전개될지 모른다고 생각하니 앞으로 힘겹게 살아갈 젊음의 고뇌가 깊어만 간다. 혼자서는 잠시 빨리 갈 수 있을지 모르나 함께 가야 멀리 오래갈 수 있다는 말을 왜 모를까? 그래서 이번에는 국제공조라는 '합창 교향곡'과 이에 걸맞은 오래된 팝송을 하나 선택하여 가사를 음미해본다.

"Ebony & Ivory, live together in perfect harmony side by side on my piano keyboard, Oh Lord, why don't we?"
"흑단과 상아가 피아노 건반 위에서는 완벽하게 하모니를 이루며 함께 사는데, 신이시여, 우리라고 안 될까요?"

히말라야의 안나푸르나 트레킹 코스 중 가장 높은 곳인 쏘롱 라 패스. 해발 5,416m에서 태극기가 펄럭이고 한국인 피아니스트가 연주하는 피아노 선율이 흘렀다. 피아니스트 김가람과 '피아노&아이스크림' 팀이 지진 피해로 실의에 빠진 네팔을 돕고 '평화, 희망, 기쁨'의 메시지를 전하기 위해 연 피아노 콘서트다. '세계에서 가장 높은 곳에서 열린 최초의 피아노 콘서트'였다. 피아노는 평화와 화합을 상징하는 악기이고 아이스크림은 남녀노소 누구나 좋아하며 기쁨을 주는 음식이다. 바로 '함께'의 정신을 실현한 것이다. '함께'를 생각하니 영화 '은교'의 대사가 생각난다.

"별이 똑같은 별이 아니다. 너희의 젊음이 노력해서 얻은 상이 아니듯 나의 늙음도 잘못으로 받은 벌이 아니다."

우리는 한 나라 안에서 벌어지고 있는 세대 간의 갈등을 종식해야 한다. 나아가 "We are the world."의 시대 정신을 되살려야 한다. 그게 젊은 미래세대가 세계 속에서 평화롭게 살 수 있는 길이다.

스티브 원더와 폴 메카트니가 부른 'Ebony and Ivory'가 아름다운 이유는 우리에게 함께 사는 법과 가치를 노래해주기 때문이다. 피아노 건반의 반은 흰 건반이고 반은 검은 건반이다. 그 반은 다름이지만 동반의 의미이기도 하다. 그래야 조화의 아름다움을 느낄 수 있다. 피아노 건반의 흑과 백이 아름다운 선율을 전해주듯 이 세상도 그럴 수 있다는 믿음을 포기하고 싶지 않다. 그리고 우리 미래의 경제적 성공 가능성을 믿고 '경제적 청춘'이란 구호를 생각하며 그들의 어려움을 이해하면서 교감하고 싶다.

어느덧 흑과 백의 건반 위를 걷는 경제학자들이 떠오른다. 그들은 세상을 치유하기를 자처하며 대중과 소통하기 위한 나름의 준비를 하고 있었다. 나는 조용히 눈을 감고 베토벤의 걸작을 들으며 그들이 전해주는 경제 교향곡에 어느새 깊이 빠져 들어간다. 저 멀리 '전원'에서 울려 퍼지는 연주가 나의 흔들리는 불안한 '운명'에 휴식 같은 친구가 되었으면 한다.

청춘의 경제학

엘리제를 위하여

'엘리제를 위하여'는 깊고 슬픈 감정을 잉태한 곡이다. 서글픈 사랑의 대명사다. 사랑을 잃은 사람이 이루어질 수 없는 사람을 회상하며 늘어놓는 고즈넉한 넋두리를 듣는 기분이 든다.

이 곡의 악보는 독일의 작곡가 베토벤이 죽은 지 40여 년 후에 뮌헨에서 발견됐다. 악보에는 '엘리제를 위하여. 4월 27일, 추억을 기리며, 베토벤'이라고 적혀 있었다. 많은 사람들은 엘리제가 누구인지 궁금해했다. 베토벤은 엘리제라는 여성을 사귄 적이 없었기 때문이다. 일설에 의하면, 악필로 유명했던 베토벤의 필기체 글씨를 사람들이 잘못 읽은 탓에 '테레제'가 엘리제로 바뀌어 전해졌다고 한다.

빈 출신 의사의 딸로 태어난 테레제 말파티는 베토벤이 진실로 사랑했던 여인이었다. 베토벤은 아름다운 테레제에게 피아노를 가르치기도 했고, 그녀에게 자신의 작품을 바치기도 했다. 베토벤은 그녀에게 청혼했지만, 23살이나 많은 나이와 신분 차이가 걸림돌이 되어 이루어질 수 없었다. 이루어질 수 없는 사랑으로 열병을 앓던 베토벤이 테레제에게 보낸 사랑의 음악 편지가 바로 '엘리제를 위하여'인 것이다.

신분의 벽을 넘지 못하는 사랑은 오늘날에도 계속된다. '수저론'이 세태를 풍미하는 한국 사회에서 국가는 저출산 고령화 문제 해결을 위해 사활을 걸고 있다. 2017년은 저출산으로 생산가능인구가 감소하는 첫해이다. 그러나 상당수 젊은 청춘들은 자신들을 '삼포 세대', '7포 세대'라 부르며 결혼을 안 하는 것이 아니라 못하는 것이라 강변한다.

이 섹션에서는 이 시대 청춘의 연애와 결혼에 관한 현주소를 파악하고, 세계적인 경제학 이론을 통해서 한국 사회가 고민해봐야 할 시사점을 모색해보기로 한다.

결혼을 편익과 비용을 따지는 인간 행동 유형으로 보는 게리 베커의 결혼 경제학은 여전히 찬반 논쟁이 치열하다. 하지만 결혼 적령기의 사람들은 결혼에 이르는 과정에서 얼마나 많은 것을 재고 따지던가? 인간은 어찌 보면 경제적 속물이기에 그의 이론에 돌을 던질 수만은 없어 보인다. 물론 사랑이라는 이름으로 불리는 신성함을 결혼의 조건으로 생각하는 많은 이들을 위해 낭만적 연애를 나 몰라라 할 수도 없다.

마이클 스펜스의 '신호 이론'은 연애의 기술을 배우고 싶은 이들에게, 토머스 셸링의 '갈등 전략 이론'은 이른바 '밀당'하며 고군분투하고 있는 연인들을 위해, 나아가 올리버 하트와 뱅트 홀름스트룀의 '계약 이론'은 결혼과 이혼으로 가족이 되는 혹은 남남이 되는 사람들에게 혜안을 줄 것이다.

'엘리제를 위하여'가 사랑을 갈구하는 베토벤의 심정을 노래한다면, 이 섹션은 '낭만적 연애'와 '현실적 결혼' 사이에서 방황하는 이 시대 청춘을 위한 소야곡이 될 것이다.

결혼, '남는 장사'가 될
권리를 찾다

●

노벨경제학상을 수상한 한 경제학자가 TV에 나와 결혼에 대해 이야기한다. 아마 현 세태를 풍자하는 목적으로 기획된 프로그램인 것 같다. 결혼에 대한 부정적인 분위기가 팽배한 시대다. 결혼은 하고 싶지만 집이며 혼수며, 결혼에 따른 비용 문제로 결혼을 주저하는 2030 세대가 연일 뉴스에 등장한다. 높은 청년 실업률, 낮은 임금에 따른 청년 노동자의 결혼 포기, 전세난, 높은 육아 비용, 저출산, 고령화로 우리 사회의 미래가 암담하다고 다들 야단이다.

"결혼을 하면 좋은 게 있죠. 혼자서 아무리 노력해도 도저히 얻을 수 없는 것들, 이를테면 인간은 철이 들면 정신적으로 도덕적으로 고독과 허무, 방종에서 벗어나고 싶어 하잖아요. 결혼을 하면 독신으로 살 때 느끼는 외로움에서 해방되죠. 빈손으로 왔

경제적 청춘

다가 빈손으로 가는 인생에서 그래도 세상과 이별할 때 자신의 대를 이어줄 후손이 있어 든든하지 않을까요. 결혼이 주는 정신적 포만감은 상당하다고 봅니다. 물론 젊은이들 중에는 한 사람에게 정착하는 것보다 여러 사람들과 연애하며 자유를 즐기는 것이 더 큰 효용을 준다고 생각할 수도 있겠네요."

그는 물 한 모금을 급히 들이키며 세계 각지에서 온 젊은이들에게 '결혼 경제학 강의'의 포문을 열었다. 한국에서는 '삼포세대'란 말이 회자된다. 연애·결혼·출산을 포기하는 청년층을 일컫는 말이다. 여기에 인간관계, 내 집 마련, 꿈과 희망까지 더해져 포기해야 할 항목이 기하급수적으로 늘어난다는 'N포세대'까지 등장했으니, 매우 안타까운 일이다. '내 집 마련'과 '결혼'을 포기할 수밖에 없는 불행한 세태도 놀랍지만, 출산을 포기한다는 현상에 앞으로의 나라 경제가 심히 걱정스럽다. 결혼을 '해도 좋고 하지 않아도 좋다.'고 생각하는 사람이 늘어나고 있는 가운데, 누군가는 영화 제목처럼 '결혼은 미친 짓이다.'라고 강변한다.

"결혼하면 '규모의 효과'를 누릴 수 있어요. 한 사람이 사는 것보다 두 사람 이상이 함께 살면 식비나 주거비가 적게 들죠. 남자와 여자의 노동은 서로 보완재 역할을 하고요. 소위 '규모의 경제'가 발생합니다. 100세 시대에 동고동락하며 백년해로해야죠. 음… 황혼이혼이 늘고 있는 시기에 말도 안 된다고요? 네, 인정합니다. 그러나 백발이 되어도 곁에 있어줄 사람은 배우자입니다. 결혼이 미친 짓이 아니라고 생각하는 사람은 이런 보험 효과를 노려 결혼을 해보는 것이 어떨지요. 과거에는 자녀를 보험으로 생각하고 키우기도 했죠. 요즈음은 자녀를 비용 자체로 보게 되니 아이를 낳는 것이 두려울 수도 있겠네요."

잠시 정적이 흐른다. 고향이 밀라노인 이탈리아 청년의 넋두리가 이어진다. 그의 이야기는 상당히 우울했다. 그는 계속되는 경기 침체로 유럽의 2030 세대가 어려움에 내몰리고 있다고 항변했다.

"이탈리아의 경기 침체 속에서 사람들은 쓸 돈이 없습니다. 독일, 스위스와 달리 프랑스, 스페인, 이탈리아는 집값이 하락한 상황입니다. 이탈리아 주택 가격은 2008년 금융 위기 이전과 비교해 20% 이상 하락했습니다. 그러나 청년이 집을 사기에는 턱없이 비쌉니다.
이탈리아 경제는 유럽 선진국 중에서 회복이 가장 더디죠. 일자리 확보가 어려운 상황에서 자신의 월급으로 집을 사는 일은 여전히 하늘의 별따기입니다. 자기 몸 누일 곳이 있어야 결혼도 생각하죠. 평생 집에 저당 잡힌 인생을 누가 살고 싶어 하겠어요."

그는 최근 결혼한 친구가 밀라노에 집을 사면서 집값의 절반가량을 부모, 조부모로부터 지원받았다고 했다. 은행에서 젊은 사람들에게 주택 융자를 잘 해주지 않는 데다 이탈리아 정부가 주택 거래에 많은 세금을 부과한다며 불만을 터뜨렸다. 밀라노의 아름다운 풍광을 뒤로 한 채 한숨을 쉬는 이탈리아 청년들의 모습이 보인다. 주거 비용이 높아 결혼하기가 어려운 청년들의 아픔이 아리게 느껴진다. 돈을 모아 저금을 하고 집 장만의 기쁨으로 밤잠을 설친 윗세대들의 이야기가 그들에게 공허하게 들릴 것이다.

> "내가 좋아하는 결혼식 축가가 있습니다. 바로 가수 한동준의 사랑의 서약이죠. 음… 어쩌면 여러분은 그 노래 가사를 들으면서 비현실적인 노래라고 생각할지 모르겠습니다. 그러나 세월이 흘러 병들고 지칠 때도 함께해줄 수 있는 존재를 노래하는 가사가 얼마나 아름다운가요? 그런 사람 없다고요… 이승철의 노래 '그런 사람'은 한 사람을 끝까지 지켜주는 진국인 그런 사람이죠.
> 무형의 정신적 포만감도 제가 말하는 결혼의 편익에 속합니다. 그러니 저를 너무 잇속만 챙기는 사람으로 보지 마세요. 힘들 때 기댈 수 있는 배우자나 가족이 생기는 '보험 효과'는, 결혼이 꼭 미친 짓만은 아닌 첫 번째 이유입니다. 결혼을 하면 배우자나 자녀로 인한 세금 공제도 받고 독신에 비해 경제적으로 혜택을 받을 수 있는 좋은 제도적 장치도 많아요."

위와 같이 주장을 한 사람은 노벨경제학자 게리 베커●다. 그렇다고 그가 결혼 옹호론자인 것은 아니다. 결혼할 때 편익과 비용을 잘 따져서 하라고 말할 뿐이다. 그는 결혼하면 잃을 것도 많다고 했다. 독신일 때 누리는 정신적 자유가 대표적이다. 가족을 부양할 의무도 생긴다. 그는 효용보다 비용이 큰 경우, 결혼과 출산을 포기하는 것도 합리적이라고 본다. 그는 정부가 출산장려금, 자녀양육비 지원과 같은 결혼과 출산의 효용을 높이기 위한 정책을 도입하는 데 찬성한다.

하지만 그러한 정책이 결혼함으로써 생기는 여러 비용을 현실적으로 감소시키는 데 절대적 영향을 주지 않는다면 정책이 실패할 수 있다고 본다. 이제 결혼과 출산을 애국심만으로 호소하기에는 한계에 다다른 것은 아닌가 하는 생각도 든다.

'조건 없는 사랑'은 현실에 존재하지 않는다

한 프랑스 젊은이가 그의 말을 이어 받았다.

"예전에《결혼의 경제학》이라는 책이 프랑스에서 유행했습니다. 파리에서 여론조사를 해보니 남성들은 결혼할 때 사랑을 가장 중요한 요소로 들더군요. 이에 반해 여성들은 경제적 요소를 더 높이 평가한다는 답변이 나왔죠. 한국에서는 이게 좀 더 심하게 느껴지더라고요. 조건이 너무 많이 따라요.

● 게리 베커(Gary Becker, 1930~2014) 미국의 경제학자. 1955년 시카고대학교에서 박사 학위를 취득하고, 1969년 같은 대학의 교수가 되었다. 밀턴 프리드먼의 경제학을 추종하고 경제적 분석을 '차별', '결혼', '가족', '교육', '마약' 같은 분야로까지 확장해 정책 제안을 했다. 1992년에 노벨경제학상을 수상한 그는 경제 연구에서 미시 경제학과 거시 경제학의 구분은 타당하지 않다고 본다. 오직 인간 행위 분석을 위한 경제 이론만이 존재한다고 주장했다.

배우자를 선택하는 기준도 예전에 비해 더 까다로워졌어요. '남자=경제력', '여자=외모'가 한국 사람들의 일반적인 결혼관이었는데, 이제는 남자의 외모도 중시되고 여자의 경제력도 중요한 요건이 되고 있습니다. 이러한 풍조도 결혼하는 데 어려움을 주고 있어요.

제게는 아직도 사랑이 최고의 덕목입니다. 키 180센티미터를 조건으로 따지는 여자 분들도 흔한데, 그러면 프랑스 젊은이들보다 독일이나 네덜란드 젊은이가 다 우월하다는 것입니까? 절대 받아들일 수 없습니다. 인구비례로 계산했을 때 남자 화장품 판매 1위가 한국이라고 하더군요. 여자가 남자의 외모를 따지기 때문에 나타나는 현상이라고 하는데 한국 젊은이들은 겉모습에 너무 치중하는 것 같아요."

게리 베커는 웃으면서 말했다.

"짚신도 짝이 있다는데 너무 비관하지 마시고요. 그런데 그 외모가 얼마나 편익을 줄까요. 사람마다 다르겠죠. 결혼이라는 것은 일종의 '하루 계약daily contract'이라고 볼 수 있습니다. 매일 아침에 일어나서 자신의 배우자와 계속 살 것인지 아니면 그만 살 것인지를 편익과 비용을 따져 계산하지요. 이혼을 하면서 발생하게 되는 예기치 않은 온갖 고통들까지 비용으로 계산해서, 배우자와 같이 사는 게 더 낫다는 계산이 들어야 하루하루의 결혼 생활이 연장되는 것입니다. 결국 결혼 생활을 계속한다는 것은 일종의 '암묵적 계약implicit contract'이 유지되는 겁니다. 계산이 안 맞으면 언제든 헤어지는 것입니다. 그 헤어짐은 바로 내일 발생할 수도 있지요."

문득 그에게서 모든 것을 주판알을 튕기며 따져보는 경제학자의 속물적 향기가 난다. 그런데 이게 무슨 일인가! 잘생긴 한국 청년이 뻐기며 거든다. 그는 화장품에 돈을 많이 투자하고 있다고 말하면서 자신의 소견을 거침없이 말했다.

"결혼은 거래와 다르지 않다는 선생님 말씀에 동의합니다. 합리적인 인간은 결혼할 때 냉정하게 이해득실을 따지기 마련입니다. 저도 마찬가지고요. 누군가와 결혼을 하기로 결정했다 하더라도 스스로 생각하는 몸값에 비해 상대의 '스펙'이 모자란다고 판단되면 결혼을 하지 않겠어요. 결혼중매업체에서도 왜 직업, 재산, 학벌, 집안으로 등급을 나누고 비슷한 조합끼리 매칭을 하는지 잘 보시기 바랍니다. 그게 현실입니다. 저는 선생님의 의견을 지지하는 바입니다."

게리 베커의 결혼 경제학에서는 결혼도 계산으로 이루어지는 '시장'이다. 가정을 공장으로 보고 아이를 낳을 것인가, 낳는다면 몇 명을 낳을 것인가, 교육은 어디까지 시킬 것인가, 가사 노동은 어떻게 분담할 것인가를 분석한다. 어쩌면 피도 눈물도 없는 메마른 경제 이론으로 보일 수 있다. 하지만 세상은 점점 게리 베커가 말하는 이론대로 가고 있는 듯하다.

"결혼은 언제 하나요? 결혼으로 얻을 수 있는 만족이 혼자 살 때 얻는 만족보다 크다는 효용이 전제될 때 가능합니다."

그는 한국 청년의 이야기를 인정하는 듯했다. 그러나 살면서 어떻게 모든 것을 비용 편익적으로만 따져 결정한단 말인가. 게리 베커의 말이 이어진다.

결혼도 사치가 되는 사회

"저출산 문제도 그렇습니다. 아이를 낳아 키우는 비용이 크게 부각되어서 그렇습니다. 소득 수준이 높아지면 자녀를 더 낳기보다 교육비 지출을 늘리는 경향이 많죠. 교육비가 정말 부담이 됩니다. 여성도 같이 벌어야 하는데 육아로 경력이 단절되는 게 두렵죠. 한국의 부모들은 둘만 낳아도 경쟁에서 뒤처진다고 생각하는 것 같아요. 결국 출산율을 늘리려면 경쟁의 과부하로 인한 비용을 줄이는 문제를 제대로 다루어야 합니다. 아이 뒷바라지하다가 60세가 넘어서도 험한 일하며 사는 한국 사람들이 늘고 있다는 신문 기사를 보면 깜짝 놀라곤 합니다. 자신의 인생을 살아야지 아이들을 위해서 살면 되겠어요?"

그는 한국에 대한 정책 처방도 잊지 않았다. 한국의 출산율은 경제 성장과 여성 임금 상승, 정부의 출산 장려 정책, 통일 등 변수가 많으나, 큰 그림은 육아 비용을 줄여주는 방향으로 가야 한다고 강조했다. 북한도 출산율이 그다지 높지 않은 상황에서, 통일로 인한 고령화 감소 효과는 크게 없다고 분석했다.

과거에 비해 여성의 사회적 진출은 늘고, 출산에 따른 여성의 지불 비용이 커지고 있는 점에 각별히 유의할 것을 주문했다. 그는 신혼부부 세제 지원, 출산 장려금, 자녀 양육비 지원, 일과 가사의 양립을 위한 각종 정책처럼 '경제적 유인을 통해, 의도한 선택을 유도하는 인센티브 정책'을 지속할 것을 강조했다. 그러자 한 일본 청년이 그런 정책은 백약이 무효라고 비웃듯 말했다.

"일본의 청년 고용률 뒤에 드리워진 어두운 그림자를 이야기하고 싶네요. 일본의 최저 임금은 한국보다 높은 편이죠. 그래서 그럭저럭 아르바이트해서 제 한 몸 버틸 수 있습니다. 그러나 가정을 꾸리고 가족을 먹여 살릴 만큼 충분하지는 않아요. 청년들 중에는 아르바이트나 하며 자유롭게 마음 편히 살려는 프리터족free arbeiter이 많죠. 그들은 출세로 가는 승차권을 포기하고 유유자적하려는 친구들입니다. 가장이 되어 가족을 위해 돈을 버는 기계가 되고 싶지 않다고 그들은 생각해요. 회사에 충성을 바쳐 일해봤자 소모품일 뿐 잘리면 끝이잖아요. 소득이 많지 않은 상황에서 결혼하는 것도 출산하는 것도 버거워지니 그런 불안감이 때로는 범죄로 표출되기도 하지만요. 대게는 자발적으로 프리터가 되어 현실을 인정하고 즐기자는 젊은이가 많아요. 어쩌면 오랜 경기 침체가 원인이겠죠."

일본은 청년들의 임시 고용과 그에 따른 열악한 근로 환경 문제를 1990년대부터 이미 경험했다. 프리터족과 파견직 문제의 진통을 겪은 젊은이들의 아픔은 20년이 지난 지금에도 '사토리 세대'란 용어로 계속되고 있다. 사토리 세대는 태어나서 이미 어느 정도 풍족했다. 욕심이 별로 없고 미래에 대한 포부보다는 또래의 공감을 중시한다. 전후세대가 누린 경제적 부를 부러워하지만 그를 이룰 수 없기에 전후세대 가치관을 거부한다.

"일본 청년들은 결혼과 연애에 무관심해졌습니다. 결혼을 위해서는 제대로 된 고용이 중요합니다. 한 통계에 의하면 비정규직 30대 남성이 결혼한 비율은 정규직 30대 남성의 절반 정도라고 합니다. 여성도 비정규직인 경우 아이를 낳은 비율이 정규직의 절반가량이라고 하니, 불안정한 고용 형태와 낮은 급여가 결혼 기피에 크게 영향을 끼치고 있다고 생각됩니다.
결혼을 하기에 수입도 부족합니다. 일본 여성 다수는 배우자의 연수입이 어느 정도는 되어야 한다고 생각하는데… 실제 30대 일본 남성 가운데 이 조건에 부합하는 사람은 1/3도 안 되고, 20대 남성은 30대 남성 비율의 절반도 안 됩니다. 그러니 서로 결혼에 소극적일 수밖에요."

한국과 일본은 대학 진학률에서 높은 차이를 보인다. 한국의 경우 대학 졸업 후 일자리에 대한 기대 수준이 높다. 기대 수준이 높으면 성공도 하지만 좌절도 크다. 투자한 돈에 대한 본전 생각으로 낮은 임금을 주는 중소기업은 당연히 꺼리게 된다. 일본 젊은이들은 이제 대학을 가지 않는 자유를 누린다. 또한 농고, 상고, 공고와 같은 비인문계열 고등학교에 대한 인식도 나쁘지 않다. 일본은 그런 면에서 교육에 대한 가치관이 한국보다 더 자유롭다.

결혼의 효용, '남는 장사'라는 믿음

"아, 내가 결혼 경제학 이야기를 처음 제기했을 때보다 지금 젊은이들은 비관적으로 세상을 바라보고 있네요. 사실 내 이론은 우리의 행동 뒤에 존재하는 경제적 사고의 힘을 제대로 보자는 취지였습니다. 요즘 젊은이들이 힘든 것은 이해합니다만, 이 말만은 하고 싶네요. 결혼을 하고 안 하고는 자유이나 결혼이 사치일 수는 없습니다."

이제 결혼은 더 이상 필수가 아닌 선택이 되었다. 요즘 젊은 사람들은 "좋은 사람을 만나면 결혼하겠다."고 말한다. '나에게 딱 맞는 사람을 만나지 못할 경우 굳이 결혼할 필요가 없다.'는 의미다. 그만큼 배우자 선택 기준이 까다로워지면서 결혼 시장에서의 경쟁도 치열해졌다.

경제적 청춘

과거 세대는 "집 살 때와 결혼할 때는 손해 본다고 생각하고 마음을 결정하라."는 소리를 어른들에게 들으며 성장했다. 주차할 때를 생각해보자. 입구 가까운 곳에 차를 세우려고 자리를 물색하다가 괜찮은 자리를 발견했다. 그런데 혹시 더 좋은 자리가 있지 않을까 하는 생각에 빈자리를 자꾸 놓치면 더 낮은 층으로 내려가게 된다. 내게 좋은 자리는 남에게도 좋은 자리니 너무 미련을 가지면 자신만 불행해진다. 결혼은 타이밍이다. 당장은 손해 보는 것 같지만, 길게 보면 더 많은 게 되돌아오기도 한다.

그동안 정부는 기혼자 위주로 저출산 문제를 해결하기 위해 보육 정책에 집중했다. 하지만 이제 보육 정책을 넘어, 청년층이 결혼을 쉽게 할 수 있는 획기적인 정책들을 내놓아야 한다는 목소리가 곳곳에서 들려온다. 청년층 고용과 주택 마련에 적극적으로 뛰어들어 지원이 이루어져야 한다는 게 공통된 목소리다.

프로그램이 끝날 무렵이 되자, 많은 참석자들은 결혼의 형식과 가치는 달라졌다 하더라도 '더 나은 내 반쪽'의 가치는 인정하고 있었다. 태곳적부터 존재했던 신성한 결혼 행위에 누가 돌을 던지랴! 젊은이들은 현실의 아픔을 토로하며 결혼하고 아이 갖고 저녁이 있는 삶을 누리고 싶어 했다. 그래야 나라 경제가 산다는 것을 잘 알고 있었다.

경제적으로 각종 비용이 상승해 결혼의 효용이 줄어든다고 해도 인간, 사회, 국가의 안정성을 이유로 결혼하고 가정을 꾸려 손을 잇는 즐거움을 유지해야 한다는 주장을 믿고 싶다. 가족 간에 나누는 사랑, 친밀감, 안정감, 함께하는 즐거움을 무엇에 비교한다는 말인가? 세상에는 돈으로 살 수 없는 것도 많다. 결혼이 돈으로 표현할 수 없는 '남는 장사'란 믿음을 주는 게 국가가 할 일이다.

연애의 정석,
신호를 제대로 주고받는 법

●

최적의 짝은 몇 번째 만남에서 가능할까? 100번 선을 보고도 옆구리가 시린 남자가 넋두리한다.

> "올해도 그냥 가네요. 애인이 없어서 그런지 떨어지는 낙엽이 꼭 저 같아요. 가을바람이 '잎새에 스쳐 울듯이' 나도 따라 울고 싶어요. 주변에서 눈을 낮추라고 하는데, 저 눈 높지 않아요. 소개팅을 부탁해놓긴 했지만 도대체 몇 번이나 더 소개팅을 해야 내 반쪽을 찾을 수 있을까요?"

당신이 싱글이라면 이 말에 공감할지 모르겠다. 오늘도 자신의 반쪽을 찾아 서성이는 사람들로 거리가 붐빈다. 연애와 결혼, 출산 3가지를 포기한 삼포 세대의 우울한 자화상이 곳곳에 있으나, 사랑하는 사람을 찾고 싶은 것은 인간의 본성이다. 그래서인지 경제학에서도 짝 찾기를 포기한 사람들에게 어떻게 도움을 줄 수 있을지를 연구하게 되었고 그에 대한 책도 나오게 되었다.

미국 스탠퍼드 경영대학원 경제학과 교수 폴 오이어Paul Oyer가 펴낸《짝찾기 경제학》은 탐색, 신호, 역선택, 빈말, 통계적 차별, 두터운 시장, 네트워크 외부 효과 같은 개념으로 온라인 데이트 사이트에서 짝 찾는 과정을 설명한다. 천생연분인 짝을 찾는 데 얼마의 시간이 걸릴지 모르는 상황에서, 구애에 나선 이들이 어떤 결정을 내릴지 자못 궁금하다. 시간에 구애받지 않고, 포기하지 말라고 스스로를 위로하며 최적의 짝을 구하는 것은 옳은 행동일까.

주변을 살펴보면, 매력적인 사람인데도 짝이 없거나 스펙을 모두 갖춘 뛰어난 구직자임에도 직장을 못 찾는 경우가 많다. 좋은 집이 팔리지 않는 경우도 종종 눈에 띈다. 이유가 뭘까? 완벽한 짝, 직장, 집을 찾기 위해 수요자나 공급자 모두 시간과 돈을 무한정 쓸 수는 없기 때문이다. 금전적, 시간적 비용을 따지다 보면 효용이 오히려 줄어들 수 있다는 게 경제학의 기본 주장이다. 그래서 자발적 비혼주의자도 생겨나고, 자발적 실업자도 나오는 것이다.

물론 탐색 과정 그 자체에 크게 효용을 느낀다면 중단하지 않고 짝을 찾아 호텔 로비를 서성여도 무방하다. 그러나 비용을 무시하고 평생을 짝 찾는 데에만 매달려 살 수는 없는 노릇. 더군다나 하루 빨리 누군가를 사랑하고 싶고, 함께 낙엽을 밟으며 낭만에 대해 이야기해보고 싶지 않겠는가!

잠시 수학 시간으로 돌아가 조합과 확률을 이용해 몇 번째 소개 팅에서 가장 마음에 드는 상대를 만날 수 있을지 계산해보자. 혹시 100번 선을 본 남자에게 해결책을 줄 수 있을지도 모른다.

이 계산에는 2가지 전제 조건이 필요하다. 우선 소개팅 당사자 가 지금 소개팅을 하러 나온 상대와 이전의 소개팅 상대를 비교해 서 누가 더 나은지 알 수 있어야 한다. 이전에 만났던 소개팅 상대는 이미 끝난 사람으로 다시 연락할 수 없다는 전제도 포함한다. 100번 선을 본 남자는 과거를 회상하면서 때로는 그때 그 사람이 가장 좋 았다고 후회를 할지도 모른다. 뒤늦은 소회에 그의 뒷모습이 쓸쓸하 게 느껴진다. 연락처는 어디 갔는지 모르겠고 술이라도 한잔 걸쳐야 잠이 올 것이다.

100번 선을 본 남자는 몇 번째 여자에게 가장 만족을 느꼈을 까? 위에서 언급한 2가지 전제 조건을 바탕으로 조합식을 세워 계산 해보면 1번째 소개팅이 최고의 만남이 될 확률은 1%에 불과하다. 2 번째 소개팅이 최고의 만남일 확률은 5%로 높아지고, 3번째 소개팅 이 최고일 확률은 8%로 계속해서 높아진다. 하지만 많은 사람과 소 개팅을 해본 뒤에 상대를 선택하는 것이 항상 좋은 것은 아니다. 오 히려 100번째가 최고의 만남이 될 확률은 1%도 되지 않는다.

그렇다면 그는 몇 번째 만남에서 최고의 짝을 찾을 수 있었을 까? 조합 공식으로 계산해보면 37번째가 최고의 만남이 될 확률이 가장 높다. 100번 선을 본 사람이 그리 흔한 것이 아니므로 10번의 소개팅으로 생각해보면, 3번째 만남이 39.9%의 확률로 최고의 만남 이 된다. 하지만 최고의 짝을 만났다고 최고의 결실을 맺을 거라 생각하는 것은 오산이다. 상대가 당신을 좋아해줄 것이란 보장은 그 어디에도 없기 때문이다. 상대를 사로잡기 위해서는 자신만의 독특한 매력이 있어야 한다.

'사랑'이라는 이름의 시장에서 살아남는 법

이 대목에서 2001년 노벨경제학상을 수상한 마이클 스펜스®의 '신호 이론signalling theory'을 살펴보자. 신호 이론이란 원래 노동 시장에서 일어나는 구인·구직 과정의 '정보의 비대칭성'에 관해 설명한 이론이다.

회사에서 신입사원 면접을 본다고 하자. 이 상황에서 회사는 지원자들에 대한 정확한 정보가 없는 반면에, 지원자들은 자기 자신에 대한 정보를 많이 가지고 있다. 지원자들은 회사 측에 학력과 학점, 영어 실력, 경력 등의 신호를 면접이라는 한정된 시간 안에 보여주어야 한다.

이런 신호 이론은 소개팅에도 적용될 수 있다. 마음에 드는 상대에게 짧은 시간 내에 자신의 매력을 보여야 하는 소개팅 상황은 입사 면접 상황과 비슷하다. 다만 소개팅에서는 회사에서 요구하는

● 마이클 스펜스(A. Michael Spence, 1943~) 미국의 경제학자. 1973년 발표한 논문에서 정보 격차 해소 방안으로 '시장 신호 이론'을 제기했다. 경제 주체 한쪽이 신호 효과를 거두려면 다른 한쪽에게 자신의 능력 또는 자신의 상품가치나 품질을 확신시킬 수 있는 수단이 필요하다고 주장했다. 그는 신호 개념을 노동 시장뿐 아니라 여러 다양한 시장 사례에 적용했다. 현재 스탠퍼드 경영대학원 명예교수이며, 계량경제학회 특별 회원이다.

경제적 청춘

조건과는 다른 유머감각, 외모, 경제력 등 상대방이 이성으로서 자신을 좋아할 만한 신호를 보내야 하는 것이 다른 점이다.

스펜스는 과감하게 신호를 보내라고 외친다. 그게 신호 이론의 핵심이다. 생면부지의 첫 만남에서 누군가 스스로를 돈을 많이 벌고 다정다감하며 가정환경이 평온한 사람이라고 어필한다고 하자. 단번에 이걸 사실로 믿는다면 당신은 너무 순진한 것이다. 빈말일 가능성도 염두에 두어야 한다. 그런데 이런 빈말은 생각보다 효과적이다. 과장해야 매력적으로 보이기 때문이다. 스펜스는 이처럼 자신을 돋보이게 하는 능력을 '포장의 기술'이라고 표현하며, 매우 중요하다고 주장한다. 좀 더 들어가서, 어쩌면 '연애 경제학자'처럼 느껴지는 스펜스의 신호 이론에서 '연애의 힌트'를 구해보자.

사실, 자신을 돋보이게 하는 것은 물건을 파는 기업의 마케팅이나 표를 얻으려는 정치인의 공약, 구직자의 자기소개서와 다를 바 없다. 스펜스는 약간의 허풍이 성공하려면 그것이 진심이라는 신호를 과감하게 보내야 한다고 말한다. 돈을 잘 번다고 했다면 첫 데이트 때 돈을 많이 써서 상대방이 진짜라고 믿게 하는 것도 방법이다.

누군가는 아무리 연애의 기술이 중요하더라도 진정성이 없다면 그게 진짜 연애냐고 비난하겠지만, 연애는 현실의 범주 안에 있다. 진정성만 있다면 100번 찍어 안 넘어 오는 사람 없다는 주장은 그야말로 판타지일 수 있다. 진정성을 다 보여주었는데도 사랑에 실패해 외로움을 느낀다면 경제학적으로 무슨 의미일까? 그건 어쩌면 사랑이라는 시장에서 실직 상태에 놓여 있는 것으로 비유할 수 있다. 실제로 사랑이라는 이름의 시장은 노동 시장과 무척 닮아 있다. 결혼, 이혼, 재혼과 비교해 취업, 이직, 재취업을 놓고 생각한다면 무리한 논리는 아닌 것 같다.

호감과 가치 있는 신호

사리 분명한 사람이라면 소개팅 상대가 말한 정보만을 가지고 진실 여부를 판단할 것인가 문제를 삼을 수 있다. 소개팅 상황에서는 상대방의 말이 정말인지 확인할 길이 없기 때문이다. 흔히 근거가 부족한 말하기를 '값싼 말cheap talk'이라고 정의한다. 스펜스는 값싼 말을 하기보다는 '가치 있는 신호costly signal'를 보내야 더 효과적으로 상대의 관심을 얻을 수 있다고 주장한다.

그렇다면 가치 있는 신호는 무엇일까? 어떤 신호를 보내야 상대가 나의 매력을 찰떡 같이 믿을 수 있을까? 일반적으로 신호를 생산하는 데 많은 비용이 들수록 가치 있는 신호다. 그런 면에서 자원과 능력이 없는 사람이 과연 제대로 된 신호를 만들어낼 수 있을까 의문을 가지는 것은 당연하다. 가치 있는 신호는 동물의 세계에서도 찾아볼 수 있다. 이스라엘의 진화생물학자 아모츠 자하비Amotz Zahavi는 자연계에 만연한 가치 있는 신호를 '핸디캡 이론handicap theory'으로 설명했다. 자하비는 수컷 공작이 거추장스럽고 사치스러운 꼬리를 달고 다니는 이유를 '나 능력 있는 놈이라 이런 깃털이 있는 거야.'라고 신호를 보내는 것이라고 설명한다. 자신의 핸디캡을 감추려고 허풍을 떤다는 말이다.

그래서일까? 사람도 과시적 소비를 한다. 젊은 남자는 능력이 부족함에도 여자의 마음을 사로잡기 위해 돈을 펑펑 쓰는 것을 마다하지 않는다. 과시적인 행위가 돈에만 국한되는 것은 아니다. 남자로서의 육체적 자신감을 과대포장하거나 따뜻한 남자로서 모든 걸 다 들어줄 만큼 사랑하겠다고 지고지순한 양이 되기도 한다. 그윽한 눈빛으로 상대를 바라보며 촛불이 비치는 은은한 탁자에서 다정한 미소를 띠고 경청하는 자세로 여자의 마음을 유혹하는 것이다.

좀 더 진지하게 진화심리학자 제프리 밀러Geoffrey Miller의 생각을 들어보자. 한 젊은 남자가 있다. 그는 때때로 '나 돈 좀 있는 사람이야.'라며 과시할 수 있다. 그는 처음 만난 여자를 보자마자 비싼 레스토랑으로 데리고 가 고급 음식을 시킨다. 때때로 이런 게 먹히기도 한다. 이는 '과시적 낭비'에 해당한다. 그런데 그녀가 신뢰하지 않으면 어떡하지? 돈만 낭비 아닌가?

그래서 '과시적 정확성'과 '과시적 평판'이 보완되어야 한다. 과시적 낭비는 상대를 위해 낭비할 능력과 의향을 보이는 것을 뜻한다. 과시적 정확성은 특정한 일에 긍정적인 태도와 능력을 보여 자신의 우월성을 입증하는 것을 말한다. 남자는 가끔 자신의 친구가 상당한 사람이거나 자신의 주변 사람들이 퍽 괜찮다는 것을 보여줌으로써 상대의 마음을 사로잡기도 한다. 이런 장면은 영화나 드라마에서 많이 연출된다. 사실 이렇게 평판을 과시하고자 하는 사람은 일단은 경계해야 할 필요가 있다. 많은 사람들이 과시적 평판으로 사람들 사이에서 인지도가 높고 평판이 좋다는 것을 보임으로써 상대를 홀릴 경우가 있기 때문이다.

상대의 환심을 얻는 최적의 신호

밀러는 이 3가지 조건 중에서 상대방이 가장 선호하는 가치 있는 신호가 무엇인지 파악하는 것이 연애의 기초라고 주장한다. 그의 이론에 따르면, 사람들은 각각 이성에 대한 '필수요건'을 다르게 가지고 있으며 그것이 충족돼야 상대에게 마음을 연다. 예를 들어, 유머감각을 필수요건이라고 생각하는 사람은 상대방이 그 요소를 충족시키는가를 확인한 뒤에 상대방에 대한 호감의 정도를 결정한다. 만약 상대가 유머감각이 뛰어난 사람이라고 판단되면 또 다른 조건으로 색다른 신호들을 찾는다. 나와 같은 취미를 가졌는지, 성장 배경은 비슷한지 등 다른 가치 있는 신호가 있는지 살펴보는 것이다.

따라서 마음에 드는 상대방에게 호감을 주기 위해서는 상대방이 선호하는 가치 있는 신호가 무엇인지를 먼저 파악해야 한다. 이것이 상대의 마음을 여는 첫 번째 관문이다. 그 이후에 상대방이 부수적으로 선호하는 가치 있는 신호들을 찾아서 보여주어야 한다. 결론적으로 최고의 사랑을 만들기 위해서는 이 같은 각고의 노력을 들여야 한다는 것이 학자들의 생각이다. 짝을 찾아 가는 과정이 이처럼 험난하고 어려운 길이다!

어쩌면 당신은 스펜스를 현실적이지 않은 인물이며 속된 경제

경제적 청춘

학자라고 욕할지 모르겠다. 하지만 그것은 당신의 착각이다. 스펜스의 신호 이론은 우리에게 너무 성급하게 결정하거나 너무 재지 말라는 메시지를 던진다. 그토록 많은 탐색 비용을 들여 빈껍데기 이성을 찾아 산다면 두고두고 후회할 일 아닌가?

덧붙여 그는 우리에게 확률은 확률일 뿐이니 순서와 상관없이 운명이라고 느끼면, 적극적으로 신호를 보내 상대방의 마음을 사로잡아야 한다고 말한다. 오히려 현명하게 느껴지는 대목이다.

정보의 비대칭성과 연애

스펜스는 구직 시장에서의 신호 이론을 연구했다. 구직 시장에는 구인자와 구직자 간에 '정보 비대칭'이 존재하기 마련이다. 회사는 구직 시장에서 지원자의 역량을 정확히 파악하기 어렵다. 정확하게 판별하려 들면 그만큼 돈과 시간이 소모된다. 대신 회사는 학벌, 자격증 같은 간판을 토대로 지원자의 역량을 추정한다. 반대로 구직자는 간판을 자신의 능력을 보여주는 신호로 활용한다.

신호 이론의 관점으로 보면, 과도한 스펙을 갖추려는 시대적 현상을 일견 이해할 수 있다. 대학 진학률이 높아지면서 회사들이 지원자들에게 대학 졸업장 이외에 무언가 자신을 강력하게 보여줄 신호를 요구하는 것이 합리적인 행동일 수 있다. 스펙이 직무와 연관이 있느냐 없느냐를 떠나서 능력 있는 지원자를 판단하는 신호가 되기 때문이다.

스펜스는 시장 신호Market Signaling를 '좋은 정보를 많이 가진 사람이 자신의 이익을 늘리기 위해, 정보를 소유하지 못한 사람에게 정보를 제공하고 정보의 불균형을 해소하려는 노력'으로 정의했다. 이 경우 교육은 하나의 신호가 된다. 그런데 스펜스는 '교육이 개인의 생산성을 높이는가'에 대해서는 동의하지 않는다. 졸업장은 그냥 간판일 뿐이라는 것.

경제학에서 교육을 통한 생산성 증대를 중시하는 것이 인적 자본론인데, 신호 이론은 교육이 생산성을 증대하는 데 기여하지 않는다고 본다. 기업가는 노동자를 채용할 때 선발과 훈련에 비용이 들기 때문에 이러한 비용을 줄이기 위해 능력 있고 오래 근무할 수 있는 근로자를 채용하고 싶어 한다. 그러나 이러한 바람직한 인재는 채용 시에 쉽게 알아보기 어렵다.

고용주는 학력이 노동자의 능력, 우수성, 직장에서 요구되는 인성과 정의 관계에 있다고 믿는 경향이 있다. 모든 것을 훤히 알고 채용한다면 채용 비용이 어마어마하기에 능력의 대리 변수로 학력이 신호 효과를 주게 되는 것이다. 근로자는 이를 알고 간판을 따기 위해 많은 투자를 하게 되고 결국 교육을 매개로 사람을 골라내는 선별 과정이 발생한다. 그리고 그 선별은 생산성 증대와 무관한 채용의 지표에 불과하다는 것이 스펜스의 주장이다.

기업 재무도 신호 이론을 통해 일부 설명이 가능하다. 기업의 현금 배당을 예로 들어보자. 신호 이론 관점에서 시장은 현금 배당을 꾸준히 하며 현금 흐름이 양호한 기업을 우량기업으로 판단한다. 배당은 거짓말을 하지 않는다는 말이 그래서 나왔다. 세계적으로 경

경제적 청춘

기가 침체된 상황에서 우리는 싫든 좋든 자기를 알리는 신호를 과감하게 보낼 수밖에 없다. 그것이 살벌한 생존 경쟁에서 살아남는 방법이기 때문이다.

구직자가 너무 많은 과수요 상황에서 기업의 고용 규모는 오히려 줄었다. 중복 지원도 넘쳐 난다. 이 경우 시장의 비효율을 줄이고 일자리 미스매치를 방지하기 위해서는 구직자와 기업을 연결하는 중개자가 필요할 수 있다. 결혼 시장에서 중매인이 필요한 것처럼 말이다. 구직자가 100개의 원서를 냈을 때 중개자가 딱 2곳만 선정해 강력한 신호를 보내면, 각종 혼잡 비용이 줄고 구인자가 원하는 사람을 큰 비용 없이 얻을 수 있다. 이 과정에서 기업은 지원자 수가 적기에 지원자의 자질을 온전히 평가할 기회를 갖게 된다. 실제로 미국 경제학협회 같은 곳이 대학 교수의 취직을 중개하는 프로그램을 설계하기도 했었다.

또 다른 노벨경제학상 수상자인 매칭의 대가, 앨빈 로스Alvin Roth는 시장설계 이론을 기초로 중개 프로그램을 설계했는데, 결과는 성공적이었다. 중개자가 서로의 눈높이와 자질을 적절하게 조절해주는 기능을 한 것이다. 물론 일방이 보내온 신호에 대해 상대방이 선별하는 과정이 제대로 기능을 해야 함은 물론이다. 중고차 시장에서 겉만 번듯하고 속은 빈 레몬을 걸러내는 작업은 매우 중요하다. 그래야 선의의 피해자가 생기지 않기 때문이다. 정보가 없는 사람은 정보가 있는 사람이 자신을 속일지도 모른다는 것을 알고 상대방이 정보를 제대로 드러내도록 유도해야 한다.

보험회사는 다양한 종류의 보험 상품을 제시하고 보험 계약자 스스로 정보를 선택하도록 유도해야 한다. 보험 계약자는 사적인 정보를 자신의 선택에 반영하게 되고, 역으로 보험회사는 그런 행위를 통해 보험 계약자의 숨겨진 정보를 유추할 수 있다. 정보의 비대칭성하에서 신호 보내기와 걸러내기가 잘 작동해야 시장에서 불만이 적어지고 사회 후생이 증대된다. 그래서 신호 이론과 선별 이론은 정보경제학의 한 축이 되고 우리는 자기를 제대로 알리는 방법 못지 않게 상대방의 진실을 제대로 알기 위해 많은 노력을 해야 한다. 진실로 신호를 보내는 쪽과 거르는 쪽의 궁합이 맞아야 연애의 방정식이 성립할 수 있을 것이다.

밀당하는 연인을 위한
경제학의 조언

●

인생은 어쩌면 갈등의 연속이다. 의사 결정을 할 때도 그렇고 인간 관계에서도 그렇고, 상대방의 전략을 고려해서 게임을 할 때도 그렇다. 갈등이 생겨나는 이유는 이해관계가 상충하거나 선택의 기로에 있기 때문이다. 상대방과의 갈등을 해결하기 위해서는 회피, 경쟁, 협력, 양보, 타협과 같이 사안에 따라 여러 전략적 접근이 가능하다.

"날 떠나지 마. 가는 널 볼 수가 없어. 넌 떠나지만 난 뒷모습만 보며 서 있어. 다시 한 번 말하지만 제발 날 떠나지 마. 내 사랑 이 너의 오는 길을 비춰줄 거야. 날 떠나지 마."

사랑이 밀당 게임이라면 가수 박진영의 노래 '날 떠나지마'의 주인공에게는 필히 전략이 필요해 보인다. 애원만으로 상대에게 밀음을 주기에는 뭔가 부족하기 때문이다. 사랑하는 여성 앞에 혈서라도 써서 보여주면 그녀가 떠나지 않을까? 이미 돌아섰는데 그런 고전적 행동이 그녀의 마음을 바꿀 수 있을지 의문이다. "한 번만 더 그런 일이 일어나면 내 손에 장을 지질거야."라고 말만 하면 뭐 하나. 이미 수십 번 되풀이한 당신의 믿지 못할 행동을 믿을 연인이 아니다.

진정 상대를 떠나지 못하게 하려면 상대방의 믿음을 변화시킬 수 있는 힘이 있어야 한다. 자신의 말에 구속될 자세가 없다면 상대는 더 이상 그 말을 믿지 못 할 것이다. 스스로를 구속한다는 것은 자신의 말과 행동이 거짓이 아니라 '참'임을 행동으로 보여주는 것이다. 그럴 경우에만 상대방의 믿음을 변화시킬 수 있다.

상대방이 당신을 진정으로 믿을 경우에 원하는 결과를 얻을 수 있다는 것은 연애뿐만 아니라 모든 협상에서의 기초이다. '진실하게 받아들여지지 않는다면' 상대방은 당신과 협상 테이블에 같이 앉지도 않을 것이다. 물론 진실하다고 연애나 협상이 다 성공한다면 얼마나 좋을까? 연애라는 게, 사는 게 그렇게 쉽지만은 않기에 밀당의 고수가 있고 협상의 전략이 필요한 것이다. 밀당은 서로가 쉬운 존재가 아니라는 것을 보여줄 때 성립한다. 아무튼 협상의 기초는 정직과 신뢰라는 것을 믿고 갈등 관계에 놓인 여러 상황을 해결하는 경제학적 전략을 알아보기로 하자.

협상=게임+알파

하버드대학교 토머스 셸링[*] 교수는 운동경기에서 각 선수의 최적 동선動線은 다른 선수들의 동선에 따라 달라진다는 사실을 증명하면서 '전략'의 개념을 도입했다. 협상은 일종의 경기다. 그 경기는 협상자의 재능에 의존하는 게임이 아니다. 오히려 상대방의 결정이나 행동 하나 하나에 대한 기대치에 따라 달라진다는 것이 셸링의 주장이다. 협상이 게임이기도 하지만 게임과 다른 속성을 가지는 지점이기도 하다.

예를 들어, 테니스는 선수의 기술력이 승패를 좌우한다. 아마추어와 프로가 공을 한 번 주고받는 순간에 게임의 승패는 즉시 판가름난다. 협상은 기술이 필요하고 운이 결과에 영향을 미치지만, 전략이 절대적으로 필요한 게임이다. 겉으로는 양쪽 모두가 만족하는 합의점을 향해 움직이는 듯 보이지만 실제로는 기술이 우수한 쪽이 주도하는 방향으로 나아가는 경우가 흔하다.

연인과 어떤 뮤지컬을 보러 갈 것인지, 어떤 식당에서 식사를 할지를 두고 실랑이를 벌이는 것도 합의를 목표로 한다는 점에서 협상이다. 협상을 잘하는 것은 기술이지 과학은 아니다. 그래서 연애는 과학이 아니라 기술이다. 협상은 훈련과 연습을 통해 다듬어

- 토머스 셸링(Thomas Crombie Schelling, 1921~) 미국 행정부에서 마셜 플랜의 입안 작업에 직접 관여한 후 1951~1953년 백악관에서 활동했다. '게임 이론 분석' 분야에서 정치·경제적 갈등과 협력에 대한 이해를 증진시킨 공로로 2005년 노벨경제학상을 수상했다. 1991년 미국 경제학회 회장을 맡았으며 메릴랜드대학교 교수와 하버드대학교 명예교수로 활동했다. 저서《갈등의 전략》은 게임 이론의 바이블로 1945년 이후 서양에서 출간된 가장 영향력 있는 경제학 이론 저서 중 하나이다.

지고 강화된다. 그래서 떠나려는 연인을 잡는 데에도 기술도 필요한 것이다.

밀당하는 연인들을 흔히 볼 수 있다. 사실 밀고 당기기를 하는 이유는 좀 더 오랜 기간 동안 잘 사귀고 관계를 유지하기 위해 긴장감을 주는 기술이다. 하지만 간혹 밀당 차원에서가 아니라 그냥 상대방에게 싫증이 났을 수도 있다. 그런데 상대가 과거의 일로 당신을 위협하려고 한다. 싫어하는 사람이 당신을 위협하는 것은 당신의 나라를 위협하는 다른 국가에 비교할 수도 있다. 이런 상황에서는 어떻게 대응해야 할까? 그냥 순종하는 것보다, 저항하거나 보복하겠다고 하는 것이 바른 전략이라고 주장한다면 너무 과격할까?

공개적으로 되풀이해서 보복하겠다고 강조하는 게 자신을 위협하는 상대방의 공격을 무력화하는 것이라고 주장하는 경제학자가 있다. 상대가 위협하자 무서워서 꼼짝 못하고 당하기만 하는 연인을 신문에서 많이 본다. 보복을 두려워하지 말고 경찰에라도 신고하거나 당당히 맞서야 한다고 하면 그는 과격분자가 아니라 합리적인 인물이 아닐까?

서로 위협하고 갈등하는 국가 간에는 어떨까? 미국과 소련의 냉전 시기에 세계 평화를 위해 미국과 소련 모두가 상대방 국가를 초토화시킬 만큼 충분한 핵무기를 보유하는 것이 좋다고 주장한 경제학자, 그가 바로 갈등의 해소를 중점적으로 연구한 게임 이론의 대가 토머스 셸링이다. 그는 미국과 소련처럼 핵무기 보유로 서로가 서로에게 치명적인 피해를 줄 수 있다는 사실을 양쪽이 서로 잘 알고 있어야 오히려 갈등이 줄어들고 평화가 유지될 수 있다고 주장했다. 그래서인지 새로 들어선 미국의 도널드 트럼프Donald Trump 정부는 러시아에 대한 제제를 완화하고 사이를 좋게 하려는 듯 했으나, 시리아 공습으로 인해 다시 멀어졌다. 이 두 나라의 관계는 마치 갈등하는 연인이 줄을 놓았다 끌어당겼다 하는 모습처럼 보인다.

밀고 당기는 긴장감이 없는 경우, 순애보적 사랑을 보이는 인물이 아니라면 상대는 떠나기 쉽다. 그러니 너무 쉽게 보이지 않도록 해야 한다. 가끔 무관심이 필요한 이유다. 그녀가 아무리 사랑스럽다 하더라도 지나치게 베풀면 질려 하고 당신을 쉽게 볼 수도 있다는 것을 알아야 한다.

미·소 냉전과 사랑의 기술

지금 세계적으로 핵 초강대국은 러시아와 미국이다. 과거 소련이 핵무기를 보유한 상황에서, 미국이 전혀 핵무기가 없었다면 소련은 미국에 이런저런 많은 것을 요구했을 것이다. 동등하지 않은 군비상황은 오히려 전쟁을 불러일으킬 수 있는 위험을 키울 수 있다.

셸링은 "최선의 방어는 공격이고, 그 강도는 상대방이 방어할 수 없는 수준이어야 한다."고 말한다. 어쩌면 연인 관계에서도 마찬가지다. 밀당의 고수는 상대를 제압할 수 있는 힘이 있어야 한다. 한쪽이 너무 기우는 연애가 잘 유지되기 어려운 것도 마찬가지다. 상대방을 제압할 수 있는 무언가 치명적인 매력이 있어야 밀당에서 성공한다. 그런 매력을 갖춘 상황에서 무관심한 척해야 효과가 있는 것이다.

군사대국을 꿈꾸며 꾸준히 군비 지출을 늘리고 있는 중국과 프랑스, 영국의 핵탄두 수는 엇비슷하다. 셸링은 이들 국가가 핵을 사용할 가능성은 거의 제로로 본다. 실제로 영국은 아르헨티나와의 전투에서 핵을 사용하지 않았다. 국경을 맞대고 공포를 조성하는 인도와 파키스탄, 또 다른 전쟁의 중심에 서 있는 이스라엘도 핵탄두가 있다.

셸링은 이들 국가가 핵 관련 회담에 참여하고 있는 상황에서 핵의 위험성과 전쟁 억제력을 믿는다. 각국이 핵을 보유하려는 욕구는 효율성과 파괴력 때문이다. 엄청난 돈으로 재래식 무기를 업그레이드하는 대신, 핵무기를 보유하면 초기 개발 비용은 더 들어도 국방비를 줄이고 군사대국으로 인정받을 수 있다. 적국의 공격에 '단단한 방어막'을 치는 장점이 있다.

핵무기를 상품화해 기술력이 부족한 국가나 특정 단체에 팔아 돈을 챙기려는 상술도 있다. 군사력이 상대적으로 약한 국가, 핵보유국에 적대감이 강한 나라, 국제적 테러단체는 핵무기를 보유해 기존의 핵 보유 국가에 맞서고자 하는 욕구를 느낀다. "네가 쏘면 나도 쏜다."는 이른바 '공포의 균형'으로 전쟁을 억제하고 나라의 주권을 지키겠다는 게 핵을 만들려는 나라들의 공통된 명분이다.

핵무기가 중심이 되는 공포의 균형은 일반적인 '힘의 균형'과

경제적 청춘

는 성격이 다르다. 힘의 균형은 말 그대로 경제력이나 재래식 군사력 측면에서 비슷한 힘을 갖추는 것을 의미하지만, 핵 보유로 유발되는 공포의 균형은 핵탄두 보유 수가 균형을 이루지 않아도 성립한다. 핵탄두 300개를 가진 나라가 100개를 가진 나라보다 3배 위협적이라는 논리는 성립하지 않기 때문이다. 북한이 수십 개의 핵탄두만으로 8,000여 개의 핵탄두를 보유한 미국과 '공포의 균형'을 이룰 수 있다는 뜻이다. 그만큼 핵의 위력은 엄청나다.

갈등하는 연인 관계에서도 균형은 필수적이다. 매력이 동일할 필요는 없다. 제 눈의 안경이다. 그러나 전혀 균형이 이루어지지 않을 정도로 기우는 상황은 긴장감이 없다. 그래서 서로 매력을 잃지 않고 끌림을 유지하면서 균형을 이루려고 노력해야 한다. 연인 관계에서 밀당을 잘못해 줄이 끊어지면 상대는 떠난다. 줄이 어느 정도 균형을 이룰 수 있을 정도만 당기자. 너무 느슨하면 싱거운 게임이 되는 것이고, 너무 당기면 끊어진다. '균형'이야말로 밀당의 고수가 가장 명심해야 할 말이다.

테러단체들이 핵무기를 보유하려고 안간힘을 쓰는 것은 불균형의 유혹이 강하기 때문이다. 싫다는 여성을 온갖 감언이설로 속이려다 안 되어 납치라도 하면 철창 신세다. 모든 국가들이 핵 주권을 외치며 핵무기를 개발한다면 세상은 어찌 될까? 아마 더 평화로워지지 않을 확률이 훨씬 높아질 것이다. 한 여인을 두고 뭇 사내들이 경쟁하면 그녀의 콧대만 더 높아진다. 평화로운 국제질서에 대한 책임의식 없이 핵무기만 고집하는 나라들이 늘어난다면 세상은 더 혼란스러워질 것이다.

차라리 매력적인 여성을 차지하려는 나만의 방안을 찾아야 하지 않을까? 핵은 평화를 위협하는 무기로 쓰여서는 안 된다. 핵무기의 비확산, 핵의 평화적 이용은 평화롭고 영속적인 지구촌을 위해 모두 머리를 맞대고 풀어야 할 인류 공통의 숙제다.

연애도 정정당당한 게임의 룰을 지키면서 공정하게 행해져야 한다. 셸링은 노벨상 시상식에서 히로시마와 나가사키에 핵을 사용한 이후 어떤 전쟁에서도 핵을 사용하지 않은 것이 "가장 훌륭한 사건the most spectacular event"이라고 말했다. 그에게서 진정한 인류 평화를 생각하면서 지피지기하고 노력하려는 전략가의 향기가 난다. 뭇 남성들에게 인기 있는 여인을 차지하기 위해서는 상대방이 오해를 사는 행동을 해서는 안 된다. 너무 무관심하지 말고 관심 가져야 할 때는 관심을 꼭 가져야 한다. 경우에 따라서는 남들과는 다른 작고 섬세한 관심을 보여주면 상대는 감격할 수 있다.

한편, 밀당을 잘못했다가 생이별을 할 수도 있다. 이럴 때는 무조건 의사소통을 명확히 해야 한다. 이런 기술은 적대적인 관계에서의 의사소통 시 특히 중요한 전략이다. 미·소 간 핫라인hotline은 가공할 만한 힘을 가진 적대세력 간의 의사소통을 가능하게 한 전략적 아이디어였다. 노벨상위원회의 공식 홈페이지는 토머스 셸링이 핫라인 설치에 기여했다고 언급하고 있다.

상대가 도발하는 것이 확실하다면 어떤 전략을 취해야 할 것인가? 상대가 도발하기 전에 선제공격을 해 상대를 미리 초토화하는 것이 최선이다. 선제공격을 하더라도 상대가 반격해 전쟁 자체를 피할 수 없고 또 핵 전쟁처럼 전쟁에서의 승리가 평화보다 못할 때라면 어떻게 해야 할 것인가? 핫라인은 이런 전쟁을 미연에 방지하기 위한 의사소통 수단으로, 오해가 심각해 바로 적대적 행동을 취하기 쉬운 상태에서 큰 역할을 했다.

냉전시대 미국과 소련의 목표는 전쟁에서 이기는 것이 아니라 전쟁을 하지 않는 것이었다. 밀당 역시 헤어짐을 위한 것이 아니라 진정한 사랑을 쟁취하기 위해서 하는 것이다. 매력적인 여성을 차지하려면 때로는 과감한 행동을 불사해야 한다. 다만 무모한 행동은 오해를 불러오기 쉽다는 것을 명심해야 한다.

서로 공격할 유인을 가지는 상황에서는 자칫 파멸로 갈 수 있다. 다른 사람이 공격하기 전에 당신이 먼저 그들을 습격해야 한다는 유혹에 시달리게 될 경우가 있다. 때로는 그렇게 하는 것이 정당방위가 되기도 한다.

토마스 셸링은 지하실에서 무슨 소리가 나 침대 옆 탁자에 있는 총을 꺼내 들고 계단을 내려가는 상황을 가정한다. 지하실에 가니 밤손님이 총을 들고 있다. 두 사람 모두 생각한다.

'저 친구를 죽이고 싶지는 않아. 그런데 저 친구는 나를 죽일 기세군. 저쪽에서 총을 쏘기 전에 내가 먼저 총을 쏴야겠지. 설사 저쪽에서 나를 죽이기를 원하지 않는다 해도 저 친구도 지금 나처럼 생각하며 총을 먼저 쏴야 하는 게 아닌가 고민할지 몰라.'

이런 식인 경우 방아쇠는 당겨지기 쉽다. 채집과 사냥에 의존하던 시기 부족들은 이런 종류의 생각에 익숙해져 있었다. 영화를 보면 종종 이웃에게 먼저 습격당하는 것이 두려워 이웃을 먼저 습격하는 장면을 볼 수 있다. 이런 식의 갈등은 어떻게 해야 할까? 바로 오해의 소지를 없애는 데서 시작해야 한다. 오해는 상대방에 대한 믿음 부족, 의사소통 부족 외에 서로가 게임의 법칙을 자꾸 바꿀 때 생기기 쉽다. 규칙은 잘 바꾸지 않고 바꿀 때는 심사숙고해서 웬만해서는 절대 바꾸지 않는다는 풍토가 조성되어야 오해도 없고 갈등으로 인한 피해도 줄일 수 있다.

상대방이 자신에 대한 믿음이 부족할 때 밀당을 하면 일을 그르치기 쉽다. 상황에 따라서는 져주고 애정전선에 이상이 없다는 의사소통을 확실히 해야 한다. 메시지에 답장을 늦게 보내거나 하는 기술도 밀당을 위해 필요하지만, 상황이 안 맞을 때는 절대 해서는 안 된다. 상대가 호감이 있다는 것을 확인한 후에라야 상대를 애태우는 것이 가능한 것이다. 호감이 없는 상태에서 잘못된 밀당 행위는 이상한 사람이 되는 지름길이다.

밀당 이후의 선택지

핵을 포기하지 않을 위험한 국가로 셸링이 지목한 국가는 이란과 북한이다. 그런데 이란이 핵을 포기했다. 유엔 안전보장이사회 상임이사국(미국, 중국, 러시아, 프랑스, 영국)과 독일이 오스트리아에 모여 협상안을 타결했다고 발표한 후, 세계가 이란과의 경제협력을 위해 수도 테헤란으로 몰려가고 있다. 석유 수출만 재개되면 경제를 살릴 수 있는 이란은 미국이 주도하는 서방 세계의 경제적 제재에 맞서기보다 실리를 챙겼다. 언제라도 불벼락을 날릴 수 있는 미국과 이스라엘의 핵주먹을 피하고 경제난을 타개하기 위해 장장 13년 동안 끌어온 핵개발을 포기한 것이다.

이란이 굴욕과 좌절을 감수하면서 세계 앞에 무릎을 꿇고만 것은 경제 때문이다. 그 결과 이란에게는 기분 좋은 후폭풍이 몰려오고 있다. 이란은 원유 매장량 세계 4위, 천연가스 매장량 세계 1위의 자원 부국이자 인구 7,800만 명의 중동 최대 내수 시장이다. 국제사회의 대對 이란 제재 해제 이후 시진핑Xi jinping 중국 국가주석이 외국 정상으로는 가장 먼저 테헤란을 찾았고, 그것을 신호탄으로 각국 정상들의 방문이 이어지고 있다.

밀당을 하다 상대에 대한 확신이 서면 밀당을 포기하고 과감히 사랑한다고 말하는 것이 좋다. 세계는 북한이 이란처럼 국제사회와의 핵 협상을 통해 비핵화로 돌아설 가능성이 사실상 없다고 평가한다. 많은 전문가는 북한이 이란보다 핵 개발이 더 진전된 만큼 이란처럼 되기 쉽지 않을 것이라고 보고 있다. 북한은 언제든지 추가 핵실험이 가능한 상태를 유지하고 있다. 북한은 애초에 밀당이 어려운 두꺼운 벽일 수 있다.

밀당의 실패로 폭탄 맞은 경우를 생각해보자. 버락 오바마Barack Obama 전 미국 대통령은 원자폭탄이 투하된 일본 히로시마를 방문했다. 세계 대전을 일으킨 전범으로 일본을 언급하지 않았다는 비판이 있었다. 동아시아에서 미국의 실리를 챙기기 위한 전략적 속셈이 있다는 것을 뒤로 하고 어찌 됐건 미국 대통령으로서 처음 있는 피폭지 방문이니 역사적 일이었다. 그의 연설을 들어보자.

"71년 전 어느 맑게 갠 아침, 하늘에서 죽음이 떨어졌고 세상이 바뀌었다. 우리는 두려움의 논리를 떠날 용기를 가져야 하며, 그것(핵무기)이 없는 세계를 추구해야 한다."

원자폭탄 투하로 섬광과 화염이 도시를 파괴했고 인류는 언제든지 스스로를 파괴할 수단을 여전히 보유하고 있다. 이제 히로시마와 나가사키의 모든 영혼들을 편히 쉬게 해야 하며 우리는 다시 죄악을 반복하지 않을 것이라고 그는 강조했다. 그는 우리에게 내면을 들여다보라고 말했다.

"그들(희생자들)의 영혼이 우리에게 말한다. 그들은 우리에게 성찰을 요구하고 있다."

밀당하다 폭탄 맞고 연애에 실패했다면, 다음번 연인을 사귈 때는 제대로 된 성찰을 하자. 무엇이 잘못되었는지 어떤 전략이 필요한지 곰곰이 생각할 필요가 있다.

미소 냉전의 산물로 핵 보유가 극대화되었다. 냉전이 사라진 세상에도 전쟁과 테러는 끊임없이 이어지고 있다. 오바마 대통령이 말한 것처럼 우리는 생명을 빼앗긴 죄 없는 사람들의 존재를 잊어선

경제적 청춘

안 되고 역사를 제대로 직시할 책임을 공유해야 한다. 그러나 지금 우리가 벌이고 있는 세상의 게임이 그가 말한 것처럼 "히로시마에 원폭이 투하된 그 운명의 날 이후 인류는 희망을 가질 수 있는 선택을 해왔다."고 자신 있게 말할 수 있을까? 오바마는 원폭 투하에 대해 사죄하지는 않았다.

심각한 경제 위기 속에서 작은 변화가 큰 영향을 초래하는 '티핑 포인트Tipping point'가 도래할지 모른다는 생각을 해본다. 티핑 포인트란 말을 만든 이가 바로 토마스 셸링이다. 한반도의 대변혁을 초래할 티핑 포인트에 우리 스스로 대비해야 한다. 북한의 전체주의 체제를 가능케 한 '공포의 균형'이 약화되고 북한 주민이 더 이상 자손들에게 공포의 유산을 넘겨줄 수 없다고 판단할 때가 언제 닥칠지는 아무도 모른다. 중국도 북한을 생각하는 입장이 예전 같지 않을 수 있다. 북핵의 피해자가 중국일 수도 있기 때문이다. 하지만 중국과 북한의 관계가 어찌 될지 예측하기는 쉽지 않다.

오늘도 수많은 연인들이 밀당을 한다. 헤어짐과 만남을 반복하며 누구는 성공하고 누구는 철천지 원수가 되기도 한다. 하지만 상대에게 큰 상처는 주지 말자. 가지고 노는 것은 밀당이 아니다. 사랑을 전제로 서로를 알아가며, 사랑의 깊이를 더욱 공고히 하는 것이 밀당의 핵심이다.

여기서 밀당하는 연인들을 위한 나름의 조언을 해본다. 밀당하다 보면 지치기도 하고 포기도 하고 싶다. 핵무기처럼 애를 태우는 일도 많다. 그러나 진짜 핵무기가 폭발하면 큰일 아닌가? 상대에게 조금의 아쉬움을 남기더라도 오해를 낳는 행동을 해서는 안 된다. 가장 중요한 것은 사랑이다. 이게 핵무기를 둘러싼 국가들과 다른 점이다. 연애든 마케팅이든 성공의 핵심은 동일하다. 그 출발점은 상대가 원하는 것을 정확히 간파하는 것이다. 원하는 사람을 얻으려면 유혹을 해야 하는데, 쟁취하기 어려우면 치밀한 밀당 전략을 세워야 한다. 사랑의 게임은 핵을 둘러싼 것보다 훨씬 협조적 게임이 성립할 수 있다. 토마스 셸링이 믿음을 강조하듯, 믿음을 주는 사랑의 진정성보다 더 중요한 것이 어디 있으랴? 북핵을 둘러싸고 미국과 중국의 긴장감이 고조된 상황이다. 미국은 중국에 북핵 문제 해결을 위한 역할론을 강조하고 있다. 미국의 신호에 핵 실험과 미사일 도발에 열을 올리는 북한의 태도가 변할 것인지 주목된다. 남북한을 둘러싼 열강의 관심이 그 어느 때 보다 뜨거운 상황에서 긴장의 끈을 한시도 늦추어서는 안 되는 상황이다.

완벽한 계약이란 없다

●

우리는 살아가면서 다양한 계약을 맺는다. 본인의 의사와 관계없이 혼인, 동거, 기타 계약의 결과물로 삶은 계속된다. 물론 어떤 삶은 정자은행에서 우수한 유전자를 선택하는 거래 행위를 통해 탄생할 수도 있다.

계약이란, 서로 대립된 두 개 이상의 의사표시의 합치에 의해 성립하는 법률 행위를 말한다. 법률 행위에는 단독 행위나 합동 행위도 있지만 계약에 의해 이루어지기도 한다. 계약을 통해 경제적으로 서로의 효용이나 가치를 최대화하고 이를 통해 서로가 만족하는 합의에 이르면 사회 구성원의 행복지수는 한층 높아질 수 있다.

결혼도 일종의 계약이다. '혼인 계약'은 축복 받을 일이지만 어떤 사람들은 잘못된 결혼으로 종신 계약을 맺은 것처럼 험난한 인생을 살기도 한다. 누군가는 불공정한 혼인 계약의 구속력이 가져오는 괴로움으로 인생을 한탄하거나 '백년해로'라는 달콤한 감언이설에 속았다고 울부짖기도 한다. 그래서 이혼이라는 또 다른 계약을 하는데, 이 경우 결혼을 하기로 한 초심은 온 데 간 데 없는 것처럼 보인다. 서로 상대방의 단점을 찾는 데 급급하고 언제 사랑했는지 기억조차 가물가물 한 것처럼 행동하니 씁쓸해진다.

2016년 노벨경제학상은 '계약 이론Contract theory'을 정립한 올리버 하트●와 벵트 홀름스트룀●●에게 수여되었다. 이 이론은 다양한 사회·경제 체제를 살아가는 구성원 간에 계약이 이뤄지는 방식과 최적의 계약 설계 방안, 그에 따르는 문제점을 모색한다. 또 '도덕적 해이Moral hazard'부터 '서브 프라임 모기지론Sub-prime mortgage loan' 사태에 의한 글로벌 금융 위기까지, 다양한 사회 현상을 계약이라는 분석의 틀을 통해 설명한다. 제대로 된 계약은 상호 간 기대의 차이를 줄이는 유용한 수단이다. 이를 잘 활용해야 개인과 사회 모두 건강할 수 있다.

반면, 잘못된 계약은 신뢰를 손상시키고 인생을 나락으로 떨어

● 올리버 하트(Oliver Hart, 1948~) 영국 출신의 경제학자, 하버드대학교 교수로 '계약 이론'의 대가이다. 수학을 전공한 후 정치에 관심을 보이다가 경제학에 입문했다. 모든 경제 관계는 결국 계약으로 이뤄져 있기 때문에 계약 과정이 투명하고 상호합의적일수록 사회 전체 효용이 증가한다고 주장한다. 지난 2014년 연세대학교 SK 석좌교수로 한국을 찾은 적이 있다. 2016년 노벨경제학상을 수상했다.

●● 벵트 홀름스트룀(Bengt R. Holmström, 1949~) 핀란드 출신의 경제학자. 메사추세츠 공과대학 교수로 계약 이론의 초석을 다진 인물이다. 조직 내 발생하는 유인 문제를 어떻게 해결할지에 대한 메커니즘을 연구하는 데 힘을 쏟았다. 기업 조직의 경제학에 대한 아이디어를 개념과 모형으로 발전시킨 공로로 2016년 노벨경제학상을 수상했다.

경제적 청춘

뜨릴 수도 있다. 대충한 계약 하나로 뜻하지 않게 개인과 사회 모두 불행해질 수 있기 때문이다. 제대로 알지 못하고 속아 결혼을 하면 그후에 후회해도 이미 엎질러진 물이다. 이 평범한 진리를 생각하며 2016년 노벨경제학상을 수상한 올리버 하트와 벵트 홀름스트룀의 '계약 이론'을 찬찬히 뜯어보자. 벵트 홀름스트룀에 의해 계약 이론이 출발했다면, 올리버 하트는 이 이론을 발전시켰다.

그들은 우리가 사는 세상이 서로가 가진 정보가 동일하게 배분되는 완전한 사회가 아니라는 점에서 계약이 필요하다고 말한다. 사실상 우리는 정보의 완전성을 기조로 하는 전통 경제학의 가정이 흔들리는 세계에 살고 있다. 집수리를 위해 부인이 인테리어 업체를 알아본 후 선정해 일을 맡겼는데, 애초에 가격도 싸고 기술도 더 좋은 인테리어 업체를 남편이 알고 있었다면 얼마나 속상한 일이겠는가! 계약의 책임을 누구에게 물어야 할지는 모르겠으나, 부부싸움은 피할 수 없을 것이다.

정보의 비대칭이 존재하는 상황, 즉 사람마다 가진 정보가 다른 상황에서는 정보가 부족한 쪽이 손해를 본다. '정보의 비대칭'은 거래 당사자들이 거래 대상에 대해 서로 다른 정보를 갖고 있거나, 한쪽은 정확한 정보를 가지고 있는데 다른 쪽은 그만한 정보가 없는 상황을 말한다. 정보가 대칭이면 서로를 믿지 못할 이유가 없으나, 정보가 비대칭이면 정확한 정보를 제공한다고 해도 상대방을 믿기가 힘들고, 실제로 정확하지 않은 정보에 속아 넘어가 계약을 할 수도 있다. 결혼을 할 때 제대로 정보를 알지 못하거나 왜곡된 정보를 갖고 결혼할 가능성은 얼마든지 있다. 그래서 누군가는 충분히 연애를 해보고 사람을 보는 눈을 길러보라고 하지만, 열 길 물속은 알아도 한 길 사람 속은 모른다고 하지 않는가. 그래서 결혼 후에 성격 차이나 기타 사유로 이혼하는 경우도 허다하다.

하긴 정보 불충분으로 문제가 되는 것이 어디 결혼뿐인가? 문제가 많은 사람이 보험에 들 경우 보험회사 측에서 이를 모른다면 보험료를 잘못 책정하게 되고, 회사는 손해를 보게 된다. 돈이 많은 사람으로 알고 결혼했다가 빈털터리라면 얼마나 속상하겠나? 보험회사가 합리적 판단을 할 수 없는 상황이라면 보험가입자의 행위를 규제하는 약관을 만들거나 보험금에 상한선을 둘 수 있을 것이다.

그런데 결혼은 이보다 훨씬 어렵고 복잡한 문제가 생기지 않을까 생각하니 아찔하기 그지없다. 결혼정보회사가 잘못된 정보를 주었다면 손해배상을 청구할 수 있을 수도 있겠지만 그렇지 않은 경우는 스스로 속았다는 생각으로 몇 날 밤을 새고 헤어질 각오를 할 수도 있다.

자동차보험이라는 계약을 체결한 이가 이후 위험에 부주의하게 된다면 자동차회사는 부담이 커지고 자동차 사고율도 높아질 수 있다. 이 때문에 현실적으로 보험회사는 어느 정도의 부담을 운전자에게 지도록 한다. 계약이 제대로 성립하려면 사회 구성원들이 갈등과 위험을 피하고 신뢰를 구축할 수 있는 메커니즘을 바탕으로 '계약 행위'를 설계하는 것이 무엇보다 중요하다. 결혼을 한 후 바람을 피우거나 결혼 전 약속한 성실의 의무를 다하지 않을 경우 문제가 됨은 말할 필요도 없다. 당사자는 속이 타들어가는 심정일 것이다.

계약을 하려면 우선 계약의 주체가 인센티브를 가져야 한다. 인센티브에도 불구하고 계약을 할까 말까 망설이는 것은 계약 내용, 범위, 상대방에 대한 신뢰를 포함해 계약을 하는 데 있어서 거래 비용이 들기 때문이다. 계약을 한 뒤에는 도덕적 해이, 무임승차와 같은 문제도 발생하기 때문에 특별한 주의가 요구된다.

거래 비용으로 말하자면 결혼만큼 큰 것도 없을 것이다. 문제가 생기면 금전적 문제뿐만 아니라 정신적 문제가 겹쳐 화병이 도지기도 한다. 결혼으로 인한 불확실성 문제에 대처하기 위해 누군가는 동거를 한다. 결혼제도에 묶여 평생 한 사람에 대한 의무로 산다는 것은 불행한 일일 수 있다고 누군가는 생각한다. 물론 결혼 비용이 없어 정서적으로 친밀감을 가진 젊은이들이 동거하는 것을 보면 왠지 측은해 보이기도 한다. 결혼 계약의 쓴 맛을 본 사람은 이혼의 아픔 뒤에 결혼 계약을 다시는 하지 않고 동거를 선택할 수도 있겠다. 결혼의 역선택이나 도덕적 해이를 방지하기 위해 동거를 선택한다면 그 결과로 발생하는 문제는 동거를 선택한 자의 몫일 것이나, 결혼처럼 손실이 막심하진 않을 것이다.

계약은 혼인처럼 개인 간에만 발생하는 것이 아니라 기업과 소비자, 기업과 기업, 기업과 정부 간에도 발생한다. 그 수많은 계약을 하면서 만족을 느끼기도 하지만 비애를 느끼기도 한다. 그래서 제대로 된 계약을 하는 것이 인생살이의 모범답안이다.

대리인의 주인 행세와 역선택

결혼 생활에서 배우자를 속이고 행동하는 경우 가정파탄은 불가피하다. 다른 경제 행위에서 부정한 경우는 어떨까? 세계적 자동차제조업체 폭스바겐Volkswagen이 배출가스 눈속임 장치를 부착했다가 들통이 났다. 이 사태로 폭스바겐은 상상을 초월하는 리콜 비용을 부담하게 되었고 스캔들에 대한 책임으로 당시 최고경영자 마르틴 빈터코른Martin Winterkorn이 사퇴했다. 그는 몇 년 전부터 제기되었던 '배출가스 불법조작'에 대한 내부 경고를 무시했다. 이 경우, 주주에게서 권한을 위임받은 경영대리인인 그에게 계약 위반의 책임을 묻는 것이 문제가 될까? 그렇지 않다. 모름지기 대리인은 주인이 부여한 권한을 가지고, 성실의 원칙에 입각해 맡은 바 직무를 수행할 의무가 있다.

경제학에서 '주인-대리인 이론Principal-agent theory'은 대리인이 주인의 이익을 위해 일하지 않고 자신의 이익을 은밀하게 더 챙기거나, 주인에게 해를 끼치는 판단을 하는 것을 말한다. 주주와 소비자, 직원의 공익보다 자기 이익 챙기기에 급급해 매출과 시장점유율을 속이고, 회계 조작을 하는 등 소비자를 기만하는 행위를 주저하지 않는 대리인이 어디 한둘인가? 전문경영인의 비도덕성이 전파를 타고 안방 TV에 비치는 일이 어제 오늘의 이야기는 아니다. 주주(주인)가 최고경영자(대리인)와 '어떻게 최적의 계약을 맺어야 하는가'는 기업의 성공을 좌지우지하는 중요한 사안이다. 주인은 대리인을 선택할 때 그가 위임 업무의 처리에 관한 능력과 지식을 충분히 가지고 있는지 대리인 본인보다 잘 알지 못한다. 그래서 대리인의 능력보다 많은 보수를 지급하게 되거나, 기준 미달의 대리인을 선택하기도 한다.

배우자를 잘못 선택해 결혼을 하는 경우도 마찬가지다. 이를 두고 경제학에서는 정보의 비대칭성에 의한 '역선택Adverse selection 문제'라고 한다. 거래에서 우수한 상품, 직원, 대리인이 선택되어야 제대로 시장이 돌아가는데 정보 비대칭이 발생하는 경우에는 좋은 상품(사람)이 오히려 시장에서 밀려나고 그렇지 않은 상품(사람)이 선택되는 문제점이 발생한다. 계약을 체결한 후에도 주인이 대리인의 행위나 노력에 대해 효과적으로 관찰, 통제를 하는 것이 불가능하거나 과도한 비용이 소요되는 경우도 흔하다. 대리인은 업무 수행에 필요한 주의와 노력을 기울이지 않는 도덕적 해이의 유인을 갖게 될 수도 있다. 정부 영역에서 민영화나 민간 위탁을 강조하는 주장이 제기되는 이유는 주인-대리인 문제가 야기되기 쉬운 독점적 정부보다는 경쟁성이 확보되는 시장에 기능을 이양하는 것이 좋다는 입장에서다.

올리버 하트는 기업을 매각할 때 민영화가 바람직한 분야와 그렇지 않은 분야를 구분할 수 있는 이론적 틀을 제시하고자 했다. 그는 "정보의 비대칭 정도를 토대로 공기업의 투명성 확보와 경영혁신, 소비자에 미치는 영향을 종합적으로 고려해 민영화가 결정되어야 한다."고 말했다. 계약을 체결한 후에도 주인이 대리인의 행위나 노력에 대해 효과적으로 관찰하거나 통제하는 것이 불가능하고, 과도한 비용이 소요되는 경우도 흔하다. 동시에 대리인은 과업의 수행에 필요한 주의와 노력을 기울이지 않는 도덕적 해이의 유인을 가질 수도 있다.

그는 도덕적 해이가 발생하는 경우를 2가지로 꼽았다. 하나는 '조직이 너무 비대할 경우'이고 다른 하나는 '구성원들이 본부로부터 감시당한다는 생각을 가질 경우'였다. 도덕적 해이를 없애려고 상부에서 하부 구성원들을 감시하지만 오히려 그것 때문에 반발을 사게 되고 도덕적 해이도 막지 못한 채, 혁신도 더뎌진다는 것이다. 상부가 너무 간섭을 하면 하부 구성원들이 혁신하고자 하는 유인이 줄어든다. 또, 그는 "IBM은 조직이 너무 거대하고 중앙집권적이어서 혁신을 이루기 어려웠다. 차라리 조직을 슬림화하고 구성원들에게 권한을 부여하라."고 말한다. 그는 직원들에게 주인정신을 심어주는 것이 개인이나 조직의 이익이 되고 그것이 혁신을 이끈다고 강조했다.

결혼 생활에서도 지나친 간섭과 통제는 화를 불러온다. 결혼 생활에서의 경제 행위는 어떤가? 남편이 사업을 위해 돈을 빌렸다면 부인은 연대보증을 한 경우를 제외하고는 연대해 빚을 갚을 의무가 없다. 그러나 부인이 일상 가사에서 필요한 것을 구입하기 위해 빚을 졌다면 남편도 갚아야 한다. 우리 민법은 부부 별산제를 원칙으로 한다. 다만, 부부의 누군가에게 속한 것인지 분명하지 않은 재산은 부부의 공유로 추정함에 유의해야 할 것이다. 그러나 부부 일방이 사업에 실패해 가정이 파탄되는 경우는 자주 발생한다. 사랑만으로 살기에는 한계가 있음을 목격할 때 우리의 마음은 무거워진다.

경제적 청춘

모두가 만족하는 계약은 가능한가

결혼 전에 정보를 완전히 제공했다고 결혼 생활의 안정이 보장되지 않는다. 그래서 결혼은 부부간 심적 화합을 필요로 하는 특별한 계약이다. 혼인 파탄의 가장 무서운 적은 신뢰의 상실이다. 그런데 하트는 2008년 글로벌 금융 위기를 같은 시각으로 바라본다. 그는 금융 위기의 원인이 월스트리트의 탐욕과 과도한 자산유동화(증권화)에서 비롯된다는 주류 경제학계의 주장에 반대했다. 그는 "정보의 불투명성은 시장의 특징"이라며, 상세한 정보 제공이 자산의 안전성을 보장하지 않는다고 봤다. 또한 그는 자산의 안전성을 보장하는 것이 자산에 대한 신뢰로 이어진다고 말하며, "증권화의 기초가 된 담보물의 가치가 급락하면서 자산에 대한 '신뢰'가 무너졌기 때문에 금융 위기가 발발했다."고 주장했다.

하트는 1980년대 중반 '불완전 계약 이론incomplete contract theory'을 확립하고 이 이론을 실제로 사회에 적용하는 데 중대한 기여를 했다. 불완전 계약 이론이란, 모든 요소를 완전하게 규정한 계약은 불가능하다는 가정하에 계약의 완전성을 완화한 이론이다. 혼인과 같은 계약을 체결할 때 미래에 발생할 수 있는 사항을 모두 예견해 명시하는 것은 불가능하다. 올리버 하트의 관점에서 계약은 언제나 불완전할 수밖에 없다. 그의 말을 들어보자.

"전통적인 계약 이론은 계약만 잘 맺으면 시장의 모든 실패를 해결할 수 있다고 주장했죠. 하지만 모든 가능성을 포괄한 완벽한 계약을 체결할 수 있다는 가정은 허구입니다. 정도의 차이는 있지만 어떠한 계약에도 계약을 통해 확정되지 못한 불확정 영역이 존재합니다. 불완전 계약에서는 계약에 명시되지 않은 권리를 누가 행사하느냐가 중요합니다."

계약에 명시되지 않은 권리를 누가, 어떻게 행사하느냐는 문제를 분석하기 위해 하트는 '잔여통제권Residual right of control'이라는 개념을 사용한다. 그의 계약 이론에서는 '잔여통제권을 가진 자가 재산권을 가진다는 것'이 핵심이다. 결혼 후에 재산 관할을 누가할지를 가지고 다툴 수 있다. 한국의 경우 부인이 재산을 관리하고 남편이 용돈을 타 쓰는 것이 일반적이었으나, 요즈음 젊은이들은 전혀 다른 시각을 가지기도 한다. 말하자면 전통적으로 잔여통제권을 부인이 가지는 것이 일반적이었으나 요즈음 젊은이들은 독립된 주머니를 가지려는 경향을 보인다.

'잔여통제권'에 대한 쉬운 설명을 위해 집을 짓기를 원하는 소비자가 건설회사를 찾아 상황을 보자. 양자의 계약서는 애초부터 불완전하다. 일반적으로 소비자가 설계의 방향, 건설자재의 질 등을 일일이 기재하고 계약하는 경우는 드물다. 소비자가 기재하지 않은 부분은 대체로 건설회사가 결정하고, 이 부분이 건설회사의 잔여통제권으로 남는 것이다. 이를 재산권이라 하는 것은 결과적으로 잔여통제권을 가지고 있는 사람이 실질적인 주도권을 행사한다고 보기 때문이다. 계약이 불완전할수록 건설회사가 결정하는 부분이 커지고, 건설회사가 소비자에게 행사하는 협상력은 증가된다. 이때 소비자가 힘을 갖기 위해서는 계약을 보다 꼼꼼히 세세하게 하는 것이 중요하다. 그래야 건설회사의 도덕적 해이를 방지할 수 있다.

다음으로는 보험회사와 보험 중개인 간의 계약이다. 보험판매인이 회사에 속한 경우도 있으나 중개인인 경우도 많고, 그들은 대부분 고객 명단을 관리한다. 이 부분에서 중개인은 보험회사에 대해 잔여통제권을 행사할 수 있다. 보험회사는 중개인이 고객 명단을 가지고 다른 보험회사로 옮길 가능성이 있기 때문에 중개인을 무시할 수가 없다.

기쁜 계약과 완전한 사랑

올리버 하트에게 계약은 메마름의 대상이 아니라 사회를 투명하고 공정하게 하는 기쁨이다. 정보가 부와 권력을 좌우하는 21세기에 정보의 비대칭성으로 인해 최적의 계약은 점점 어려워질 수 있다. 빅데이터Big data로 정보를 독점하는 글로벌 기업이 거대한 권력으로 등장하고 상대적으로 정보가 부족한 소비자의 선택권은 제약되기 때문이다. 그래서 계약 이론은 현재 우리가 살고 있는 세계와 매우 밀접하며 그 중요성은 더욱 커질 것으로 보인다.

다시 게리 베커로 돌아가보자. 결혼 생활에서 편익과 비용이 발생한다 하더라도 이를 계약으로 죄다 기술해서 따질 수 있을까? 무형의 비용과 편익을 계산하는 것은 힘들 것 같다. 인생에 완전한 계약이 없듯이 완전한 결혼 계약은 불가능하다. 다만, 결혼에 빅데이터를 사용하면 재미있을 수는 있겠다. 물론 개인의 사생활 문제도 있고 서로 간에 보이지 않는 성격을 제대로 가늠하기가 쉽지는 않을 것이다.

빅데이터를 활용하는 결혼중개업체가 등장해 결혼하면 이혼율이 낮아질까? 잘 모르겠다. 결혼중개업체는 사실 결혼성사율보다 그 이후 오랜 일상에서 그들이 얼마나 행복하게 살고 있는지를 보여주어야 한다. 낭만적 연애 뒤에 오는 일상의 소소한 가치를 보여주는 그런 지표 말이다.

믿음과 소망과 사랑 중에 제일은 사랑이라고 했다. 인생에 완전한 계약은 없지만 훗날 이 세상을 등질 때, 사랑하는 누군가와 헤어질 때 그게 세상에서 가장 아름다운 이별이라면 그런 연애와 결혼은 성공한 것이 아닐까? 인생은 불완전한 계약서로만 모인 것은 아니다. 오늘 저녁 당신의 배우자를 위해서 완전한 사랑을 꿈꾸며 엘리제를 위하여를 피아노로 연주할 수 있다면 그야말로 얼마나 황홀하고 멋진 인생인가! 그런 사랑이 이 시대 청춘들의 포기할 수 없는 가치이기를 진정으로 바란다.

경제적 청춘

자기 결정의 경제학

운명 교향곡

'빠바바밤!'으로 시작되는 베토벤의 '5번 교향곡'은 최고의 걸작으로 평가받는다. 베토벤의 제자 안톤 신들러가 쓴 베토벤의 전기에는 이 곡과 관련해 "어느 날 베토벤이 제1악장을 가리키면서 '운명은 이와 같이 문을 두드린다.'라고 했다."라는 대목이 있다. 이로 인해 서양에서는 그저 'C단조 교향곡'이라고만 불리는 곡에, 일본에서는 '운명'이라는 별명을 붙였다. 이후 우리나라에서도 '운명 교향곡'으로 널리 불리게 됐다.

당시 베토벤은 귓병을 앓았는데, 그는 이를 '운명의 앙갚음'이라고 생각했다. 베토벤이 작곡 노트의 여백에 '나 스스로 운명의 목을 조르고야 말겠다.'고 썼다는 일화는 유명하다. 영원한 애인으로 알려진 테레제와 헤어지고, 이후 나폴레옹의 침공이라는 시대적 아픔을 겪은 그는 이 곡에서 운명을 스스로 개척하겠다는 신념을 표현한다. 수정에 수정을 거듭한 끝에 약 5년 후에 곡이 완성되어 후원자인 로브코비치 공작과 라즈모프스키 백작에게 헌정되었다. 착상에서 완성까지 5년이 걸린 대작이다. 모든 역경을 딛고 마침내 승리자가 되겠다는 강한 의지가 느껴진다.

진정한 자유란 자신의 정치적 운명뿐만 아니라 경제적 운명도 스스로 결정할 권리를 포함한다. 하지만 누구는 부유한 가정에서, 누구는 가난한 가정에서 태어난다. 만약 그런 결정이 고착화되어 두꺼운 벽이 된다면 그런 경제적 운명이 누군가에겐 가혹할 수 있다. 대부분의 월급쟁이들은 유리 지갑으로 버틴다. 세계적으로 실질소득이 정체되면서 빚이 느는 가운데 소위 '개천에서 용 나기'가 쉽지 않은 환경이 조성되고 있다. 개인의 경제적 지위가 향상되기 어려운 상황에서 국가 간에도 빈부의 격차가 좀처럼 완화되기 어려운 실정이다. 세계화 속에서 한 국가가 스스로 자신의 경제적 운명을 온전히 결정할 수 있는지에 대한 논란도 증가하고 있다.

이 섹션에서는 생애주기별로 벌어들이는 소득에 대한 재무 관리의 필요성과 가난이 가난을 부르는 세계 경제 현실을 조명한다. 나아가 투자를 함에 있어서 고려해야 할 여러 요인들을 분석해 경제적 운명을 스스로 개척하는 자들에게 용기를 주고자 한다.

'운명 교향곡'이 육체적 정신적 고통 속에서 승리하고자 한 베토벤이 마음으로 쓴 신념의 곡이라면, 이 섹션은 고령화 추세 속에서 증가하는 빚에 찌든 현대인의 상황과 자신의 경제적 운명을 개척하기 위한 자세를 연주하는 오케스트라의 모습을 연상시킨다.

빛에 짓눌린 청춘,
쿼바디스 가계 경제

●

샐러리맨의 삶은 고달프다. 늘 돈에 쫓긴다. 소수의 샐러리맨을 제외하고는 전 세계적으로 비슷한 구조다. 그래서 신용, 쉬운 말로 빛이란 걸 이용한다. 우리나라에서 가계 빛이 사상 최고를 갱신했다는 것은 언제부터인가 연례행사처럼 말해진다.

물론 빛으로 무언가 투자도 하고 자산도 키웠다면 이야기는 달라진다. 특히 빛이란 게 경제가 제대로 성장할 때는 증가하는 경향이 있어 큰 문제가 안 될 수도 있다. 빛 이상으로 소득이나 이득을 번다면 말이다. 문제는 생존을 위해 만성적으로 빛을 지는 구조이다. 빛이 빛을 부르는 경우다. 빛지지 않고 살아가는 일은 개인에게도 중요하지만 사회적으로도 무척 중요하다.

역사 속에서는 이런 저런 이유로 분수를 지키지 않고 빛을 져서 낭패를 당하는 공동체와 개인들이 자주 등장한다. 현대인의 모습은 어떠한가? 걷잡을 수 없이 커진 욕망을 빚으로 해결하는 데 현대인은 너무나도 익숙하다. 카드 긁어 다음 달 수입을 당겨 쓰고 월급날에 카드빚 청산으로 쩔쩔맨다.

미국 사회는 이를 부추기기도 한다. 현금만 쓰고 카드 같은 신용거래를 하지 않으면 신용등급에 좋지 않은 영향을 미친다. 그래서 국가가 빚을 부추기는 측면이 있다고 주장하는 사람들도 있다. 우리나라도 2000년대 초 정부가 소비를 진작하기 위해 카드를 무분별하게 남발해 문제가 생겨 홍역을 치룬 경험이 있다. 부자도 때로 빚을 너무 져서 잘못된 삶을 살기도 한다.

2008년 8월, 50세였던 영국의 자산가 크리스토퍼 포스터 Christopher Foster는 딸과 아내를 총으로 죽이고 집을 불태우고 자살했다. 오일 관련 기술로 잘나가던 그는 외부에서 보는 것과는 달리 항상 재정적인 문제에 쫓겼다. 5개 방이 달린 대저택에서 환히 웃고 있던 그들 가족 사진과 달리 무엇이 그들을 그런 비극으로 몰고 갔을까? 그는 빚 이상으로 호화판으로 살았다. 그는 죽을 당시 620만 달러의 빚을 지고 있던 것으로 밝혀졌다.

부자도 그러한데 우리 일반인의 삶은 오죽할까? 한국에서 상당수 빚은 집을 사기 위해서 행해진다. 은행에서 담보로 산 아파트는 소유자만 본인이지 가격이 하락하거나 제때에 돈을 갚지 못하면 언제든지 은행의 것이 된다. 집이 본인 소유로 되어 있지만 사실은 은행 것이라는 말이 들리는 이유다.

무분별한 주택 구입이 낳은 빚의 무서움을 얼마 전 미국발 금융 위기로 목도했다. 미국의 중산층을 보자. 겉으로 보이는 그들의 집과 차는 화려하지만 그들의 실상을 자세히 들여다보면 모두 빚으로 사는 빚쟁이들이다. 대부분은 당장 구할 수 없는 집을 모기지mortgage를 통해 구입하고 평생 그 빚을 갚기 위해 삶이 묶여 고단한 인생을 살아간다. 모기지는 라틴어로 죽음을 말하는 '모르트mort'와 약속을 말하는 '게이지gage'가 합쳐진 말로, 이른바 '죽음의 약속'이다. 결국 자신의 경제 범위를 벗어난 생활을 할 경우 위기를 각오할 수밖에 없다는 경고의 메시지를 우리에게 준다. 참 묘한 여운이 느껴지는 섬뜩한 말이다.

유명인의 삶도 겉으로 보면 화려하지만 실상은 그렇지 않은 경우가 많다. 한국에서 자살한 젊은 유명 배우들의 이면에도 불우한 가정사와 감당할 수 없는 재정적 압박이 있었다는 루머가 도는 것을 보면 돈은 버는 것 못지않게 쓰는 것이 중요하며 제대로 된 재무 마인드가 필요한 것 같다. 종합하면 대개의 사람들은 적은 소득을 벌면서 높은 주거 비용으로 빚을 지게 되고 그래서 돈이 없는 형태로 볼 수 있다.

제네바에서 차를 타고 1시간가량 가다보면 브베라는 곳에 이른다. 이곳은 레만호가 내려다보이며 아기자기한 포도밭이 예쁜 곳이다. 미국 배우 찰리 채플린Charles Chaplin의 동상에 기대어 한 컷의 사진을 찍고 생각에 잠긴다. 그는 말했다.

경제적 청춘

"인생이란 가까이서 보면 비극이지만 멀리서 보면 희극이다. 그러므로 나는 멀리서 보려고 노력한다."

그의 말이 가슴 깊이 다가온다. 빚에 허덕여 절망감에 빠진 인물들도 재기의 발판을 마련하기 위해 멀리 보고 이를 악물고 살아야 할 것이다. 나라를 잃고 절망감에 사로잡혀 있던 폴란드 국민에게 용기를 북돋아주기 위해 모든 노력을 쏟아 부은 작가 헨릭 시엔키에비츠Henryk Sienkiewicz는 우리에게 친숙한《쿼바디스》를 썼다. 작가는 인생의 마지막을 브베에서 보냈다.

빚이란 게 뜻하지 않은 국제 시장 환경에서 화근이 되어 돌아오는 경우도 많다. 2015년 과다한 국가 부채 문제에서 비롯한 유럽의 재정위기가 한창이던 상황에서 스위스 중앙은행은 불안한 유로화와 연계된 자국 통화의 최저 환율제를 폐지했다. 그 결과 유로당 1.2 프랑이 1.0프랑 수준으로 떨어져(스위스 프랑의 가치 상승) 스위스 프랑으로 대출받은 다른 나라들의 채무가 자국 화폐로 표시할 경우 엄청난 증가로 나타나게 되었다. 유럽 국가들은 대출을 받을 때 유로나 스위스 프랑으로 표시해 돈을 빌리는 경우가 많다.

시엔키에비츠의 고국인 폴란드의 경우, 가계 부채의 37%가 스위스 프랑으로 빌린 부채인 것으로 추정돼 가계의 불만이 높아졌다. 폴란드의 약 55만 가구는 갚아야 할 빚이 난데없이 늘어난 것이다. 크로아티아와 폴란드, 체코 등은 스위스 프랑의 가치가 안정돼 있고 금리도 낮아 얼마동안 스위스 은행들로부터 대출을 받아 주로 부동산에 투자했으나 스위스 프랑의 가치 상승으로 자국 화폐로 표시한 채무가 증가해 곤경을 겪게 된 것이다.

세계화 시대 통화 가치의 변화가 빚을 줄이기도 늘리기도 한다. 빚으로 채워진 욕망이 세계와 우리 경제를 위협하고 있는 지금의 상태는 '쿼바디스(Quovadis, 어디로 가시나이까?)'다. 전 세계적으로 과다한 빚 문제를 해결하고 구조적인 문제들을 풀어가는 데 시간이 꽤 걸릴 것이다. 그 과정은 마치 길을 잃은 고통일 수도 있다. 2008년 금융 위기도 정체된 가계의 실질 소득이, 부풀어 오른 가계 부채를 감당해내기 부족한 상황에서 일어난 위기였다. 서브 프라임 모기지라는 이름의 가계 부채에 투자한 금융회사들이 파산함으로써 전 세계에 공황장애를 일으켰다. 2008년 금융 위기는 1970년대 이후 증가일로에 있었던 소비자 신용의 한계와 위험성을 극적으로 경고했다.

OECD 국가의 가구당 '순 가처분 소득' 대비 가계 부채의 비중을 보면 덴마크가 1위이다. 그 이유는 무엇일까? 저금리에 치솟은 높은 집값이 원인이다. 덴마크 코펜하겐의 집값 상승은 가히 가공할 만하다. 한국도 전세보증금을 합치면 가계 빚은 증가한다. 스위스와 스칸디나비아의 부동산 붐은 초저금리 때문이다. 낮은 이자율로 가계는 부채의 심각성에 무디다. 그러나 이자율이 오름세로 전환될 경우 저소득층을 중심으로 가계 부채의 위험에 직면할 수 있다. 미국, 일본, 독일, 영국 등 주요 선진국의 가계 부채가 감소세로 전환한 반면, 한국의 경우는 가계 부채의 질이 양호하다지만 늘고 있다. 개인 소득 중 소비, 저축을 자유롭게 할 수 있는 소득을 뜻하는 가처분 소득이 늘어나는 속도에 비해 빚이 빠르게 늘고 있어 경고등이 깜박인다. 순 가처분 소득 대비 가계 부채 비율은 지속적으로 늘어 OECD 국가 평균을 상회한다.

이 같은 부채 증가 속에서도 가계가 부채를 감당할 수 있는 것은 유례없이 낮은 이자 덕이다. 가처분 소득의 상당 부분을 원리금 갚는 데 사용하는 상황에서 살림이 쪼그라들고 소비를 제대로 할 수 없는 것은 당연하다. 민간 소비 부진이 세계 경제가 안 좋아 발생하는 경기적 요인인지 원리금 상환 부담에 따른 구조적인 문제인지가 그래서 논쟁이 된다. 누군가 어지러운 생각에 빠진 우리에게 묻고 있다. 쿼바디스?

고령화와 재무 관리의 필요성

고령화가 급속히 진행되고 있는 상황에서 우리나라 노인 빈곤율은 OECD 회원국 중 압도적으로 높다. 반면 연금의 소득 대체율은 최하위권 수준이다. 높은 노인 빈곤율은 노인 자살률의 증가로 이어진다. 고령화로 실버산업이 유망하다지만 텅 빈 주머니를 생각하면 노인 부유층을 대상으로 하는 실버산업이 과연 우리나라에서 의미가 있나 하는 의문이 든다. 고독사가 많은 일본에서는 편의점에서 일하는 노인의 삶이 고달프게 조명되곤 하지만, 엄연히 일본 노인들의 주머니는 우리나라보다 두둑하고 노인 복지 수준도 높다. 빚에 허덕이는 이러한 우리 삶에 일침을 날려줄 경제학자를 모셔보자.

미국의 경제학자 모디글리아니*는 '생애주기 가설(평생소득 가설)'을 수립한 공로로 노벨경제학상을 받았다. 이 가설에 따르면 사람들은 현재 소득에 맞춰 소비를 결정하는 것이 아니라, 남은 평생의 소득을 고려해 지금의 소비를 결정한다. 그런데 한국의 현실을 생각하면 과연 사람들이 그렇게 합리적으로 소비 행위를 하는 것 같지는 않다. 모방 소비가 만연하고 빚을 얻어 분수에 넘치는 소비를 하는 경우도 흔하다. 자식을 위해서라면 뭐든지 하는 엄마의 마음도 영 합리적인 것 같지는 않다. 생각해보면 인생에서 돈을 버는 시간은 한정돼 있지만 돈을 쓰지 않고 살아갈 수 있는 시간은 없다.

모디글리아니에 따르면 나이가 들어 소득이 없을 때도 생활의 질을 유지하기 위해서는 장기적인 시각에서 소비를 결정해야 한다. 그런데 현실은 그의 이론과 무척 다르다. 40대 가구의 가계 소득은 2003년 이후 처음으로 감소했다. 또한 빚이 없으면 결혼조차 꿈꾸기 어려운 청춘의 비애는 또 어떤가.

● 프랑코 모디글리아니(Franco Modigliani, 1918~2003) 1985년 노벨경제학상을 받은 케인즈 학파의 경제학자. 1938년 무솔리니 정권의 반유대인 정책을 피해 프랑스로 망명했다가 1939년 제2차 세계대전 발발 직전 미국으로 이주했다. 모딜리아니의 연구 활동 중 가장 대표적인 것은 소비 이론인 '생애주기 가설'이다. 소비는 전 생애에 걸쳐 일정하거나 혹은 서서히 증가하는 형태를 보이지만 소득은 일반적으로 중년기 때 가장 높고 유년기와 노년기에는 낮다. 저축률은 중년기에 높고 유년기나 노년기에는 저축률이 낮을 뿐만 아니라 마이너스 저축까지 하게 된다.

경제적 청춘

나는 소망한다, 내게 금지된 부를

빚으로 일궈진 세계에 모디글리아니는 경고하고 있다. 제대로 된 생애주기에 걸맞은 소비가 답이라고 말이다. 합리적인 소비자라면 먼 미래까지 바라보고 소비를 결정하는 것이 옳다. 그게 삶의 더 큰 효용을 이끌어내는 혜안을 가진 행동이다. 물론 소비자의 합리성을 떠나서도 모딜리아니의 이야기는 설득력이 있다.

예를 들면 이달에 300만 원을 쓰고 다음 달에 한 푼도 쓰지 않는 것보다는 이번 달과 다음 달에 각각 150만 원을 쓰는 것이 훨씬 만족스러울 수 있다. 생애 주기별 소득을 감안한다면 상대적으로 소득이 높은 시기에 저축을 통해 소비를 뒤로 미뤄둘 필요가 있다. '개인은 노동 소득이 증가하는 청년기나 장년기에는 소득 이하로 소비를 억제해 차액을 저축함으로써 자산을 축적하고, 노년기에 들어와서 소득이 감소하면 저축한 것을 소비함으로써 소비 수준을 유지하는 게 정상이다.

이와 같이 개인의 소비 행동은 단순히 그때그때의 소득 수준을 바탕으로 정해지는 것이 아니라, 개인이 평생 동안 벌어들인 소득, 즉 '평생 소득'을 바탕으로 평생 동안의 소비 흐름에서 얻어지는 효용을 최적화하도록 결정한다는 것이 모디글리아니의 주장이다. '노후를 위한 저축'은 오래 사는 것이 축복이어야 할 세대를 위한 불가피한 운명 같은 보험이다.

매우 단순한 모디글리아니의 경제 이론도 무시하고 있는 우리의 현실이 안타깝다. 더구나 근로소득자의 절반 가까이가 세금 한 푼 안내는 상황에서 북유럽 같은 복지를 기대하는 건 무리이기에 현실이 더욱 고달프다. 그런 기대는 장기적으로 조금씩 사회적 합의를 통해 해결할 수밖에 없는 큰 숙제이다.

생애소득 가설은 경제학자 케인즈John Maynard Keynes가 주장한 절대소득의 가설에 대한 논리적 오류를 극복하기 위해 마련되었다. '절대소득 가설'의 핵심은 당기소득의 절대적 수준이 소비에 영향을 미친다는 것이다. 실생활에서 이러한 예는 많지 않다. 실제 생활에서 소비가 당기소득의 절대 수준에 영향을 많이 받지 않기 때문이다. 그날 벌어 그날 먹고 사는 일용직 노동자들을 보자. 일용직 노동자들은 그날 돈을 많이 벌면 그날 소비를 많이 하고 그날 돈을 많이 못 벌면 소비를 줄이는 성향을 가져 케인즈의 절대소득 가설에 부합한다. 그러나 일용직 노동자들을 제외한 다른 대다수의 사람들은 케인즈의 절대소득 가설에 부합하지 않는다.

모디글리아니는 사람의 생애가 소득이 높은 시기에서 낮은 시기로 이동할 수 있다는 점을 강조했다. 일생 동안 소득이 변화하는 가장 중요한 이유는 은퇴 때문이다. 물론 도중에 실직을 하는 경우도 있고 요즘 같이 구직이 어려운 청년의 경우는 캥거루족으로 살아가는 기간이 길 수밖에 없다. 저축을 하기는커녕 부모 돈에 의존하게 된다. 여하튼 대부분의 사람들은 은퇴 후에 소득이 감소할 수밖에 없다.

그러나 사람들은 소비 측면에서 보았을 때 생활 수준을 대폭 낮추기를 바라지 않는다. 은퇴 후 소비를 유지하기 위해 직업을 갖고 있는 동안 저축을 하고 올바른 재무 설계에 관심을 가져야 한다. 그게 모디글리아니가 우리에게 말해주는 지혜로운 삶의 모습이다.

우리는 점점 현재의 직장에 계속 다닐 수 있다는 기대를 하기 어려운 시대를 살고 있다. 정년이 보장되는 박봉의 공무원 시험에 무수한 젊은이들이 몰리고, 50대 이상이 많은 사람들이 저임금 일자리를 찾아 전전하는 모습에서 재무 설계가 과연 가능한가 하는 생각마저 든다. 하지만 더 나은 행복과 자존감을 위해서는 이러한 상황 속에서도 하루라도 젊은 시기에 재무 설계의 중요성을 간파해야 한다. 그게 경제적 청춘이 지녀야 할 재무 설계의 덕목이다.

초저금리라는 신기루

우리가 제대로 된 재무 설계를 하고 있지 않음은 통계로도 나타난다. 예를 들어, 한국의 40대는 전 연령대 중 평균 소득이 가장 높으며 그만큼 지출도 많다. 통계청 가계 금융 복지 조사에 따르면 40대는 월평균 소득의 지출 비율이 전문가들이 말하는 비율인 80%를 훌쩍 뛰어넘는다. 이는 어느 연령대보다 저축을 위한 여유자금이 적다는 말이기도 하다. 40대는 노후 저축이 가장 미흡한 연령대다. 문제는 어디에 있을까? 40대 비非은퇴자 가구의 월 생활비에서 자녀 교육비가 차지하는 비중은 30%를 넘는다.

반면 노후를 위한 저축은 자녀 교육비에 투자하는 금액의 절반도 되지 않는다. 지출 우선순위에서도 노후 저축은 여행, 외식 등의 여가 비용보다 우선순위가 처진다. 노후 저축에 뛰어드는 시기 또한 너무 늦다. 많은 사람들이 노후 준비를 시작하는 이상적인 시기를

'취업 직후부터'라고 생각한다. 하지만 실상은 70%가 넘는 대다수의 은퇴자가 자녀 교육이 끝나면서 노후 준비를 시작한다. 자녀 교육이 끝나는 시기는 퇴직과 함께 소득이 하락하는 시기로 노후 저축을 하고 싶어도 여력이 없을 확률이 높다.

가계의 합리적인 소비 지출이란 '현재 소득'에 맞춰 지출을 결정하는 것이 아니라 일생 동안 벌어들일 '생애소득'을 염두에 두고 지출을 하는 것이다. 소득이 정점에 올라와 있는 40대에 내가 번 돈을 어떻게 분배하느냐에 따라 노후 삶의 질이 결정된다는 것을 명심해야 한다.

언제부터인가 우리는 현재의 만족을 내일의 희망보다 우선하게 되었다. 게다가 치열해진 경쟁 속에 낙오된 실패자의 모습이 싫어 현재의 모습을 부풀리기도 하고, 부풀려진 모습에 스스로 도취되기도 한다. 지금 받을 수 있는 적은 액수의 현금을 언젠가의 많은 돈보다 선호하는 것도 같은 이유다. 이처럼 많은 사람들은 특히 젊은 이들은 현재에 중독되어 있다. 대부분의 사람은 '오늘 저축하고 내일 소비하는 것'보다 '오늘 쓰고 내일 갚는 것'을 훨씬 좋아한다. 현재 쓰는 것이 쉬워진다면 오늘 쓰고 내일 쓰고 모레까지 쓰고 결국 갚으라고 할 때까지 쓸 가능성이 제기된다. 이 가설에 따르면, 모든 즐거운 일은 현재에 하고 모든 괴로운 일은 미래로 떠넘기려는 속성을 가지고 있으며, 자신의 재무 상태를 망치면서도 버틸 때까지 버티는 벼랑 끝 전술로 부채를 사용하는 상황도 온다.

경제적 청춘

현재의 달달함이 강력한 나머지 미래의 든든함은 그리 큰 유인이 되지 못해 안타깝다. 그동안 정책적으로 유지된 낮은 이자와 '부동산 불패', 자산 가격 상승 기대에 우리는 가계의 재무 건전성이 얼마나 위험해지고 있는지 자각하지 못하고 있다. 지금 이 순간에도 금리가 계속 올라가고 있다면 어떻게 될지 생각해보자. 제대로 된 재무 관리를 하지 않고 남을 탓해 봤자 소용없다. 뒤늦은 후회다. 그때 가서 '나는 소망한다, 내게 금지된 부를'이라고 부르짖어도 자괴감으로 자존감을 낮추는 결과만 부를 뿐이다.

물론 높은 학자금 대출, 주거비, 결혼 비용, 모든 게 어려워진 현실을 도외시하자는 건 아니다. 빈익빈 부익부의 현상도 무시할 수 없다. 그래도 늘어난 수명에 맞는 소비를 위해 노력해야 하는 게 삶의 주인인 자의 1차적 태도이고, 그게 자본주의를 사는 우리 경제적 청춘의 운명이다. 쿼바디스 가계 경제. 일단 이 부분의 위험성을 지속적으로 주시하고 대응책을 마련해야 한다.

가난이 가난을 불러오는 역설

●

미국 대선은 예상과 달리 공화당 대통령 후보인 도널드 트럼프가 당선되었다. 그는 유세에서 법인세 인하, 중산층 보호를 위한 부자증세와 함께 보호무역의 발언을 거침없이 했다. 한국, 중국, 일본과 같은 아시아 국가들이 미국의 일자리를 빼앗았다고 강변했다. 그래서 중국산 제품에 45%의 관세를 매겨야 한다거나 자유무역협정은 재앙이라고 주장했다. 경제적인 어려움에 지친 상당수 미국인들은 미국 제조업이 쇠퇴하고 일자리가 줄어든 것을 다른 나라 탓으로 여기기에, 그의 말이 먹혀들어갔는지 모르겠다. 세계는 보호무역주의의 확산과 자국이익 우선주의에 우려를 표명하고 있다.

트럼프의 주장과 다르지만 자유무역의 공이 선진국으로 간다고 주장한 경제학자가 있었다. 그 역시 자유무역의 허상을 주장했

경제적 청춘

다는 점에서는 트럼프와 공통점이 있다고 할 수 있다. 그가 노벨경제학상을 받았으니 어찌 보면 정통 경제학의 시각에서는 상당히 파격적인 행보가 아니었나 생각된다. 정통 경제학은 '자유무역과 자유 시장 없이는 경제 발전도 없다.'는 관념이 상식이다.

그의 이름은 스웨덴 사회민주주의의 상징인 군나르 뮈르달●이다. 그는 경제학이 정책을 통해 시민의 안녕과 복지에 봉사할 수 있게 실천적 지침을 제공해주어야 한다고 역설했다. 그는 미국의 인종 문제, 스웨덴의 복지국가 건설, 아시아의 경제 발전에 특히 관심이 높았다. 그의 핵심 이론은 '누적적 인과 이론Cumulative causation theory'이다. 무엇이 누적되고 인과관계로 발전한다는 것인지 하나하나 살펴보자. 그는 나라와 나라 간의 경제 발전을 불평등의 시각으로 본다.

> "경제가 발전해도 약소국은 뒤처지고 가난한 상태로 남는 반면,
> 선진국에서는 누적적 인과 과정의 선순환이 이루어진다."

이 말이 노벨경제학상을 받은 그가 내뱉은 말이라면 귀를 의심할지도 모르겠다. 더 놀라운 것은 그는 노벨상 수상을 거부하며 화

● 군나르 뮈르달(Karl Gunnar Myrdal, 1898~1987) 스웨덴의 경제학자. 정태적 균형 개념에 대비되는 동태적 균형 개념을 중시했다. 저개발국가에 관한 연구를 통해 개발 경제학에도 뛰어난 업적을 남겼다. 1974년 경제 사조의 정반대측에 있는 자유주의 경제학자의 대명사 프리드리히 하이에크와 공동으로 노벨경제학상을 받았다. 하이에크와 달리 '경제·사회·제도 현상을 분석'한 뒤 적극적인 국가의 역할을 강조했다. 사회에 필연적으로 내재된 불평등·불균형을 발견했고, 이를 해소하기 위해 국가의 개입을 지지했다.

제를 뿌리기도 했다. 자유주의 경제학자들이 들으면 정색할 그의 말을 제대로 이해하기 위해 1957년에 출간된《경제 이론과 저발전 지역》이라는 저서를 펼쳐보자.

A지역과 B지역이 있다. 두 지역은 각각 경제 활동을 벌이면서 서로 생산물을 거래하고 노동이나 자본도 이동한다. A지역의 한 기업이 기술 진보에 성공해 신제품을 만들었다고 가정해보자. 자유무역을 중시하는 신고전학파의 비교우위 이론에 따르면 A지역의 기술 진보가 두 지역의 경제 성장을 이끈다. 기술 개발로 A지역 기업가의 수익과 근로자의 소득이 증대한다. 시간이 지남에 따라 A지역 사람들의 소득이 증대해 B지역 제품의 수요도 추가적으로 늘어나, B지역 기업가와 근로자의 사정도 조만간 호전될 것이다. 신고전파 경제학은 한 지역(부자)의 성공이 다른 지역(빈곤층)의 성공으로 연결되는 '낙수 효과'를 중시한다. 그러나 뮈르달은 다른 시각을 보인다. 그는 빈곤은 빈곤에 의해 더 영속화되고 풍요는 풍요에 의해 더 촉진된다고 본다. 그렇다면 뮈르달은 A지역(중심부)의 성공이 B지역(주변부) 제품의 수요 증대로 이어질 '파급 효과spread effect'를 부정한 것일까? 그렇지는 않지만 결국 그는 중심부 국가에서 벌어들인 소득은 주변부 국가에 재투자되지 않고 중심부 국가로 투자된다고 보았다. 왜일까? 주변부는 투자 유인에 충분한 인프라를 갖추지 못해 파급 효과를 실제로 누릴 수 없다고 보았기 때문이다.

주변부 국가는 교통통신망이 효율적이고 교육 시스템이 선진적이며 아이디어와 가치가 역동적으로 넘치는 인프라를 갖추는 것

경제적 청춘

을 기대할 수 없다. 더군다나 뮈르달은 생산요소의 이동 문제를 고려해야 한다고 주장한다. B지역에 비해 A지역의 임금, 이자, 이윤이 상대적으로 늘어나게 되면 노동과 자본과 같은 생산요소가 B지역에서 A지역으로 빠져나가는 '역류 효과backwash effect'가 발생해 두 지역의 경제 격차를 확대시킨다고 본 것이다. 이는 불균형의 효과를 누적시키는 결정적 요인으로 작용한다고 보았다.

주변부인 B지역은 노동과 자본이 유출되어 생산 능력이 축소되고 소득창출 능력이 약화된다. 소득 감소는 다시 지역 내 네트워크 외부 경제 효과 발생에 필요한 인프라 확충을 어렵게 해 가뜩이나 부족한 파급 효과를 한층 약화시키는 악순환이 발생한다.

누적적 인과 이론은 스웨덴 경제학의 시조인 빅셀Johan Gustaf Knut Wicksell이 '은행권의 금리 인하가 물가의 가속적인 상승을 가져오게 되는 메커니즘'을 설명하는 과정에서 처음 도입했다. 이후 뮈르달에 의해 자본주의 시장 경제의 근본적인 불안정성을 입증하는 주요 개념으로 정립된 것이다.

뮈르달은 자본주의 시장 시스템에는 자동적인 자기 안정화 장치가 없다고 주장한다. 통상 신고전학파 경제학에서는 어떤 외부적 충격이 발생하면 이 변화를 상쇄시켜줄 반대 방향으로의 변화가 가격 메커니즘을 통해 발생하고, 불균형은 조만간 안정적 균형으로 대체된다고 한다. 반면 뮈르달은 외부적 충격이 발생하면 이를 상쇄시켜줄 시스템 전체의 자동 안정화 장치가 작동하지 않고 불균형이 한층 누적되는 것이 더 일반적이라고 보았다.

자유무역은 지상 최대의 선이 아니다

누군가는 이렇게 말할 지도 모르겠다.

"저개발국에서 생산된 제품을 소비하고 생산하는 과정에서 나타난 저소득층의 노동착취 현상도 유심히 관찰해야 합니다. 옷 한 벌을 생산하기 위해 수많은 저소득 국가의 인력이 적은 임금을 받고 온종일 노동을 착취당하고 있다는 주장에도 귀를 기울여야 합니다. 정작 그 티셔츠로 높은 이윤을 내는 사람들은 노동자가 아닌 선진 자본으로 무장한 글로벌 기업이 아닌지 생각해보아야 합니다."

뮈르달의 주장은 세계화로 성장한 많은 국가들이 존재하는 현실에서 완벽한 이론이라 하기에 분명 무리가 있을 수 있다. 중국과 인도가 세계화 전략으로 성장했고 그들의 세계 경제에 대한 성장 기여도를 무시하기 어려운 게 사실이다. 하지만 빈곤국의 어려움이 해소되지 않고 다국적 기업의 폐해도 여전히 지적되고 있는 만큼, 그의 주장을 완전히 무시하기도 어렵다.

아시아 국가의 빈곤 문제를 연구하면서 그는 '빈곤이 빈곤을 부른다.'는 누적적 인과 이론을 전개했다. 이 견해는 개발 경제학에 관한 그의 저서들 속에 주요한 기조로 자리 잡는다. 그는 부유한 나라와 빈곤한 나라의 경제 발전 격차는 줄어드는 게 아니라 오히려 점점 확대되며 결국 부유한 나라는 규모의 경제로 이익을 누리는 반면, 빈곤한 나라는 제1차 산업에 의존할 수밖에 없는 열악한 상태에

경제적 청춘

처하게 된다고 주장했다.

　누적적 인과 이론을 국가 간이 아니라 개인 간에 적용해 설명하는 견해도 있다. 이를 이해하기 위해 뮈르달이 1944년에 출간한《미국의 딜레마: 흑인 문제와 현대 민주주의》를 살펴보자. 이는 미국 흑인 문제를 연구한 결과를 정리한 것으로 미국의 흑인 문제에 대한 최초의 분석서이다. 그는 이 저서에서 기회 균등과 흑인에 대한 현실적인 대우와의 간극을 이론적으로 설명하려고 했다. 그는 경제적 지위는 정치, 사회, 역사적 요인과 관련 있다고 보았다. 이런 인식을 바탕으로 역사, 인류학, 사회학, 정치학을 경제적 분석에 접목시키려 시도했다. 경제 문제를 경제학 이상의 것으로 바라본 것이다.
　누적적 인과 이론의 관점에서 미국 흑인 사회에 대해 체계적인 분석을 해보자. 뮈르달은 미국의 흑인 문제는 경제, 지식, 교육, 도덕에서의 격차와 백인 차별이라는 요소의 상호작용 결과로 보고, 이는 누적적 인과 관계를 통해 전개된다고 봤다. 백인의 흑인에 대한 차별 증가는 흑인 소득을 감소시키고 이는 건강, 교육 수준, 생활 수준의 악화로 이어진다고 보았다. 이는 다시 흑인에 대한 차별 확대로 이어지며 다시 흑인의 건강, 교육, 생활 수준을 재차 악화시키는 악순환의 구조를 형성한다는 것이다.

　이 대목에서 그가 누적적 인과 이론을 거시경제 분석에서뿐 아니라 사회체계 전반에 대한 분석으로 확장하고자 한 것임을 이해할 수 있다. 경제나 사회나 고정되어 있는 것이 아니라 계속 움직여가는 과정이다. 그래서 그는 '다른 조건이 불변인 한'이라는 정태적 개념을 배척한다. 그에게 있어 정태적 균형 상태라는 개념은 존재하지 않으며, 경제는 계속 움직이는 누적적 인과 과정인 것이다.

축적된 문제의 해결, 축적된 시간이 필요하다

오늘날 미국 사회를 바라보며 뮈르달의 이론을 생각해보자. 〈워싱턴포스트〉에 따르면 2015년 미국 전역에서 경찰 총격으로 숨진 비무장 민간인 중 흑인이 41%, 백인이 34%이다. 미국 인구 중 흑인은 13.3%, 백인은 61.6%인 점을 감안하면 흑인 희생이 과다하다는 주장이 제기될 수 있다.

미국의 한 보고서에 따르면 지난 30여 년간 백인의 부가 흑인보다 3배 속도로 늘어났다. 백인 가구의 평균 부는 7억이 넘는 수준인 것에 비해 흑인 가구의 평균 부는 1억에 못 미친다고 한다. 이런 추세가 유지된다고 가정한다면 흑인 가구가 현재의 백인 가구 수준으로 재산을 모으려면 228년이 걸린다. 인종 간 빈부격차는 사실상 영구적일뿐만 아니라 시간이 흐를수록 더 벌어진다는 이야기다. 백인의 부와 흑인의 가난이 대물림된다면 계층 간 갈등 해결은 더욱 어려워지지 않을까 생각된다.

2014년 8월 미주리 주 퍼거슨에서 18세 흑인 마이클 브라운이 백인 경찰의 총에 맞아 숨졌다. 수많은 이들이 분노한 이 사건을 보고 한 소년이 방으로 들어가 울자 이를 바라본 저널리스트 아버지는 말했다.

　　　　　　　　　　　　　　　　　　　　　　　경제적 청춘

"이것이 너의 나라다. 이것이 너의 세계다. 어떻게든 여기서 살 방법을 찾아야 한다."

저널리스트 아버지에겐 아픈 추억이 있었다. 학창시절 마약업자로 오인받은 친구가 경찰의 총에 맞은 것이다. 미국의 흑백 갈등은 아직도 진행 중이다. 백인에 대한 증오심이 도가 지나쳤을까? 흑인이 백인 경찰관을 살해하는 사태가 발생하자 버락 오바마 전 대통령은 이렇게 연설했다.

"경찰관에 대한 공격은 우리 모두에 대한 공격이며 법치에 대한 공격입니다."

오바마 대통령의 호소에도 불구하고 경찰과 흑인 간 대립, 흑백 갈등은 1992년 로스앤젤레스 폭동 이후 가장 심각한 수준이다.

이쯤에서 흑백 문제도 누적적 인과 과정의 결과가 아닐까 의구심을 가질 수 있다. 흑인과 백인의 경제적 지위, 교육, 사회적 지위라는 연관 관계를 생각해보자. 경제적 지위가 높은 백인은 낮은 흑인보다 교육투자를 더 많이 할 것이다. 교육투자는 자식들을 더 좋은 학교에 보낼 수 있다는 말이다. 인적 자본의 질은 교육투자의 양과 질에 비례하고, 양질의 인적 자본은 양질의 취업 기회를 의미한다. 이는 경제적 지위가 높은 사람의 자녀들이 학교를 졸업했을 때 남들보다 소득이나 사회적 지위가 높은 직장에 취업할 가능성이 높음을 의미한다. 이는 다시 경제적 지위의 보장, 자녀의 교육투자라는 식으로 연결고리를 형성한다. 이런 순환 구조 아래 흑인이 백인에 견주어 개천에서 용이 날 확률은 시간이 갈수록 축소되게 마련이다.

물론 백인 중산층의 몰락과 자수성가한 흑인 부호를 바라볼 때 예외는 항상 있기 마련이다. 경제적 지위가 교육투자, 직장의 지위, 다음 세대의 경제적 지위에 영향을 주는 것을 감안할 때, 누적적 인과 관계는 사회의 경제적 계층의 고착을 부르고 경제적 계층 간 대립과 연결될 수 있다.

이러한 맥락에서 연결고리와 누적적 인과 관계를 완화 내지 단절시키는 데 각국 정부는 앞장서야 한다. 뮈르달이 국가의 제도적 장치 마련을 강조한 것은 이런 연유에서이다. 스웨덴 복지제도의 건설이 그의 아이디어에서 많이 차용된 것은 결코 우연의 소산은 아님을 유추할 수 있다. 하지만 스웨덴식 복지제도를 채택하기에는 각국이 처한 경제적 상황과 조세 부담률, 국민 부담률이 달라 쉽사리 그 처방을 주장하기는 어렵다.

다만 시장만능주의에 입각한 경쟁이 최선의 결과를 가져오고 최선의 미덕이라는 데 회의적 시각이 증가하고 있는 것은 사실이다. 시작부터 다른 출발선에서 출발함으로써 생기는 기회의 불균형, 박탈을 어떻게 극복할 것인지 국가가 짚어보고 공정한 출발선을 보장하고자 노력하는 게 뮈르달의 속내라고 생각하니, 그에게서 약자를 생각하고 배려하는 가슴 따뜻한 진짜 사나이의 향기가 물씬 풍긴다. 자유 시장 경쟁의 미덕을 배가하는 것이 국가의 역할이라면, 한 번쯤 뮈르달이 주장한 누적적 인과 이론의 진정성을 제대로 파악할 필요가 있다.

경제적 청춘

흑백의 문제를 떠나 세계적으로 문제가 되고 있는 소득 양극화의 문제를 바라보자. 레이스 커튼 사이로 햇빛이 가득 들어온다. 작은 방 침대에서 눈을 뜨고 블루톤의 조그만 방에서 요즈음 젊은이들을 대변하는 드라마 '미생'의 주인공 장그래의 목소리를 눈을 감고 들어본다.

"내가 열심히 했다고? 아니 난 열심히 하지 않아서 세상에 나온 거라고. 열심히 하지 않아서 버려진 것뿐이야."

비정규직 대표 장그래의 대사가 우리의 가슴을 때리고 있다. 장그래로 평생을 살아가고 장그래가 장그래를 낳는 현상이 고착화되면 우리는 고개를 끄덕이며 "아 그래."라고 할 것인가? 파리 16구. 프랑스에선 '파리 16구'에 산다고 말하는 건 스스로 부자임을 드러내는 자부심이다. 프랑스에는 부자들의 비밀 사교클럽이 파리의 부촌으로 불리는 센강 서쪽 8, 16, 17구 등에 있다. 프랑스 사회의 내로라하는 거물들이 모인 집단에서 그들은 토론, 테니스 등의 활동과 인맥 관리를 통해 자신들의 가치를 높이는 데 힘을 쏟고 있다. 여기는 아무나 들어갈 수 없다. 프랑스의 정치, 경제, 사회 분야 거물이 주요 회원이다. 누구는 장그래로, 누구는 금수저를 물고 태어난 것은 어쩔 수 없다 하더라도 사회경제적 신분이 고정되고, 사는 곳이 영원히 고착화되는 삶은 누구도 바라지 않을 것이다. 청춘은 고인 물이 되어서는 안 된다. 경제적으로 구속된 청춘은 사회의 역동성을 죽인다.

소득 양극화가 전 세계적으로 진행되고 쉽게 해결되지 않을 구조적인 문제라면, 그것이 누적적 인과 과정의 소산이라면, 우리는 어떻게 해야 하는가? 축적된 문제를 해결하는 데는 축적된 시간이 필요하다. 부자와 대기업에 대한 증오와 한풀이로 해결될 문제가 아니다. 포퓰리즘에 기초한 섣부른 감정적 해결방법은 지양하되 모두가 인내하면서 공생하는 길을 지향하고 모색해야 한다. 우리 앞에 놓여 있는 큰 과제는 이념의 대상이 아니다. 축적된 문제는 어느 순간 곪아 터진다. 큰 실수는 굵은 밧줄처럼 여러 겹의 섬유로 만들어진다. 그래서 대형사고는 경미한 사고와 징후의 결과라는 하인리히 법칙은 누적적 인과과정 이론과 닮아 보인다. 정치도 경제도 그런 하인리히 법칙을 명심해야 한다. 그게 절망하는 청춘을 보듬는 길이다.

투자와 투기의 갈림길,
당신의 선택

●

미국 대선에서 도널드 트럼프 후보의 승리는 당선자를 두고 내기를 걸었던 사람들의 희비를 엇갈리게 했다. 영국의 도박 사이트 베트페어 보도자료에 따르면 브렉시트Brexit에 돈을 걸었던 사람들 중 67% 이상이 트럼프의 당선에 베팅했다고 한다. 브렉시트로 큰돈을 번 사람들이 트럼프에 다시 돈을 걸어 돈을 벌었다. 지난 2016년 6월 23일 치러진 영국의 브렉시트 국민 투표는 당시, 도박 사이트에서 80%의 확률로 부결될 것을 예측했다. 브렉시트 가능성이 작았으므로 여기에 돈을 건 사람들은 대박을 터뜨릴 수 있는 기회를 가지게 되었다.

민주당 힐러리 클린턴Hillary Clinton의 당선 가능성도 브렉시트 부결과 비슷한 80% 수준으로 예측되었다. 브렉시트 때처럼 뜻밖의 결과가 나왔다. 트럼프에 베팅한 이들은 다시 한몫을 단단히 쥘 수 있었다. 주식 시장은 어땠을까? 이 역시 브렉시트와 같은 움직임을 보여, 이를 따라한 투자자들은 살벌한 시장에서 초단타 매매로 몇 푼을 건질 수 있었다고 자랑한다.

이번 미국 대선과 관련된 판돈은 역대 최고치였다고 추정되는데, 액수가 적은 개미들은 승산이 낮은 쪽(트럼프)에 훨씬 많고, 액수가 큰 베팅은 승산이 높은 쪽(힐러리)에 있다는 점이 브렉시트와 유사했다. 한 도박 사이트에서는 개인 중 약 70%가 트럼프에 돈을 걸었으나, 전체 판돈의 74%는 힐러리에게 쏠렸다.

트럼프의 당선과 함께 희비가 엇갈린 장면을 생각하며 투기와 투자에 대해 생각해본다. 투기로 몇 번 돈을 벌었다 하더라도 한방의 실패로 패가망신하는 게 인생의 교훈이기에 소신 있는 투자 철학을 가져야 한다. 이러한 투자는 개인의 은퇴 재무 설계와 관련해 더욱 빛을 발한다.

1990년 노벨경제학상을 수상한 윌리엄 샤프●는 "개인의 노후를 국가와 기업이 책임지던 시절은 끝났다. 이제 개인이 안정된 노후를 설계해야 한다."고 주장했다. 사실 자식에게 투자해서 훗날 그들이 효를 다할 것이라고 기대하기에는 그들도 밥 벌어 먹기 힘든

● 윌리엄 샤프(William Sharpe, 1934~) 미국의 경제학자. 캘리포니아대학교 경제학과에서 박사를 취득했다. 금융 경제학과 재무 관리 방법론의 권위자로 증권 가격이 위험과 잠재 수익을 반영하는 방법을 밝힌 '자본자산 가격 결정 모형' 금융 이론을 개발했다. 이를 통해 위험 자산의 시장 가격 형성이 위험자산과 투자자의 포트폴리오 사이에 조화를 이룰 수 있도록 하는 방법을 밝혀냈다. 샤프는 자본 시장의 균형에 관한 이론 개발을 통해 기업 재무 관리 방법론에 기여한 공로로 1990년 노벨경제학상을 받았다.

세상이 되었기에, 어쩌면 나이 들어 자식에게 기대겠다고 생각하는 것 자체가 사치일지도 모르겠다. 전통적 효의 개념은 고향 저 멀리 아득한 곳으로 사라지고 있다. 평균 수명이 길어지고 저금리 시대가 지속되는 가운데, 연금에만 의존해서 재무 설계를 하기에는 어려움이 있다. 바람직한 투자의 원칙을 생각해보는 것은 가장 기본적인 경제 교육이라 하겠다.

서점에는 수많은 재테크 책이 넘친다. 몇몇 투자 고수들의 이야기를 들어보자. 누군가는 안전자산에 투자했다면 그 자산은 미래를 위해 묻어둔 자금으로 생각하고 아예 쳐다보지 말자고 말한다. 미래의 인내와 현재의 유혹이 싸우면 현재가 이긴다는 관점에서의 이야기다. 많은 이들이 보험을 들었다가 충동적으로 해약하고 퇴직금도 중간 정산해서 소진해버린다. 그냥 없는 돈으로 생각하고 쳐다보지 않으면 노후에 상당한 돈이 될 것이다.

윌리엄 샤프의 이야기를 하면 또 누군가가 시시하다고 말할지 모르겠다. 그는 바람직한 노년을 보내려면 '더 많이 저축하고 덜 소비할 것', '은퇴 시기를 늦출 것', '투자 수익률을 끌어 올릴 수 있는 대상을 찾아 과감히 투자할 것'을 주장한다. 어떤 주식을 콕 하나 찍어달라는 사람에게는 너무 뻔한 이야기라고 실망할지도 모르겠다. 그러나 서점에 넘치는 주식, 채권, 부동산 책이 이 범주에서 벗어나 있다고 생각하지 않는다. 기본기에 충실한 투자의 원칙을 견지하며 무엇보다 그렇게 '실천하는 것'이 중요하다.

'핫'한 것 좋아하다가 패가망신한다

화끈한 한판을 주장하는 투자가들에게 샤프의 주장은 미적지근한 이론으로 치부될 수 있다. 인정한다. 샤프는 시장의 흐름을 좇는 수익이나 그저 남들 오른 만큼의 투자를 권하는 '안전지향적 유형'의 투자가일 수 있다. 예를 들어, 코스피200에 연동되는 상품이 있다고 하자. 장기적 성장추세를 전제로 시장의 주가를 따라가는 인덱스 펀드Index fund는 샤프의 철학을 담고 있다.

> "인덱스 펀드에 투자한다면 재테크의 고민에서 벗어날 수 있어요. 그냥 펀드를 내버려두고 저 푸른 초원을 거닐어봐요. 푸른 하늘을 바라보며 여가를 마음껏 즐기세요. 본인의 돈으로 투자한 것이라면 말이에요. 한 주식이 오르면 다른 주식이 오르거나 통화 표시가 다른 채권과 주식으로 어느 정도 위험을 분산하면 밤에 잠을 잘 잘 수 있잖아요."

그가 이렇게 말하는 근거는 무엇일까? 인덱스 펀드는 특정 지수의 궤적을 따른다. 보통 해당 지수를 구성하는 종목의 비율대로 투자 바스켓을 짜서 운용한다. 효율적인 시장이라면 시간이 지날수록 주가의 등락이 있겠지만 올라가는 것이 일반적이다. 미국 다우지수가 그러하고 박스 권에 갇혔던 판국인 코스피도 길게 보면 지금까지 상승 흐름이었다. 물론 몇 년간 '박스피'라는 불명예를 안은 코스피에 투자하는 인덱스 투자자들을 화나게 한 현상이었다. 물론 높은 위험을 무릅쓰고 더 높은 수익을 내는 액티브 펀드Active fund를 살 수도 있다. 액티브 펀드는 펀드매니저가 자신의 주관에 따라 시장 수익률 이상으로 오를 것으로 예상되는 종목을 편입한다.

그런데 긴 역사를 보고 인덱스 펀드와 액티브 펀드의 평균 수익률을 비교하면 어떨까? 미국의 사례 연구에 의하면 주식형 펀드 가운데 2~3%만이 S&P500 지수 수익률을 초과했다고 한다. 미국에서 전체 주식형 펀드의 비율이 30% 정도인 것은 어쩌면 샤프의 주장에 동의하는 것이 아닐까? 샤프는 이렇게 주장할지도 모르겠다.

"액티브 펀드보다 수수료도 싼 인덱스 펀드에 가입해 추가적으로 절감되는 금액만큼을 추가로 투자해보세요. 복리의 효과까지 더해지면 장기투자자에게는 최고의 선택으로 매력적이지 않을까요."

샤프에게 경제 이론가의 지성뿐만 아니라 행동하는 재무 설계자의 실천적 향기가 나는 것은 그가 실제로 자신의 전 재산을 인덱스 펀드에 투자했기 때문이다.

삶은 롤러코스트여서는 안 된다

"시장 평균을 능가하는 리스크를 감수하지 않고서는 수학적으로 시장 수익률 이상의 수익을 올리기는 어려워요. 인덱스 투자가 심심하다고요. 네, 맞아요. 인덱스 펀드는 시장을 선도하는 종목을 사냥하는 흥분을 안겨주지는 않아요. 하지만 삶이 롤러 코스터일 때 멀미가 나잖아요. 인덱스도 시장이 크게 등락할 때 결코 안전하지는 않아요. 하지만 인생에 오르막과 내리막이 있 듯이 길게 보고 투자하세요. 낮은 비용으로 지속적으로 평균 이 상의 수익률을 내는 게 안정적인 삶을 위해 좋지 않을까요. 투 자하며 건강을 해치면 안 되잖아요."

그래서 인덱스 펀드와 직접 투자의 장점을 모은 '상장지수펀드 ETF'가 인기다. 주식 시장에 상장되어 거래되는 이 펀드는 개별종목 처럼 언제든지 사고팔 수 있는 상품인데, 물론 잦은 매매의 유혹을 뿌리치기 어렵다는 단점이 있으나, 박스피 상황에서는 지수의 어느 구간에 사서 어느 구간에 팔 수 있어 상당히 인기가 있다. 증권거래 세도 면제되고 운용보수도 인덱스 펀드보다 저렴하다. 하지만 사고 파는 시점이 항상 맞을까? 샤프에게 펀드를 고를 때 뭘 참조해 고를 수 있을까 물어보면 이런 대답을 할 수도 있겠다.

"높은 샤프지수Sharpe Index를 기록하는 펀드가 참고는 될 수 있 겠죠. 그러나 전년도에 높은 수익률을 기록했다고 금년도에도 높은 수익률을 올릴 수 있을까요. 다년간에 걸쳐 샤프지수가 정 규 분포를 했다면 의미가 있겠네요. 한 해의 운발이 아닌 다년 간의 노련함을 느껴야지요."

동일한 성과를 거둔 포트폴리오라도 성과 척도에 따라 그 서열이 달라질 수 있다. 주식이 채권투자보다 높은 수익률을 보였다고 주식투자가 더 나은 투자라고 말할 수는 없다. 주식의 가격 변동 폭은 채권보다 더 크기 때문에, 위험에 맞게 높은 수익을 올려야 하기 때문이다. 따라서 위험수준이 서로 다른 투자 성과를 비교하기 위해서는 동일 위험을 갖는 자산에 투자된 다른 포트폴리오의 성과와 상대 평가하는 것이 바람직하다.

샤프지수도 그런 분석의 지표인데, 샤프 지수가 높을수록 위험 조정 후 성과가 좋다는 뜻이며, 비율이 낮으면 성과가 낮다는 것을 의미한다. 1년간 수익률이 20%인 A펀드와 10%인 B펀드가 있다. 언뜻 보면 A펀드가 더 좋아 보이나, 만약 위험 수준이 A가 B보다 4배 높다면 오히려 B펀드에 투자하는 게 좋다. 위험도와 펀드의 수익률을 함께 고려하는 것이 바른 선택이기 때문이다.

샤프지수는 투자 수익률에서 국공채 등 무위험 자산의 수익률을 뺀 값을 표준편차로 나눈 값이다. 유사 개념으로 '정보 비율Information ratio'을 사용하는데, 벤치마크 수익률로 국공채 대신 S&P500이나 코스피200 수익률을 쓰기도 한다. 예를 들어, 1년 동안 코스피가 20% 오르고 내가 산 펀드가 30% 올랐다고 가정해보자. 그리고 나의 포트폴리오 수익률에서 코스피의 월간 수익률을 뺀 값의 표준편차가 5%라고 하자. 그러면 정보비율은 0.3에서 0.2를 뺀 값을 표준편차 '$0.05 \times \sqrt{12}$'로 나눈 것으로 약 0.57이 된다. 여기서 분모는 수익률을, 분자는 위험도를 나타낸다. 투자를 고려할 때는 수익률과 위험을 함께 고려하는 것은 매우 중요하다. 샤프지수나 정보비율이 0 이상이어야 투자의 고려 대상이 될 수 있고 1 이상이면 상당히 괜찮은 투자다. 위험보다 수익이 상대적으로 낮다는 말이다.

물론 샤프지수나 정보 비율을 사용해서 펀드를 평가하는 것은 절대적이지 않고 주의를 기울여야 한다. 수익률 분포가 정규 분포와 크게 차이가 나지 않는 투자 대상이어야 한다. 적은 수익을 계속 내다 한 번 크게 잃는 투자의 경우에는 샤프지수로 판단하는 것이 적질하지 않을 수 있다. 특히 우리나라처럼 펀드의 만기가 대부분 1년 이내이고 주식의 변동성이 높아 위험성이 크다면 그 값이 0.5를 넘기 어렵다. 샤프의 다른 명언을 상기해보자.

"몇몇 투자 상품은 다른 상품보다 높은 기대 수익률을 가지고 있다. 이런 상품은 어떤 상품인가? 이런 상품은 대체로 시황이 나쁠 때 가장 나쁜 투자 수익률을 보일 상품이다."

그의 말을 들으니 약장사에게 홀리면 안 되겠다는 생각이 분명히 들지 않나? 인덱스 펀드의 구성은 다양하다. 그래서 그의 투자 철학은 '분산, 분산, 분산 투자하라.'로 요약된다. 자산군 간에서, 자산군 내에서, 지역별로 분산 투자를 통해 위험을 낮추어야 한다는 것이 그의 골자이다.

물론 수익률의 관점에서 그의 주장이 잘못된 것이라고 반박하는 경우도 많다. 내가 주식을 얼마나 다양하게 보유하고 있느냐에 따라서 위험이 결정되는 게 아니라, 위험은 얼마나 주식을 잘 고르느냐에 있다고 주장할 수도 있다. 케인즈는 위험 측면에서 확신하지 못하는 여러 분야의 주식을 보유하는 것보다, 확신하는 소수의

경제적 청춘

종목을 대량으로 보유하는 편이 낫다고 주장하기도 했다. 샤프의 주장과 다르다고 생각할 수도 있겠다. 그러나 케인즈도 그러한 확신이 착각일 수도 있다는 점은 명확히 했다. 그래서 위험을 분산하도록 바스켓을 짜는 게 여전히 중요하고, 이는 전문가의 영역에 맡기는 게 투자에 자신이 없는 사람에게는 좋은 것이다.

투자의 대가들은 아는 분야의 회사 중에서도 가장 좋은 기업 몇 개 정도만 보유하고 거래를 최대한 적게 한다. 장기투자의 관점에서 오래 들고 재투자하는 것이다. 이들은 분산투자가 아닌 소위 집중투자를 한다. 하긴 불황기에는 물 반, 고기 반으로 투자할 종목이 많고 호황기에는 투자할 종목이 그다지 많지 않을 수도 있다. 호황기에는 너도 나도 주식을 하기에 상투일까 겁에 질릴 수 있다. 남들이 공포에 질린 시기에 우량주를 사서 집중투자해 성공한 경우를 많이 볼 수 있다.

케인즈가 밝히듯이 집중투자의 핵심은 좋은 종목을 발굴해서 오래들고 있는 것이다. 좋은 종목이란 장기적으로 전망한 내재 가치보다 현재 주가가 싼 것이다. 그 역시 이런 소수 종목에 집중투자를 하더라도 가능하면 위험이 상쇄되도록 위험을 다각화하는 것이 좋다고 보았다. 역시 계란을 한 바구니에 담지 말라는 분산투자를 무시하지 않은 것이다.

집중투자와 분산투자, 당신의 선택은?

투자에는 인내가 필요하다. 장기적으로 내가 맞을 수 있지만, 단기적으로 내 예상과 역행해 손실이 발생한다면 엄청난 고통이 된다. 그런 상황에서 냉정함을 유지하기 매우 어렵다. 당신이 집중투자를 해 높은 수익을 얻을 수 있는 강력한 투자자라면 강력한 확신을 가질 정도로 철저하게 분석할 수 있어야 한다. 또한 그 분석이 제대로 맞을 때까지 흔들림 없이 본인이 분석하고 판단한 바를 확신하고 밀어나갈 수 있어야 성공한 투자자가 된다.

집중투자를 분산투자처럼 강력히 권할 수 없는 이유는 왜일까? 집중투자로 큰 성공을 거둔 사람은 극소수에 불과하고 대다수는 집중투자에 적합하지 않다는 게 통설이다. 대부분의 사람들은 분산투자를 하는 것이 옳고 집중투자를 할 수 있는 역량이 된 소수만 집중투자를 할 수 있는 것이다. 케인즈 역시 집중투자를 강조하면서도 전반적으로 지식이 부족하다면 최대한 광범위하게 분산투자하는 것이 가장 현명하다고 주장했다. 워런 버핏Warren Buffett 역시 "자신감 넘치는 투자 전문가에게는 과감한 투자를 권하겠다. 그러나 나머지 모든 사람에게는 철저한 분산투자를 권한다."고 말했다. 샤프와 일맥상통하는 부분이다.

집중투자를 하는 사람은 큰 변동성에 노출되기 쉽다. 시장수익률을 능가하는 것도 가능하지만 반대로 하회하는 것도 쉽다. 당신이 오늘 밤 잠 못 이루다면 투자자로서 한번 생각해볼 문제이다. 케인즈는 런던이 포격을 당하고 미국이 참전을 꺼리는 상황에서도 굳건

경제적 청춘

히 주식을 보유했다. 당신은 그런 배짱과 인내력을 가지고 있나? 누군가 포탄이 쏟아지는 전쟁터에서도 낮잠을 즐긴 윈스턴 처칠을 생각하듯 그런 성향이나 기질을 가진 자여야 집중투자가로 성공할 수 있다고 본다.

수많은 정보의 홍수 속에서 알짜 정보를 찾아 흙속의 진주를 찾을 분석력을 가졌는가? 소음과 신호를 구별하는 명석한 투자가가 아니라면 샤프의 분산투자 철학을 받아들여도 무방하다. 그게 수익률을 높이는 게 아니라 위험을 낮추는 것이라 하더라도 건강을 해치며 가산을 탕진하는 것보다 낫다.

자, 가만히 눈을 감고 울림이 있는 투자가들의 명언을 생각해보자. 모든 주식투자가가 자신은 시장에서 돈을 벌 것이라고 과신하지만 실제로는 그렇지 못한다. 주식을 살 때는 과심하고 주식을 팔 때는 소심해진다. 때로는 지나치게 투자에 낙관적이면서도 손실은 두려워한다. 그래서 의사 결정도 비합리적이게 된다. 분산할 것은 금융자산만이 아니라 총 자산이며 우리 스스로에 대한 투자도 과감히 가져야 한다. '나'라는 몸뚱이가 제대로 된 투자처 자체라면 그깟 금융자산 몇 푼의 오르고 내림에 일희일비할 필요가 있을까? 손가락만 빨고 있어도 안 되겠지만 그만둘 때를 아는 것도 중요하다. 그게 인생이니까.

청춘은 때때로 무모하게 뜨겁다. 그래서 한방의 그 무엇을 바랄 수 있다. 그럴수록 현명한 경제적 청춘들은 샤프의 투자관을 마음 깊이 새겨야 할 것이다.

주식 시장에서
살아남는 법

●

요즘 젊은이들은 믿을지 모르겠으나 50대 이상의 어머니들도 과거 '오빠'를 외치는 오빠 부대의 일원이었다. 그 대상인 가수는 키도 왜소하고 요즘 기준으로 꽃미남도 아니었다. 하지만 그에게 주어진 가왕이란 타이틀이 전혀 어색하지 않았다고 누구나 수긍한다. 그의 이름은 조용필로 한국 가요계에서 전설인 가수다. 그의 노래는 시대를 앞섰는데, 특히 가사가 명품인 곡이 정말 많다. 잠시 그의 노래 한 곡을 음미해보자.

"하얀 꽃송이 송이 웨딩드레스 수놓던 날 우리는 영원히 남남이 되고 고통의 자물쇠에 갇혀 버리던 날 그날은 나도 술잔도 함께 울었다."

경제적 청춘

연인과 이별한 후 술잔과 나 사이에 공감대가 형성되어 함께 울다니 표현 한번 멋지다. 이 노래의 제목은 'Q'이다. 왜 Q일까? 이별을 이겨내고 새 출발하라는 Q사인, 아니면 떠난 연인의 이니셜, 정말 네 멋대로 생각하라는 물음표를 의미하는 Question mark…. 상상은 자유다.

'자산선택의 이론theory of portfolio selection'의 창시자로 노벨경제학상을 탄 제임스 토빈●도 비슷한 작명을 했다. '토빈의 q'가 그것이다. '토빈의 q'는 주식 시장에서 평가된 기업의 시장가치를 기업의 자산가치로 나눈 비율을 말한다. 자산가치는 공장, 기계, 재고 같은 실물 자본을 대체하는 데 드는 비용이다. 기업의 시장가치는 시가총액과 부채총계를 합해 계산한다. 삼성전자를 예로 들면 삼성전자의 시장가치가 분자이고, 실제로 삼성전자라는 회사를 똑같이 만든다고 할 때 드는 비용이 실물 자본 대체 비용이 된다.

토빈의 q가 1보다 작으면, 자산의 시장가치가 대체비용보다 낮다는 것을 의미한다. 이러한 경우 대체 비용에 비해 시장가치가 저렴하게 평가되어 기업들은 투자 의욕을 갖지 못하게 된다. 경우에 따라서 M&A의 대상이 될 수도 있다.

● 제임스 토빈(James Tobin, 1918~2002) 미국의 경제학자. 연방준비이사회에서 활동했으며 하버드대학교와 예일대학교에서 교수를 역임했다. 토빈세의 주창자이며 정부의 적극적인 개입을 옹호하는 케인즈주의 경제학자로 투자, 통화 정책, 시장 정책에 많은 업적을 남겼다. 토빈세는 각국에 해외자본이 투입되면서 단기 투기자본으로 인해 금융 시장이 요동치게 되자 단기투기를 제한하자는 목적으로 제안되었다. 1981년 금융 시장 분석에 공헌한 업적을 인정받아 노벨경제학상을 수상했다.

토빈의 q가 1보다 크면, 자본설비가 그 자산을 대체하는 데 드는 비용보다 더 큰 가치를 지니고 있다는 의미이다. 이 경우에는 기업이 투자자들로부터 조달된 자본을 잘 운영해 기업 가치가 증가할 수 있다. q 비율이 올라간다는 것은 투자 수익성이 양호하고 경영이 효율적으로 운영되고 있음을 보여주는 의미도 지닌다.

여기서 분모가 되는 대체 비용이란, 실제로 대체하는 데 드는 비용을 추정한 것이다. 기업이 보유하고 있는 장부상 비용을 의미하는 것이 아니다. 회사 건물의 토지를 1960년에 샀다면 그 장부 가격을 무시하고 현재의 시가로 평가해야 한다.

왜 q일까 갑자기 궁금해진다. 토빈의 q는 적정투자를 판단하는 기준이 되는 지표인데, 공교롭게도 영어 알파벳 순서에서 중간에 온다. 토빈이 살아 있으면 투자의 최적 균형을 이루기 위해 알파벳 정중앙에 오는 m이나 n대신 왜 q를 비율의 이름으로 사용한 것인지 한 번쯤 물어보고 싶다. 하긴 작명이야 엿장수 마음 아닌가? 토빈은 무언가 많은 것을 q에 담은 느낌이다. 토빈 q의 의미를 하나씩 추리해보기로 하자.

안목, 눈물 젖은 빵을 씹은 당신에게 필요한 것

토빈의 q는 개별 주식과 관련해 어떤 투자를 해야 하는지에 대한 나침반 역할을 하기도 한다. 주식 시장에 참여하는 사람은 누구나 돈을 벌 수 있다는 환상을 가질 수 있다. 하지만 그런 환상이 깨질 때 눈물 젖은 빵을 맛보기도 한다. 주식 시장을 분석하는 데 단기적으

경제적 청춘

로는 다양한 기술적 분석이나 방법들이 어느 정도 효과가 있을 수도 있다. 그러나 중요한 것은 장기적인 안목에서 원칙을 가지고 투자해야 한다.

물론 장기적인 관점에서 저평가된 기업을 찾아 투자하는 것이 매우 중요하다는 것은 누구나 안다. q 비율이 1보다 크면 이러한 기업은 보통의 경우 시장에서 경쟁우위를 점하고 있을 가능성이 크기 때문에, 충분히 성장을 끝낸 상태라고도 생각할 수도 있다. 투자를 할 경우 안정적인 수익을 얻을 수 있지만 큰 수익은 기대할 수 없다고 생각하는 것이 일반적이다.

반면에 q 비율이 1보다 작다면 시장에서 바라보는 기업의 가치가 실제 그 기업이 보유한 자산의 가치보다 낮다는 것을 의미하므로 경쟁이 극심하거나 사양업종에 속할 가능성이 크다고 할 수 있다. 그 기업이 보유한 자산의 가치보다 시장에서 평가하는 기업의 가치가 낮다는 것은 이미 성장이 한계에 다다르거나 문제가 큰 기업이라는 사실을 의미할 수도 있다.

그러나 이건 어디까지나 원칙일 뿐이다. 예외는 얼마든지 있다. 기업이 이제 막 사업을 시작하고 성장 단계에 들어서고 있다면 이야기가 다르다. 해당 기업이 시장에서 잘 알려져 있지 않아 q 비율이 낮은 것이라면 앞으로의 성장 가능성은 매우 크다고 할 수 있다. 사양산업이거나 문제 기업일 가능성 때문에 q 비율이 낮은 것이 아니지 않나?

성장주가 각광을 받는 시기에 토빈 q 비율만을 엄격히 적용해 주식을 사고판다면 어쩌면 바보스러운 것이다. 미래를 이끌어가는 대표적인 산업과 기업들은 토빈이 q 비율의 개념을 선보였던 30여 년 전에 비해 q 값이 지나치게 높을 수 있다. 상당수의 기업들이 아웃소싱 등의 방법으로 기업의 몸집을 줄이고 있으며 엔터테인먼트와 서비스, 정보를 제공하는 기업들은 그 시장가치에 비해 자산규모가 지극히 작은 경우가 많다. 하지만 어느 누구도 이런 기업의 성장 가능성을 의심하지 않는다면 종전 시각의 토빈의 q 비율로 잣대를 대는 건 무리다. 지금은 '보이지 않는 가치가 세상을 지배하는 시대' 이기 때문이다.

그렇다면 토빈의 q 비율은 그 수명을 다한 것인가? 그렇지 않다. 주식은 언제나 내재 가치를 생각해야 하기 때문이다. 하지만 변화하는 환경을 이해하는 것이 선행되어야 하며 산업과 기업에 따라 왜 q 비율이 다를 수밖에 없는지를 이해하는 것이 중요하다. 경우에 따라서는 q 비율이 낮은 기업을 조심해야 할 필요도 있다. 지나치게 많은 설비투자를 한 기업은 급변하는 변화의 흐름에 둔감할 수밖에 없기 때문이다. 시가총액이 대체 비용보다 크고, 자기자본 순이익률이 시중금리보다 높은 기업이라면 투자가 유망하다는 평가를 할 수도 있다. 이런 주식은 성장성이 있고 수익이 좋은 기업이라고 평가를 받을 것으로 추정되기 때문이다. q 비율이 1보다 크더라도 성장 가능성으로 수익률이 좋다면 좋은 주식이라고 할 여지가 있는 것이다.

그래서 토빈의 q는 수익성 지표를 감안해 보완될 필요가 있다.

시장을 선도하고 브랜드와 인적 가치가 높은 기업은 토빈의 q가 높더라도 성장 가능성이 무궁무진할 수 있기에 그것이 정당화가 될 수 있다. 그래서 주식을 평가하는 데 있어서 '저평가'의 의미를 적용하는 데 상당한 주의를 기울여야 할지 모르겠다. 사양산업은 q가 낮아도 저평가라고 할 수 없고, 성장산업은 q가 다소 높아도 성장이 지속된다면 저평가이기 때문이다.

금리와 주식 시장의 상관관계

다음으로 q는 통화 정책의 파급 경로와 관계되어 유용한 수단이 된다. 통화 정책의 경로는 크게 5가지 금리, 자산 가격, 환율, 신용, 사람들의 기대로 나눌 수 있다. 그중 자산 가격 경로를 설명하는 데에 '토빈의 q 이론'과 '부의 효과'가 사용된다. 금리 인하로 주가가 상승하면 기업의 시장가치가 커진다. 기계나 공장과 같은 실물 자본을 대체하는 데 소요되는 비용을 웃돌아 q가 오른다. 이는 기업들이 높은 가격으로 주식을 발행해 상대적으로 저렴한 비용으로 투자함으로써 이윤을 늘릴 수 있음을 의미한다. q 비율이 '1'보다 높으면 해당 기업은 적은 비용을 들여 높은 주식 가치를 만들 수 있기 때문에 설비 투자를 늘릴 수 있다. '금리 인하 → 주가상승 → q 상승 → 투자 확대'의 관계가 성립되는 것이다. 과연 그런지 두 눈을 부릅뜨고 생각해보자. 토빈을 비판할 여지가 보이지 않는가?

주가의 투자에 대한 전달 경로는 크게 수요 측면과 공급 측면으로 나누어볼 수 있다. q가 상승하면 이 회사가 효율적인 기업이라 생각하고 기업의 투자안에 대해 시장이 좋게 평가한 것으로 해석할 수도 있다. 그럴 경우 이 회사의 주식에 대한 수요가 증가해 주가가 상승하고 q도 상승할 것이다. 이는 기업의 자본재에 대한 수요, 즉 투자를 증가시키는 유인으로 작용한다.

그런데 의문이 든다. 최근 기업의 입장에서 주식 시장은 자금조달 수단으로써 매우 제한된 역할을 맡고 있다. 더구나 주식 시장이 투기적 요인에 영향을 많이 받아 단기 변동성이 매우 크기 때문에 주가가 올라 투자가 늘어나는 것이 기업의 유동성 증대로 바로 연결되지 않는다.

이처럼 '토빈의 q 이론'은 한계가 있음에 주의해야 한다. 주가가 경기 상황이나 수익성 혹은 자산 건전성을 종합한 것이라면, 단순히 금리만 낮아졌다고 해서 주식에 대한 수요가 늘어난다는 보장은 없다. 사실 한국은행의 금리 인하 소식보다 미국이나 중국의 주가 변화와 외국인 투자에 따라 더 크게 주가가 반응하는 것이 세계화된 시장의 일반적 흐름이다. 주가가 단기적으로 큰 변동성을 갖는 반면 투자의 경우 의사 결정에서 실행까지 상당한 시일이 소요된다는 점도 q 이론의 한계로 지적된다.

'부의 효과'는 개인이 보유하고 있는 주식 가격이 올라 소비를 늘릴 것이라는 기대로 설명된다. 경제 분석가들은 주식 시장 활황으로 민간 소비 개선을 기대하기도 하지만, 예상보다 관련 지표 회복세가 빠르지 않다는 주장도 한다. 주가가 올라도 가계 부채가 부담이 되고 노후를 대비하기 위한 풍조가 만연하다면 소비 회복이 더

경제적 청춘

여지는 것은 어느 정도 감안해야 할 것이다. 통상적으로 중앙은행의 금리 인상은 주식투자에 비해 채권이나 정기예금의 상대적 수익률을 증가시킨다. 금리 인상이라는 긴축 정책에 따른 경기 침체 우려가 시장에 반영되어 주가 하락을 초래하기도 한다. 주가 하락은 q 비율의 하락을 초래하고, 이는 투자지출을 감소시켜 생산량 축소로 이어진다. 결국 통화량 하락과 금리 인상은 주가 하락, 투자 하락, 생산 하락을 낳을 수 있는 것이다.

여력이 있는데도 투자를 꺼리는 이유

주식 시장의 투자지출 축소 효과는 부동산 시장에도 마찬가지로 적용될 수 있다. 금리 인상은 은행의 자금조달 원천인 양도성 예금증서CD와 회사채 같은 시장 금리의 동반 상승을 초래하고, 이는 부동산 구입 비용과 부동산투자의 상대적 매력을 감소시킨다. 결국 부동산 수요 감소에 따른 부동산 가격 하락은 건설 투자 축소로 이어질 수 있다. 그러나 이러한 것이 절대 진리라고만은 생각해서는 안 된다. 예외도 있을 수 있기 때문이다. 금리가 인상된다는 것은 경제가 좋아지고 있다는 것을 반영하는 것이기 때문이다.

이제 세계는 미국의 금리 인상 파급이 다른 국가로 전이되어 국가 간 자본 흐름의 변동성이 커지고 부채 부담이 증가하는 문제에 제대로 대응해야 한다. 자본 변동성이 우려되는 상황에서 토빈의 또 다른 업적인 '토빈세'를 떠올려보자. 물론 이는 해외 자본이 각국에 투입되면서 단기 투기자본으로 인해 각국 금융 시장이 요동치게 될 가능성에 대비해 단기 투기를 제한하자는 목적으로 제안되었다. 자본의 과도한 유입을 방지하기 위한 것이다. 물론 미국의 금리가 지속 상승한다면, 경제의 체질이 약한 신흥국에서 자본의 유출이 걱정되는 상황이다.

도널드 트럼프가 미 대통령이 된 직후에는 과감한 투자와 일자리 창출 기대로 미국 주가가 올라 다우지수 20,000 시대를 최초로 열었다. 미국 경제계에서는 증시 거품과 인플레이션, 수차례의 금리 인상 논쟁이 앞으로 전개될 전망이다.

거품을 경고해왔던 로버트 쉴러Robert Shiller 교수는 경고의 메시지를 던졌다. 현재의 상황이 1930년대 대공황 직전 일시적인 호황과 유사하다는 것이다. 그는 지금의 상황을 당시 대통령이었던 캘빈 쿨리지Calvin Coolidge의 이름을 딴 '쿨리지 호황Coolidge Prosperity' 때와 비슷하다며 지속 가능성에 대한 위험한 시그널을 보냈다. 쿨리지 호황은 대공황이 시작되기 직전인 1929년 미국 경제가 높은 성장세를 보이고, 증시도 대폭 올랐던 때를 가르키는 말이다. 미국 경제는 일시적인 호황 이후 10여 년간 대공황에 빠져들었다. 쉴러는 이렇게 말한다.

"현재 증시가 오르는 것은 심리적 요인으로 설명할 수밖에 없습니다. 시장의 실제 상황과는 동떨어져 있죠."

가장 관심이 쏠리는 금리 인상을 두고 온건주의와 급진주의 간의 논쟁도 치열해질 전망이다. 이러한 논쟁은 세계 경제의 불확실성을 가중시킨다. 조기 금리 인상론자인 '매파'와 저금리 유지론자인 '비둘기파' 간 논쟁이 지속되는 가운데, 세계 경제가 회복의 동력을 상실하는 일은 없어야 할 것이다. 미국의 실업률은 빠르게 개선되고 있으며 물가상승도 점쳐지기에 금리의 추가적 인상은 불가피하다.

미국 기업들은 토빈의 q 비율이 현재 1 이상으로 투자를 확대할 여력이 충분한데도 미래에 대한 불확실성과 이를 극복하고자 하는 기업가 정신의 약화로 종전보다 투자를 덜 하고 있다. 미국의 과감한 투자에 더해 미국 우선주의가 몰고올 문제를 제대로 인식할 필요가 있다.

마지막으로 q와 지배구조를 생각해보자. 기업의 지배구조는 투명성과 책임성의 이슈이다. 지배구조가 양호하면 '토빈의 q'와 PER(주가수익 비율), PBR(주가순자산 비율)로 나타나는 시장에서의 평가도 좋다. 국가를 작동하는 원리와 글로벌 거버넌스global governance는 어떻게 바라봐야 할까? 거꾸로 가서는 안 되는 게 토빈의 q에 숨겨진 교훈 아닐까? 토빈은 최적의 투자를 이루려고 이 이론을 주장했다. 지금 세상은 어떤가? 만약 세상이 힘의 논리와 자국우선주의로 움직인다면, 그것이 과연 토빈이 지향했던 세상인지 의문이 든다. 불확실성이 증가해 투자가 세계적으로 늘어날 것 같지도 않다.

세상을 향한 최적의 글로벌 거버넌스는 기업회계가 그러해야 하듯이 투명해야 하고, 이에 더해 자국우선주의가 아닌 국제공조의 정신에 맞게 움직여야 한다. 그래야 투자도 잘 이루어져 세계 경제의 성장도 회복되고 주식 시장 또한 활기를 띨 것이다.

불확실성과
위험 사이에 선 사람들

●

재무 관리를 할 때는 불확실성과 리스크에 유의해야 한다. 주식 시
장에 리스크는 항상 존재하지만 한편으로 주식 시장은 불확실성을
가장 싫어한다. 사실 우리는 불확실성이 일상화된 세상에 살고 있
다. 개별 주식 종목의 불확실성은 단기간에 사라지기도 하지만 여전
히 세계 경제의 시계는 흐리다. 그리고 각종 리스크가 복병으로 세
계 경제를 위협한다. 'G'라는 알파벳으로 세계 경제의 위험요인을
간단히 살펴보자.

　세계 경제의 쌍두마차인 미국과 중국의 제대로 된 화합이 이루
어질 수 있을까? 심각한 무역 불균형으로 으름장을 놓으려는 미국
과 경기 둔화의 우려 속에 미 국채보유의 최대 큰손인 중국의 대응
이 긴장감을 줄 전망이다. 물론 북핵 문제를 위해 두 국가 간의 경제

적 갈등은 다소 봉합되어, 외관상 잠정적으로 잠복된 느낌도 없지 않다. 시진핑 주석은 공산당 금융 경제 지도부 회의에서 2017년 경제 성장률이 6.5% 이하로 떨어지는 것도 용인하겠다고 밝혔다. 중국의 부채 증가도 여전히 우려스러운 무리수다. 여러 각도에서 G2 리스크가 부각되고 있다. 미국은 2016년 12월에 이어 2017년 다시 금리를 다시 올렸고 앞으로도 몇 번을 올릴지 모른다. 아직은 완화적 통화 정책을 사용하는 유럽과 일본의 향방과 구조개혁에 몰두하는 중국의 입장을 생각하니 통화 정책의 대분기Great Divergence가 국제공조의 정신을 흐리게 할지 모르겠다. 게다가 기후 변화나 난민 문제 같은 세계적 이슈를 도외시하며 자국 이익만 우선시 하는 욕심Greed이 인근 국가를 궁핍하게 하는 것은 아닌지 우려된다. 불확실성과 위험이 도사리는 가운데 이 두 개념을 잠시 구분해 설명해보자.

예매가 금지되어 있는 상황이라고 가정하고, 영화를 보기 위해 줄을 서 있는 상황을 생각해보자. 아마도 줄이 긴 경우라면 당신은 2가지 선택지를 가진다. 입장객이 만원이 될 것으로 판단해서 애초에 다른 영화를 선택하든지 아니면 포기하고 집으로 돌아갈 수 있다. 보고 싶은 영화를 볼 수 없다면 다른 영화를 선택하면 그만이므로 이에 따른 리스크를 다른 선택으로 대체할 수 있다. 이게 리스크 관리다. 그런 면에서 리스크는 통제가 가능하다.

그런데 영화의 너무 인기가 좋아 줄을 서지 않고 표 구매를 경매로 한다고 하자. 그렇다면 내가 표를 사려고 금액을 제시해도 값이 너무 비싼 경우 영화를 볼 수 있을지 없을지 알 수 없다. 이 경우

경제적 청춘

당신은 스스로 통제할 수 없는 불확실성에 놓이게 된다. 이러한 상황에서 국가의 역할은 무엇일까?

각 경제 주체가 미래에 대한 삶의 예측이 가능하도록 조정하고, 제도가 공정하지 않다면 손질해야 한다. 선진국을 보면 조세, 환율, 금융 정책과 같은 각종 제도는 정권이 바뀐다고 하더라도 큰 변화가 없다. 그래서 기업이나 국민들은 발생할 비용을 예측하고 투자나 소비를 안정적으로 하며 리스크 관리를 제대로 할 수 있다.

반면에 후진국일수록 사회 리스크 관리 제도가 미비하다. 오히려 불손한 의도를 가지고 정책을 펼 수 있기에 그 사회는 불확실성에 놓이게 된다. 후진 시스템은 권력을 사유화하기도 하는데 이 경우 권력을 가진 자는 자신을 지지하는 자를 위해, 혹은 지지하도록 유도하기 위해 사회 경제적 불확실성을 증가시키게 된다. 세계 경제 리스크에 더해 국내 리스크가 가미됨으로써 불확실성이 가중되고 이러한 상황이 외국인 투자자에게 엄청난 손실을 끼친 것은 과거 아르헨티나의 사례로 알 수 있다. 당신이 투자한 나라에서 법을 마음대로 고친다면 그 나라를 믿고 투자할 리 없다.

금리 인상의 시점을 알리는 신호

미국발 금리 인상으로 경제의 기초 체력이 허약한 경제 펀더멘탈을 가진 국가에서 자본의 유출이 예상되고 있다. 물론 미국의 시장에 대한 대응과 신흥국의 경제 상황에 따라 자본유입이 발생하기도 한다. 문제는 미국 경제가 좋고 금리가 지속 상승하는 경우다. 금리가 자본 유출을 좌지우지하는 유일한 요소는 아니지만 세계의 이목은 미국 연방준비이사회(이하 연준)의 금리 인상 결정에 쏠려 있다. 그간의 돈 풀기 과정에서 글로벌 경제에 낀 거품이 터질 수 있다는 주장도 나온다.

금리 결정을 이해하기 위해 연준 의장들의 '입'을 분석해보자. 앨런 그린스펀Alan Greenspan의 별명 중 하나는 '장의사undertaker'였다. 워낙 성격이 신중하고 입이 무거운 데다 평소 어두운 색의 옷을 즐겨 입는 그의 모습에서 나온 별명이었다. 시장은 그의 말 한마디에 민감하게 반응했다.

후임 벤 버냉키Ben Bernanke 전 의장은 그와 딴판이었다. 버냉키 전 의장은 시장과의 열린 소통을 중시했다. 그는 공개 기자회견을 정례화하고 비밀스런 정책 조정을 뒤로하며 신뢰와 투명성을 높이기 위해 노력했다. 지난 2012년 시작된 '포워드 가이던스Forward Guidance, 선제안내'도 그가 도입했다. 포워드 가이던스는 중앙은행이 미리 통화 정책, 특히 기준 금리 방향성을 알려주는 것을 말한다. 연준은 처음 포워드 가이던스를 도입했을 당시 실업률 6.5%와 기대 인플레이션 2.5%라는 명확한 수치를 제시하고 오랫동안 유지했다. 그런데 미국 경제의 각종 지표가 예상보다 빠른 속도로 개선되면서 포워드 가이던스의 당초 취지가 흐려져 실업률 목표를 삭제하고 광범위한 정보를 감안하겠다는 내용으로 바뀌었다. 연방공개시장위원회FOMC 성명에서는 초저금리 기조를 '상당 기간for a considerable time' 유지하겠다는 모호한 문구를 내놓기도 했다. 이 와중에 연준 관계자들은 각자의 성향에 따른 생각들을 쏟아내며 혼란을 부추겼다.

금리 인상 발언을 하는 매파와 달리 연준 내 반대 시각을 가진 비둘기파 위원들은 계속 상반된 발언을 내놓았다. 그들 중 일부는 "미국 경제가 완전히 회복될 때까지 현재 정책을 유지해야 한다."며 저금리 기조 유지를 주장하기도 했다. 이러다 보니 포워드 가이던스가 있는데도 불구하고 투자자들은 기준 금리 인상 시점을 파악하기 위한 다른 가이드를 찾았다.

재닛 옐런Janet Yellen 연준 의장은 개별 위원들의 금리 인상 시기 전망을 나타낸 점도표에 집중할 필요가 없다고 말하지만, 그녀의 주장이 진실하게 들리지 않을 수 있다. 포워드 가이던스가 별 도움이 되지 않는 상황에서 개별 위원들의 점도표가 그나마 전망을 분명하게 해주는 것이다. 매파 성향 위원들의 발언이 전해질 때마다 주가가 급변하는 것도 시장의 불확실성과 혼란을 나타내는 것을 보면 그들의 '입'이 시장을 좌지우지하는 것은 자명하다.

정부의 적정한 시장 개입

자, 이쯤에서 시장의 리스크와 불확실성을 연구한 경제학자 한 명을 불러 그의 견해를 살펴보자. 라스 피터 핸슨*이 바로 그 주인공이다.

● 라스 피터 핸슨(Lars Peter Hansen, 1952~) 미국의 거시 경제학자. 2013년 자산 가격의 경험적 분석에 기여한 공로로 유진 파마, 로버트 쉴러와 함께 노벨경제학상을 수상했다. 자산 가격을 추정하는 틀을 제공해 자산 가격 책정과 관련된 이론을 실험하는 데 적합한 통계학적 방법을 진전시켰다는 평가를 받는다. 또 측정할 수 없는 불확실성과 금융 시장의 리스크 차이를 규명하고, 사람들이 위험 때문에 자산 가격 이론을 믿지 않으면 위험이 커져서 거시 경제의 위기를 초래할 수 있다는 논리를 전개했다.

우리는 영화제나 스포츠 경기 수상 장면에서 수상자가 감사의 뜻을 전하는 것을 자주 목격한다. 노벨경제학상을 받는 수상자들 역시 다르지 않다. 토머스 사전트Thomas Sargent, 크리스토퍼 심스Christopher Sims가 그랬고 제임스 헤크먼James Heckman도 한 심포지엄에서 한 경제학자의 공로를 의미심장하게 강조했다. 핸슨 역시 그러했다.

그는 2013년 시장의 효율과 인간의 이성적 측면을 강조한 '효율적 시장 가설'을 주장한 유진 파마Eugene Fama와 시장의 비효율성과 인간의 비이성적 '야성적 충동'을 중시한 로버트 쉴러와 함께 노벨경제학상을 받았다.

파마 교수의 주장대로라면 버블이 생겨나고 붕괴하는 현상은 설명하기 어렵다. 시장은 언제나 효율적이어서 모든 정보를 주식이나 채권 가격에 바로 반영하기 때문이다. 버블이란 단어는 그의 사전에 존재하지 않는다. 2008년 금융 위기가 발생하자 그의 이론에 이의를 제기하는 사람이 많았지만, 그는 당당했다. 위기는 시장이 만든 것이 아니라 정부가 만든 것이라는 입장이었다. 현재도 그는 정부, 중앙은행에 너무 많은 기대를 하지 말라고 주장한다.

"국민은 정부에 많은 것을 바라고 있지만 정부는 바람대로 일을 해주지 않을 것입니다. 솔직히 현재 상황에서 정부가 어떻게 해야 사람들의 신뢰를 회복할 수 있을지 잘 모르겠어요. 하지만 사람들은 정부가 잘 돌아가고 있지 않다고 생각하면서도 정부가 무언가를 더 해주길 바라고 있습니다. 제가 보기에는 말이 안 됩니다. 시장은 1960년 내가 처음 연구를 시작했을 때도, 그리고 반세기가 넘은 지금도 언제나 효율적입니다. 정부를 너무 믿지 마세요."

반대로 로버트 쉴러는 인간이 이성적이지 않다고 주장한다. 끊임없는 버블 형성에 주의해야 하며 시장은 완전하지 않은 곳이라고도 주장한다. 유진 파머는 효율적 시장 가설로 자산 가격을 예측하는 것은 불가능하다고 주장하지만 로버트 쉴러는 실증적 연구를 통해 자산 가격의 예측 가능성을 제기한 인물이다.

한편, 핸슨은 평균과 분산이라는 통계치를 이용해 자산 가격 결정 모형을 제시한 계량 경제학자이다. 주가를 포함한 자산 가격을 예측할 수 없다는 파머와 예측하는 모형을 만든 핸슨, 장기적으로 예측할 수 있다는 주장을 한 쉴러가 공동으로 노벨경제학상을 받은 것이다. 핸슨에게 다른 둘 중 누구 편이냐고 묻자 그는 대답한다.

"나는 그 질문에 어떻게 대답할지 모릅니다. 나는 그들의 논쟁에 휘말리고 싶지 않아요."

그에게서 중용을 지키려는 현실적 학자의 향기가 난다. 그는 평생을 금융 시장의 수학 모델과 경제 전반을 연구하면서 보냈다. 그는 상당히 유연한 학자이다. 인간이 의사 결정을 하는 과정에서 모든 유용한 정보를 이용할 수 있지만, 사안에 따라서 인간이 그렇게 정확한 인물인지는 확신을 하지 못하겠다는 입장이다. 즉 완벽한 경제 모형은 존재하지 않는다는 것이 그의 주장이다.

"경제 모형을 과신하지는 마세요. 과학의 발달로 경제 모형도 진일보하지만 어디까지나 모형으로 돌려본 결과는 근사치이며 틀릴 수 있습니다. 그렇다고 자산을 예측하는 모형이 쓸모 없는 것은 아닙니다. 금융 시장에서의 인간의 모습은 비이성적일 수 있지만 비이성적이라고 단언은 하고 싶지 않아요. 현존 경제 모델이 경제 예측을 제대로 하지 못하는 것을 인정해야 합니다."

핸슨은 투자자들이 분석 수단이 불완전하다는 것을 제대로 인식하고 합리적으로 행동하는 방법을 모색해나갈 것을 주문한다. 현실에는 수량화할 수 없는 리스크가 있으므로 자산 가격 예측 모델이 완벽하지 못하다. 그럼에도 불구하고 주어진 제약 안에서 투자자들이 합리적으로 행동하는 것은 옳다는 입장이다. 그는 나아가 자신의 모형을 통해 여러 자산 가격 결정 모델을 통계적으로 검증할 수 있는 방법론을 제시하고자 했다. 그는 1982년 자산 가격 예측과 거시 경제 모델을 실증적으로 분석하기 위한 일반적률법Generalized method of moments을 도출했는데, 이는 계량 경제학 분야의 큰 성과로 현재에도 광범위하게 활용되고 있다.

개별 금융회사에 그치지 않고 금융 시스템 전체가 부실해지는 것을 '시스템 리스크system risk'라고 말한다. 핸슨은 '리스크'와 '불확실성'을 구분하고 시스템 리스크의 실체를 밝혀낸 공로로 노벨경제학상을 받았다. 시스템 리스크가 현실이 되면 부실채권을 떠안은 금

경제적 청춘

융권은 재무 건전성을 방어하기 위해 대출을 줄이게 된다. 신용경색이 빚어지고 돈줄이 말라 기업경영이 어려워지고 가계는 씀씀이를 줄인다. 경기 침체에 빠질 가능성이 높아지는 것이다. 시스템 리스크의 한 가닥이 바로 금리이다. 시중금리는 여러 요인으로 결정되지만, 그중에서도 미국의 금리 향방은 무시할 수 없는 중요 요인이다. 그에게 세계 모든 투자가들의 관심이 쏠리는 금리와 관련해 이를 선제적으로 안내하는 포워드 가이던스에 대한 견해를 물어보자. 그는 이렇게 답한다.

"포워드 가이던스가 점점 흐릿해지고 있고, 우발적이면서 뭔가 신중성을 더하고 있어요. 한마디로 모호함이 증가하고 있다는 것이죠. 그 결과 경제 환경에 있어 불확실성이 더해지고 있습니다. 음… 오랜 경기 침체하에서 금리도 낮고 통화 정책으로 경제를 부양할 수 있는 것에는 한계가 있습니다. 수요가 늘어나지 않잖아요. 수요를 직접 늘릴 수 있는 재정 정책에 좀 더 집중하는 것이 더 낫지 않을까 생각합니다."

기준 금리를 올려도 국채 금리가 같이 올라가지 않는 경우도 발생한다. 통상 금리 커브의 기울기는 시간에 따라 달라지지만, 연준이 금리의 기울기를 완벽하게 통제하지 못할 수 있다. 금리를 결정하는 것은 통화당국이 아니라 국제 금융 시장이라는 것이 핸슨의 주장이다. 그는 불경기에서 통화 정책보다는 재정 정책을 중시하자는 입장이다.

"2008년 금융 위기 이후 도입된 중앙은행들의 포워드 가이던스는 연준이 미래의 어떤 상황에서 어떻게 행동하겠다는 명확한 메시지를 보내는 것이죠. 하지만 최근 연준이 보내는 메시지를 보면 '명확함'과는 거리가 멉니다. 오히려 자신들이 어느 정도 재량껏 유연하게 행동하겠다는 여지를 남겨두고 있어요. 이것이 역효과를 낳고 있습니다."

비非 기축 통화국에게 주어진 가혹한 운명

그는 중앙은행이 금리를 제대로 통제하지 못한다면서 실제 능력에 비해 과도한 주목을 받고 있다고 생각한다. 하긴 포워드 가이던스 이야기는 미 연준만의 문제가 아니다. 영국 언론들도 영란은행(영국의 중앙은행)에 대한 비난 수위를 높였다. 투명성을 높이고 시장과의 소통을 강화하기 위해 도입된 포워드 가이던스가 오히려 소통을 어지럽히는 도구로 변질되었다는 주장이다.

정부에 대한 핸슨의 신뢰는 그다지 높지 않다. 그는 규제자들이 시스템 리스크를 체계적으로 측정하는 방법을 모르면서 규제 정책을 실시한다고 의구심을 가진다. 그래서 그는 오늘도 더 나은 자산 가격 예측 모형을 개발하기 위한 열정을 불사르고 있다. 그의 말을 들어보자.

"금융 위기 이후 발생한 새로운 현상들은 새로운 데이터를 제공하고 새로운 모델을 필요로 하고 있습니다. 금융 위기 이후 많은 사람이 자주 사용하는 개념으로 시스템 리스크가 있습니다. 몇 년 전 우리는 시스템 리스크라는 개념을 남용하고 있다는 주제로 논문을 썼어요. 우리가 직면한 리스크 중 과연 어떤 것들이 어떻게 영향을 미치고 있고, 그것이 어느 정도 중요한지를 파악하는 것은 여전히 해결되지 않은 문제입니다. 이 리스크들이 어떤 영향을 끼치는지 정확히 알아야만 정부는 적합한 틀을 사용해 금융기관을 감독할 수 있습니다. 우리는 '거시금융모델링그룹Macro Financial Modeling Group'을 결성해 이 문제를 연구하고 있습니다. 이 연구가 궤도에 오른다면 우리는 앞으로 금융 위기가 언제 어떻게 일어날지를 더 잘 예측할 수 있을 것입니다. 이런 점이 바로 경제학의 재미라 할 수 있지요."

금융 위기 여파를 줄이기 위해 미국 정부는 금융 시장의 유동성을 확대했다. 그 덕에 미국 경제는 다른 나라에 비해 활력을 찾아가고 있다. 물론 금융 위기 당시 미국 정부가 모든 금융기관을 지원해 준 것은 아니다. 그런데 만약 그 기관들을 모두 지원해줬다면 어땠을까? 그런 기관들은 자신들의 경영 실패에 대한 두려움을 잊을 수 있다. 그러한 두려움이 사라진다면, 그들이 경영을 잘하도록 유도하는 인센티브가 줄어드는 것은 당연하다. 그래서 핸슨은 시장의 규율은 실패에 대한 두려움이 있어야만 잘 작동한다고 한다고 주장한다. 정부의 규제와 관련해 그는 유진 파마와 달리 중도적인 입장을 취한다.

"정부가 금융기관을 관리 감독하는 것은 어느 정도 필요합니다.

하지만 경영자들이 실패에 대한 두려움을 잃게 될 정도의 정부 개입은 무의미합니다. 규제 정도는 금융기관이 투명한 자기자본 요건 정도를 유지하도록 하는, 간단명료한 형태의 관리 감독 수준이면 충분합니다. 만약 그 이상의 복잡함을 요구한다면 문제가 생길 수밖에 없습니다. 정부가 제도권 금융 분야를 심하게 규제하다면 그림자 금융shadow banking, 비은행 금융기관이 활성화되어 더욱 문제가 되지요. 지금까지 정부가 관리 감독을 강화했을 때 역효과가 발생하는 것을 너무 많이 봤습니다. 각 경제 주체가 확신을 가지고 계약을 위반하지 않고 의무를 다하며 행동한다면 규제 없이도 시장은 잘 작동할 것입니다."

우리는 시장 규제와 자율 사이에서 수많은 번뇌를 한다. 그리고 규제의 수준을 어디까지로 할 것인지 여전히 정답을 내리기는 어렵다. 세계화에 따라 각국의 경제는 상호의존성이 더욱 증가했다. 정부가 경제 정책을 실시할 때 고려해야 할 사항은 갈수록 늘어나고 있다. 각국 증권 시장은 과거와 비교해 서로에게 더 많은 영향을 미치고 긴밀히 연결되어 있다. 그래서 각국 정부가 통화 정책을 수립하고 실시할 때 과거보다도 훨씬 많은 분야에서 상호연관성을 고려해야 한다.

세계화 시대인 지금은 개인과 기관이 투자를 할 때 자국 시장만을 대상으로 하는 것이 아니라 세계를 대상으로 하게 되었다. 그런 개인들을 위한 정부의 역할은 무엇일까? 정책을 수시로 바꿈으로 인해서 발생할 수 있는 불확실성과 시장에서 발생할 수 있는 여

경제적 청춘

러 리스크를 줄여주는 것이다. 때로는 대마불사의 인식도 불식시켜야 한다. 그래서 시장과 정부 사이에서 핸슨이 우리에게 주는 교훈은 정부 정책의 일관성, 소통, 도덕적 해이 방지라고 할 수 있다.

투자를 할 때나 정책을 실시할 때, 기축 통화국이 아닌 나라의 입장은 속상할 때가 많다. 자본의 유출입이 과도할 때 불확실성과 리스크는 증가하기 마련이다. 그게 비非 기축 통화국의 슬픈 운명이기도 하다. 신흥국의 슬픈 운명이 가혹하더라도 어차피 그 운명은 스스로가 헤쳐나가야 한다. 소위 말하는 강대국의 힘에 휘둘렸던 것이 어디 한두 번이었던가. 경제의 기초를 튼튼히 하고 기업의 활력을 불어넣어 경상수지와 재정수지를 탄탄히 하는 것이 가장 기본이다. 각 경제 주체의 자산과 부채를 나타내는 재무제표가 건전해야 위기에도 그나마 살아남을 확률이 있다.

누군가 빚으로 지은 모래성에 서 있다면 운명의 여신은 언제 저주의 화살을 겨눌지 모른다. 특히나 비 기축 통화국인 경우 개인도 기업도 국가도 산더미 같은 빚을 진다면 이를 물리칠 장사는 없다. 자본의 논리는 생각보다도 훨씬 잔인하기에 그런 경우 슬픈 운명의 소야곡을 맞이할 준비를 해야 한다. 세계 경제의 봄기운이 느껴지고 있을 때, 누군가 소외를 받는다면 마음이 아플 것이다. 한국의 가계, 기업의 상당수도 빚으로 어렵다. 다행히 정부의 재정은 건전한 상황이다. 앞날의 불확실성에 떨고 있는 청춘들을 위해 정부의 적극적인 재정적 역할이 요구된다.

SECTION III.

더 나은 삶을 위한
경제학

전원 교향곡

나를 대신해 아름다운 시골의 집 한 채만 빌려주십시오.

6개월 동안 그 시골집에서 농부처럼 살고 싶습니다.

─1801년 6월 29일, 베글러에게

거룩하게 아름다운 날입니다.

내일도 이런 날이 계속될지 누가 장담할 수 있겠습니까?

오늘 정오쯤 당신과 야외로 나가고 싶습니다.

요즘은 하루 중 아침이 가장 아름다운 때입니다.

─1807년 3월 4일, 마리 비고에게

곧 시골에 갈 수 있다니 당신은 정말 행복한 사람이오.

나는 8월까지 그런 행복을 누릴 수 없지만, 그래도 마치 어린아이처럼

들떠서 그것을 고대하고 있습니다. 관목 숲을 가로질러

나무와 목초들 사이로 그리고 바위 주위를 잠시나마

거닐 수 있다면 얼마나 황홀할까요? 어느 누구도 나만큼 시골을

사랑하지 않을 것입니다. 숲과 나무 그리고 바위는

우리 인간들이 진정으로 듣고 싶어 하는 울림을 만듭니다.

─1810년 5월 어느 날

많은 기록을 통해 베토벤이 자연을 사랑하며 산책을 즐겼다는 것을 알 수 있다. 귀가 멀어 일찍이 고립되고 말았던, 세상 사람들로부터 멀리 떨어져 고독하게 살아야 했던 베토벤에게 그건 즐거움의 하나였다. 그는 마음

속에 항상 어떤 그림을 지니고 있었다. 작곡할 때 그것을 발현시키고자 했는데, 그렇게 나온 곡이 그 유명한 '전원 교향곡'이다. 음악으로 경치를 묘사해낸 것이다.

일과 여가는 인간이 꿈꾸는 중요한 요소이다. 그런데 현실은 세계화, 기술 발전, 저성장으로 고용이 원활하지 않다. 문제는 세계의 청춘들이 그 짐을 지고 있다는 것이다. 가치관이 달라진 세상에서 선대의 권위적인 조직문화는 오늘날 청춘들이 살아가는 데 버거운 걸림돌이다. 비정규직과 적은 급여로 삶의 희망은 사망했다고 말하는 청춘들이 늘어가고 있다. 비단 우리나라의 문제만은 아니다. 이미 서구 선진국들이 겪었고 지금도 겪고 있는 구조적인 문제이다. 좀처럼 해결의 기미가 보이지 않는 고용 시장의 터널에서 우리는 여전히 헤매고 있다.

이 섹션에서는 만족하는 삶에 대해 행동 경제학적 차원에서 살펴보고, 이성과 감성이라는 부분을 주류 경제학적 차원에서 살펴본다. 나아가 다양하게 실시되는 실험 경제학과 정부의 노동 시장 실험 상황을 소개하고 우리 사회에서 화두가 되고 있는 기본 소득에 대해 보수적 시각과 진보적 시각을 성찰한다.

베토벤의 '전원 교향곡'이 우리가 꿈꾸는 낭만적인 삶을 묘사한 즐거움과 평화로움의 대명사라면 이 섹션은 일과 여가의 조화를 통해 자신 혹은 가족과 즐거운 시간을 보내고 싶은 현대인의 좌절과 꿈을 사실적으로 묘사한 편지이다.

때로,
합리성은 빈곤하다

●

연인과 손을 잡고 모델하우스 구경을 나서보자. 가구나 소품의 배치 때문일까? 실제보다 분명히 좋게 보인다. 마치 '인테리어의 정석'을 보는 느낌이다. 모델하우스에 매료되는 건 나만 아닐 것이다. 널찍한 소파, 깔끔한 책상, 포근해 보이는 침대, 군더더기 없는 주방에 많은 사람들의 마음이 끌려 있음을 그들의 입가의 미소에서 확인할 수 있다. 하지만 직접 집을 사서 살아보면 어떨까? 완벽해 보이는 것들에 대한 환상이 수틀리기 일쑤다. 불편하거나 불필요한 게 자꾸 눈에 띄어 손을 대고 싶은 게 인간의 심리다.

연예인 부부의 이혼 기사에서 그동안 환상의 커플로 비춰졌던 남녀가 그저 쇼윈도 부부였음이 증명된다. 헤어지더라도 서로가 서로를 아껴주는 변함없는 친구 사이로 남기로 했다는 상투적인 멘트는 뻔해 보이니 이제 그만했으면 좋겠다. 실제로 살아보기 전까지 알 수 없는 것이 물건이고 사람이라는 것을 뒤늦게 깨닫는다. 그렇게 완벽해 보이던 것도 실제로는 완벽하지 못한 게 대부분이기에, 삶이란 맞추어 사는 것이 아닌가 하는 생각이 든다.

사실 큰 차를 타다 작은 차로 바꾸기도, 큰 집에 살다 작은 집으로 옮겨 살기도 어려운 것은 사람 마음이 이미 거기에 길들여져 있기 때문이다. 마음을 잘 다스리고 작은 것에 만족할 줄 아는 자세를 연마하는 것이 얼마나 어려운지 깨달은 자들은 일상의 소소한 가치를 중시한다. 그런데 전통 경제학에서는 인간이 항상 만족을 극대화하는 방향으로 최적의 목표를 추구한다고 본다. 그래서 애초부터 누군가는 경제학의 그런 전제에 반기를 들 수 있겠다.

경제학에서 효용 극대화나 비용 최소화 같은 '최적화' 행위는 주어진 조건을 충족시키면서 목적하는 바를 극대화 또는 극소화시키는 의사 결정 구조를 다루는 행위이다. 최적화는 인간을 합리적인 경제인으로 전제하고 그가 모든 정보를 다 가지고 행동한다는 전지전능한 상황을 가정한다. 그런 전제하에 인간이 특정 문제에 대해 모든 해결대안을 탐색하고 평가해 최선을 선택하는 의사 결정을 한다고 본 것이다. 수리적으로 분석하면 효용, 이윤, 비용 같은 목적함수와 이를 제약하는 여러 조건들을 고려하면서, 목적함수의 값을 극대화 또는 극소화시키는 해법을 구하는 것이다.

최적화가 문제에 대한 모든 해결대안을 열거하고 각 대안에 대한 예상결과를 평가한 후 최선의 경우를 선택하는 이상적인 의사 결정 방법임에 틀림없다. 하지만 최적화는 인간이 문제에 대한 제대로 된 상황인식 능력이나 해결대안에 대한 평가 능력을 완벽하게 갖추고 있다는 전제와 각 대안의 예상 결과에 대해 모든 정보를 가지고 있다는 전제에서 출발한다. 과연 그게 현실적인가? 사람들은 인터넷몰이나 오프라인 매장 등을 돌아다니다가 자신에게 적합하다고 생각하는 스마트폰을 구입하지만, 더 싸고 품질이 좋은 스마트폰은 얼마든지 있는 것을 보면 인간이 최적화만을 추구하는 것 같지는 않다.

정보의 풍요로움이 가져오는 빈곤

인간이 완전한 합리성을 가지고 의사 결정을 할 수 있는지에 대해 행동주의 경제학자들은 의문을 가진다. 그들이 말하는 인간의 상황 인식을 살펴보자.

　가위에는 여러 종류가 있다. 잘 드는 가위도 그렇지 않은 가위도 있다. 가위는 모든 것을 자를 수 없다. 가위에는 양 날이 있는데 모든 것을 자를 만큼 전지전능하지 못하다. 한쪽 날은 인간의 인지적 한계를, 다른 날은 환경적 제약을 의미한다고 하자. 이때 가위를 아무리 갈고 닦아도 자르는 데 한계가 있다. 그래서 한정된 지식, 시간, 자원 속에서 제한된 합리성으로 의사 결정을 행하는 게 보통이다. 누군가는 정보의 홍수 속에서 인간의 지식은 무한대로 증가할 수 있다고 반론을 제기할 수도 있다. 과연 그럴까? 이제는 첨단 IT 기기가 쏟아내는 정보의 홍수 속에서 어떤 정보를 제대로 '선택'할 것인가가 문제가 되는 세상이다.

이와 비슷한 생각을 가진 노벨경제학자를 초대해보자. 행동주의 경제학자로 노벨경제학상을 받은 허버트 사이먼●은 우리시대 최후의 르네상스맨으로 불리는 인물이다. 그는 이렇게 말했다.

"우리가 올바른 결정을 내리고자 할 때 흔히 부딪히게 되는 중요한 문제는 정보의 부족이 아니라 정보를 처리하는 우리 능력의 한계다. 정보가 넘쳐나는 인터넷 시대에도 인간의 의사 결정 능력은 크게 향상되지 않았다."

왜 그럴까? 정보는 디지털로 쉽게 접근이 가능하지만, 정보를 처리하는 인간의 '능력'은 디지털이 아니라 아날로그 방식이어서 '학습'을 해야만 습득된다. 우리가 종이책으로 독서를 하는 것은 정보처리 능력이 분별력, 판단력, 선택 능력과 관계 있기 때문이다. 그런 능력은 학습된 내용과 실력이 있어야만 가능하다. 누군가 이렇게 말한다.

"열을 알고 하나를 선택하는 것과, 백을 알고 하나를 선택하는 것은 질적으로 전혀 다른 차원이다. 후자가 적중률이 높게 되는

● 허버트 사이먼(Herbert Simon, 1916~2001) 독일계 미국인 경제학자. 저서 《경영행동》에서 불완전 정보와 다원적 선택이라는 조건하에서 인간의 행동방식은 '만족화(滿足化)의 행동원리'라고 주장했다. 1978년 노벨경제학상을 받았다. 그가 고안한 '제한적 합리성'이라는 개념은 신고전과 경제학의 온전한 합리성과 의사 결정 행위자의 효용 극대화라는 전제에 이의를 제기한 것이다.

것은 너무나도 당연하다."

그렇다. IT기기가 첨단화할수록 인간의 '정보처리 능력'도 정비례로 높아져야 스마트 시대를 제대로 살 수 있다. 그래서 학습의 중요성은 아무리 강조해도 지나침이 없다. 여기서 학습은 단순히 눈으로 보는 게 아니라 읽고 생각하는 힘을 키우는 것이다. 단순 정보에는 누구나 접근할 수 있다. 정보가 아이디어가 되고 새로운 사업이되기 위해서는 치열한 학습이 불가피하다. 지금은 정보의 홍수가 아니라 아이디어의 생산성이 생존을 결정한다.

"두 사람이 사과 1개씩을 가지고 서로 교환했다면 여전히 사과를 1개씩 가지고 있는 것이나, 두 사람이 아이디어를 하나씩 가지고 서로 교환하면 이미 2개의 아이디어를 갖는 셈이다."

이스라엘이 벤처기업을 많이 보유하는 것은 이런 이유에서다. 누군가는 아이디어의 빈곤을 정보 탓으로 돌리는데, 이에 반기를 든 사람이 바로 허버트 사이먼이다. 그는 정보의 풍요로움은 오히려 주의력의 빈곤을 만든다고 했다. 전통 경제학이 정보의 비대칭성을 강조하고 정보가 돈이라고 한 반면, 그는 왜 이에 상반되는 이론을 제기했을까? 물론 그가 정보를 중시하지 않은 것은 아니다. 정보의 홍수 속에서 갈팡질팡하는 인간의 행태를 꼬집은 것으로 해석함이 옳다. 그의 생각을 찬찬히 살펴보자.

사이먼은 최적화와 다른 각도에서 인간이 '만족화'를 추구한다고 보았다. 사이먼은 1950년대에 인간의 의사 결정 구조를 연구하면서 완전한 합리성을 전제로 최적화를 추구하는 것은 현실적이지 않다고 보았다. 오히려 그는 통상의 사회인과 제한된 합리성을 전제로 '만족화'라는 새로운 영역의 의사 결정 과정을 개척했다.

만족화는 미래의 가능성에 대해 많은 것을 알지 못할 때 모든 대안을 탐색하는 대신, 가능한 대안만을 탐색하는 것에서 출발한다. 이는 각 대안을 인간의 욕망 수준에 기대어 평가하다가 그 수준을 충족시키는 첫 번째 대안을 선택하는 방법이다. 만족화 과정에서는 '그만하면 충분하다.'고 느끼는 욕망 수준이 설정된다. 그런 대안이 발견되면 충분하기에 더 이상의 과정을 중단하고 선택을 한다. 따라서 만족화에서는 제한된 합리성만이 추구될 뿐이다.

제한된 합리성과 인간의 모순된 행위

그는 왜 인간을 제한된 합리성을 가진 존재로 보았을까? 사이먼은 인간을 확률이나 통계에 능수능란한 존재로 보지 않았다. 물론 인간이 최적의 해를 구하고자 하는 노력까지 폄하한 것은 아니다. 그는 인간이 감정이나 편향된 인지방식으로 덜 합리적으로 행동할 수 있고 확률·통계에 어둡기 때문에 완전하게 합리적으로 행동하지 않을 수 있다고 지적했을 뿐이다. 제한된 합리성은 인간이 최적의 선택을 하기에 인지적으로 한계가 있어서 어렵다는 것이지, 인간이 비합리적이라는 것을 의미하지 않는다. 예를 들어보자.

A고등학교와 B고등학교의 2학년 학생 수는 각각 200명이다. 두 학교의 2학년 학생 400명에게 같은 모의고사를 치르게 했다. 2학년 남학생끼리 비교했더니 A고등학교의 평균점수가 B고등학교의 평균점수보다 5점이 높았다. 2학년 여학생끼리 비교해도 A고등학교의 평균점수가 B고등학교의 평균점수보다 5점이 높았다.

그렇다면 A고등학교 2학년 학생 전체의 평균점수는 B고등학교 2학년 학생 전체의 평균점수보다 높을까? 이 문제에 '그렇다.'고 대답하는 사람이 많고, '꼭 그렇다고 할 수만은 없다.'고 대답하는 사람은 소수에 그친다. 사실은 A고등학교 2학년 학생 전체의 평균점수가 B고등학교 2학년 학생 전체의 평균점수보다 높을 수도 있지만 낮을 수도 있다. 두 고등학교 모두 여학생의 평균점수가 남학생의 평균점수보다 높고, A고등학교의 여학생 수보다 B고등학교의 여학생 수가 훨씬 많으면 그렇게 될 수 있다. 즉 남녀의 성비가 균일하지 않은 상태에서 평균만으로 비교하는 것은 인지의 오류를 발생시키는 것이다.

이처럼 그는 인간이 확률이나 통계에 약할 뿐만 아니라, 현실이 확률이나 통계 이론으로 설명되지 않는 영역이 더 많다는 것을 여러 사례를 통해 보여주고자 했다. 물론 인간이 현실의 제약을 전제로 확률·통계적인 분석을 통해 가능성을 계산해 현명한 선택을 하는 것은 바람직한 일이다. 만족스러운 해답에 머물지 않고 최적의 해답을 얻기 위해 고군분투하는 인간의 진보적인 모습을 부정해서는 안 된다. 다만 우리가 일상생활에서 잘못된 행동을 하는 경우

경제적 청춘

에 주목해보자.

　　운전자들은 일반적으로 쇼핑몰이나 매장 입구에 되도록이면 가까운 곳에 차를 주차하고 싶어 한다. 입구가 가까우니 쇼핑한 짐을 옮기거나 나가기에도 편하기 때문이다. 아마도 사람들은 차를 타고 이동하는 시간에 비해, 걸어서 이동하는 시간에 상당히 큰 부담을 느껴 착각하고 행동하는 경향이 있다. 스톱워치를 들고 주차할 때 걸리는 시간과 주차장에서 쇼핑몰 입구까지 걷는 시간을 확인해보자. 좋은 주차 공간을 찾아 빙빙 도는 시간이 거리가 좀 멀더라도 걸어서 마트 입구까지 걸어가는 시간보다 더 길다는 사실을 알게 될 것이다. 시간 개념에 있어 인간의 합리성이 제약되는 사례는 얼마든지 있다.

내 만족과 타인의 만족

사이먼의 만족화는 체념을 말하는 것이 아니다. 제한된 합리성을 가진 인간의 제대로 된 행동방식을 의미하는 것이다. 사이먼은 우리의 삶에 어떤 교훈을 줄까? 그는 우리의 삶에서 최상이면서 최적의 대안은 없다고 단언한다. 완벽한 순간이 존재하는 것이 아니라, 어느 특정 지점에서 '이만하면 됐다.'며 받아들이는 '만족화'의 과정만 있을 뿐이라는 것이다.

　　보통 사람들은 최적의 상태를 가정한다. 그렇지만 현실 속에서 가장 적합한 답을 찾기란 쉽지 않다. 상황과 조건 그리고 욕구에 딱 들어맞는 답을 찾으려는 사람은 계속해서 대안을 탐색한다. '최적'

에 대한 과도한 집착은 인생을 불행하게 한다. 현실적으로 불가능한 일에 무의미한 무한도전을 계속하기도 한다.

반대로 만족의 개념을 아는 사람은 어느 지점에서 의사 결정을 멈추고 행복을 찾으려 노력한다. 이는 현실에 적당히 순응하는 것과는 다르다. 자신의 수준에서 나름 합리적인 결정으로 스스로 행복해지기를 선택하는 것이다. 완벽함에 집착하지 않는다면 어쩌면 인간은 더 행복해지고 삶을 하나하나 채워나가는 즐거움도 거둘 수 있다. 어제보다 나은 오늘을 사는 게 더 좋아 보이지 않나?

자기만족을 추구하는 성향은 경험이 많은 사람들에게 더 자주 나타난다고 한다. 경험이 풍부한 사람들은 머릿속에 가장 만족스러운 주차 공간에 대한 기준이 있다. 그래서 그 기준에 부합하는 자리를 찾기 위해 여러 번 망설이게 되고, 결국에는 오랜 시간이 들어도 적합한 자리를 차지했다는 것으로 스스로 만족감을 느끼게 되는 것이다. 하지만 자기만족을 위한 행위가 다른 차량에게 방해가 되고, 모두의 시간을 빼앗는 이기적인 행위가 될 수도 있다. 누군가 한 사람이 주차 장소를 찾기 위해 이 골목 저 골목, 사람들이 붐비는 거리를 헤매고 있는 동안 보행자와 다른 차량의 통행에 방해가 될 수 있다는 것이다.

마음을 기르는 경제학

사이먼에 의하면 삶은 여러 사람의 경험을 차용해 새로운 뭔가를 만드는 과정이다. 그의 말을 들어보자.

경제적 청춘

"지금 우리가 살아가면서 마주하는 삶의 문제들을 지금보다 조금 더 나은 방법으로 해결해나가려는 사람이라면, 그들은 모두 자기 삶의 훌륭한 디자이너이다."

아, 이 얼마나 멋진 말인가? 그는 '삶의 디자인'에 대한 원론적이고 총체적인 패러다임을 제시하고 있다. 그에 따르면, 디자인이란 현재의 상태를 바람직한 상태로 바꾸는 행동이다. 이를 위해서는 무엇이 필요할까? 세상에 대한 애정을 가지고 매사를 주의 깊게 관찰하는 게 기본이다.

관찰하는 것만큼 중요한 것은 공감 능력이다. 본인이 다른 사람들의 고민 해결사가 되고자 한다면 공감 능력을 제대로 갖춰 문제에 접근해야 한다. 이게 바로 허버트 사이먼의 디자인적 사고다. 그는 노력과 경험을 강조한다. 어떤 주제를 완전히 습득하기까지 약 10년의 시간이 필요하다고 주장한다. 그때가 되면 우리의 두뇌에는 5만 개가 넘는 지식덩어리들이 모여 잘 분류되어 있게 된다. 그 정도의 수준이 되어야 인지적 무의식이 제대로 발휘되어 각각의 지식을 필요로 할 때마다 쉽게 사용할 수 있게 되는 것이다.

많은 상황에서 전문가들이 직관적으로 반응할 수 있는 것은 이 때문이다. 노련한 전문가는 구체적인 과정을 거치지 않고 빠르게 답에 도달할 수 있다. 그들의 직관은 노력과 경험의 결과로서 더 이상 신비의 영역이 아니다. 로봇과 경쟁하는 인간의 생존 문제는 더 이상 공상과학 영화의 영역이 아니다. 그렇다면 인간은 기계에 패배할까? 인간이 기계의 지배를 받을 가능성도 제기되고 있지만, 인간이 체계적인 학습을 한다면 꼭 그렇지만은 않을 것이다.

"우리는 도구를 만든다. 그 다음 그 도구들은 우리를 길들인다. 도구에 종속되지 않으려면 우리는 그 도구의 주인이 되어야 한다. 도구의 주인이 되려면 오직 '학습'으로만 가능하다. 학습을 위해서는 정보 장악력이 무엇보다 중요한데 얄팍한 잔재주를 버리고 더 넓고 깊게 공부하는 게 무엇보다 필요하다. 그게 인간이 기계에 종속되지 않는 길이다."

우리는 각기 다른 분야를 나눠 공부한다. 그러다가 우연히 그런 분야들을 관통하는 주제나 인물을 만나면 지식이 서로 밀접하게 연결되어 있다는 느낌을 받는다. 모아두었던 구슬들을 꿰어서 예상하지 못한 목걸이를 만들 때의 기쁨은 이루 말할 수 없다. 이런 경험을 몇 번 하다 보면 어느 순간에 전체적인 그림을 조망하는 눈을 갖게 된다.

사이먼은 다양한 분야를 공부하고 기존의 지식을 꿸 줄 아는 사람이었다. 그는 처음에는 정치학을 배워 박사학위를 취득했으나, 후에는 경영학, 조직학, 컴퓨터과학, 인공지능, 인지과학, 경제학을 연구해 인류에 막대한 영향을 주었다. 누군가는 그를 인공지능의 아버지라고 칭한다. 그는 인공지능 경제에서 인간의 노동 유무에 관계없이 지급되는 기본 소득이 필요하다고 주장하는데, 그 논거가 재미있다.

경제적 청춘

"소득의 90%는 다른 사람들의 지식을 활용한 것이다. 따라서 90%의 소득세율이 적절하다. 그러나 기업가에게 약간의 인센티브를 주기 위해 70%의 세율로 일률적으로 과세하고, 그 수입을 기본 소득으로 나누어 갖는 것이 좋을 것이다."

오늘날 인공지능이 어떻게 만들어지고 있는지를 유심히 보면 사이먼의 주장에 고개가 끄덕여지기도 한다. IBM의 딥 블루Deep Blue는 사람들이 만든 위키피디아를 통째로 입력함으로써 '제퍼디 퀴즈쇼'에서 인간을 이겼다. 구글은 사람들이 인터넷에서 검색하는 과정을 기록해서 가장 똑똑한 검색엔진을 만들었다. 구글의 자동번역은 수많은 사람들이 번역한 문서들을 축적함으로써 가능해졌다. 과거에 바둑을 둔 수많은 사람들, 과거에 책을 쓰고 번역한 수많은 사람들, 현재 인터넷을 검색하는 수많은 사람들이 모두 인공지능을 만드는 데 기여하고 있는 것이다. 우리는 인공지능의 과실에 대한 n분의 1의 권리가 있다.

그래서 사이먼은 "기본 소득은 모든 사람의 권리이자 사람들의 생존과 안정을 보장해 사회 붕괴를 막는 수단이며, 경제를 지속 가능하게 만드는 핵심적인 제도"라고 말한다. 사이먼은 2001년에 사망했지만 그의 연구 성과는 행동 경제학 이론 안에 폭넓게 이어지고 있다. 그의 의미심장한 말을 새기며 경제학이 따뜻한 사회를 일궈나가기를 바란다.

"인간의 마음을 이해하는 일은 사회제도와 인간의 행동, 경제학이나 정치학에 있어서 원활한 이론을 만들기 위해서는 빼놓을 수 없는 것이다. 경제학은 인간의 이성에 대해 '선험적인' 가정의 기초로 2세기 동안이나 그 마음을 이해하는 문제를 얼버무려왔다. 이런 가정은 이제는 알맹이가 없다고 평가된다. 이성에 대한 선험적인 가정은 인간의 마음에 대한 진실성이 있는 이론으로 바꾸어야 한다."

내 만족의 깊이는 얼마나 될까? 때로는 내 이익의 극대화 때문에 타인의 마음을 아프게 하는 것은 아닐까? 마음은 적당하게 적응한다. 다 길들이기 나름이다. 그렇게 생각하니 세상이 달라 보인다. 공감과 배려의 정신이 솟구친다. 사이먼의 가르침은 특히 청춘들에게 의미가 있다. 청춘들은 반문할 수도 있다. 극대화든 만족화든 그들이 서 있는 텅 빈 거리에서는 사치라고. 하지만 그럴수록 스스로를 보듬고 세상을 향해 자신 있게 소리치자. 언젠가 마주할 만족스런 내 모습을 꿈꾸며….

경제적 청춘

결코 포기할 수 없는 기대

●

로또를 사는 사람들, 소개팅에 나가는 젊은이들, 크리스마스를 기다리는 꼬마들…. 그들에게는 하나의 공통점이 있다. 바로 저버릴 수 없는 '기대'다. 그 기대의 정도는 물론 각각 다를 것이다. 기대에 대한 확률 값은 0에 가까운데, 성공적인 결과를 기대하는 것은 요행을 바라는 것일지도 모른다. 낮은 확률에도 오늘도 누군가는 로또를 산다. 행운의 여신이 한창 부푼 꿈을 배신하지 않으리라는 기대를 하면서 말이다. 결과야 어떻든 어딘가에 있을 운에 대한 나름대로 기대를 걸어보고 싶은 인간의 욕망이다. 어쩌면 점점 삶이 각박해져 한탕주의가 증가하는 현상을 보여주는 것일 수도 있겠다. 그들이 이렇게 말할지도 모른다.

"팍팍한 삶 속에서 늘 빠듯한 소득에 뭔가 한방이 필요한 것 아니겠어요. 내게서 로또의 꿈마저 앗아간다면 그건 삶에 거는 기대를 송두리째 앗아가는 것이죠."

과거에는 '운칠기삼'이라는 말을 하곤 했는데, 요즘엔 '운칠복삼'이라고 부르기도 한다. 그러나 그런 기대가 늘 배반된다면, 헛된 망상이 쌓아올린 가상의 모래성이 무너진다면, 그건 한 번뿐인 삶을 '허망'이란 단어가 지배하도록 스스로 허용하는 것이다. 삶은 그래도 실현 가능한 목표를 향해 전진할 때 더 멋지지 않을까 생각한다. 성취감이란 소박한 결과물이나마 삶을 충족시킬 때 느끼는 작은 행복감이다.

하지만 우리 주변에는 일말의 기대를 가지고 일간지의 '오늘의 운세'로 하루를 시작하는 사람들이 흔히 있다. 그날 기대와 느낌이 자신의 행동에 영향을 미치고 결과를 좌우하는 날이 많다면, 기대는 너무 중요한 삶의 요소이다. 기대가 동기부여의 원천이라면 일상에서 긍정적 기대를 갖고 살아가는 것이 매우 중요하다. 그런 분위기를 조성하는 것이 국가적 책무 아닐까?

"우리가 일하는 이유는 국민이 더 나은 삶을 살게 하기 위해서다."

오바마 전 미국 대통령의 고별 연설에서 가슴을 울렸던 구절이다. 대통령에게 국민의 삶보다 더 중요한 목적과 가치는 없을 것이다.

경제적 청춘

저무는 기대 속에서도 꿈은 싹튼다

경제 현상에도 사람들의 기대가 많은 영향을 미친다. 기대를 경제적으로 표현하면 '미래에 대한 예측'이다. 사람들은 자신이 입수할 수 있는 모든 정보를 동원해 미래에 대한 예측을 하고, 이에 기초해 경제 행위를 한다.

지금 우리의 현실은 어떤가? 누군가는 경기 불황으로 전반적인 사회 분위기가 갈수록 침체되고 있다고 하소연한다. 희망을 이야기하기보다는 절망스러운 현실과 팍팍한 삶을 하소연하는 국민들이 늘어나고 있다. 국민 스스로가 더 나은 미래를 기대하고 꿈꾸는 것조차 버거운 것이 참으로 가슴 아프다. 아무리 어려운 상황에서도 청년들만큼은 꿈을 가지고 앞으로 나아갈 수 있어야 나라의 미래도 준비할 수 있는 것이다. 실업과 불황으로 잔뜩 움츠러든 청년들을 보면 미안하고 안타까운 마음을 금할 수 없다. 그러나 저무는 기대 속에서도 꿈은 싹튼다고 말하자. 기대는 희망을 먹고 사는 것 아닌가!

경제학에서 기대가 그대로 반영되는 대표적 사례가 바로 '물가'다. 1920년대 미국의 경제학자 어빙 피셔Irving Fisher는 명목 이자율이 실질 이자율과 기대 인플레이션의 합이라고 주장했다. 이를 피셔 효과Fisher effect라고 한다. 예를 들어, 명목 이자율이 10%라고 할 때 기대 인플레이션이 연 5%면 실질 이자율은 5%라고 할 수 있다. 쉽게 말해 명목 이자율이 상승하는 이유는 실질 이자율이 올라서이기도 하고, 인플레이션이 높아질 것이라는 기대심리 때문이기도 하다. 통화당국이 이자율 상승을 방지하기 위해 기대 인플레이션을 줄이는 등의 방법으로 피셔 효과를 이용할 수 있다. 이처럼 사람들의 기대가 경제적 결과에 영향을 미친다는 건 오래전부터 익히 알려진 가정이다.

만약 사람들이 어떤 상품 가격이 인상될 것이라 생각하면 인상에 앞서 그 물건을 사 모을 게 뻔하다. 일명 '사재기 현상'이 발생한다. 이는 그 재화의 시장 가격 인상으로 이어진다. 하지만 이때 많은 사람들이 동일한 행동을 하게 되면 어떤 현상이 벌어질까? 결과적으로 상품의 시장 가격이 올라가는 게 아니라 공급이 늘어나 반대로 가격이 떨어지는 현상이 벌어질 수 있다. 이처럼 기대는 경제에 중요한 역할을 하기에 우리는 기대가 어떻게 형성되는지에 대한 고찰을 할 필요가 있다.

적응적 기대 가설과 합리적 기대 가설

기대는 여러 정보와 경험을 토대로 만들어진다. 먼저 과거 경험을 바탕으로 미래에 대한 기대를 형성하는 경우가 있다. 지난해 물가가 3%만큼 오를 것이라고 믿었는데, 실제로는 2%밖에 안 올랐다고 하자. 그러면 새해 물가를 예측할 때에는, 지난해의 경험을 반영한다. 지난해에 실제로 올라간 2%뿐 아니라, 당시 예측치 3%와 차이까지 고려한다. 즉, 다음 예측에서는 과거 기대와 경험을 동시에 반영하는 것이다. 이런 기대를 '적응적 기대adaptive expectations'라고 한다.

적응적 기대 가설은 과거 경험과 정보에 의존해 기대를 형성하는 것으로, 현재의 기대 인플레이션율은 과거 인플레이션율의 가중평균이다. 그런데 그런 경험이 실패로 얼룩져 있다면 그 기대 역시 믿을 만한 게 못 된다. 그렇다면 어떤 정보를 가지고 기대를 형성해야 할까?

과거 경험뿐만 아니라 예측 가능한 미래 상황을 토대로 기대를 형성할 경우, 체계적으로 미래 값을 예측할 수 있지 않을까? 현재 주어진 정보를 바탕으로 기대를 형성하는 게 더 현실적일 것이다. 즉 시장에서 현재 수급 상황은 어떻고 경제 사회적 현실이 그러하니, 미래는 이렇게 될 것이라 예측하는 것이다. 완벽하지는 않지만 현재 갖고 있는 모든 정보를 활용해 미래를 예측하는 것이다. 이를 '합리적 기대rational expectations'라고 말한다.

우리는 주위에서 사람들이 결정을 내릴 당시 입수 가능한 최선의 정보에 의거해 미래에 대한 예측을 행하는 것을 쉽게 목격한다. 합리적 기대 가설은 사람들이 미래사건의 원인에 대한 충분한 정보를 지니고 있기 때문에, 진정으로 새로운 정보만이 예상이나 행위에 영향이 미치게 행동한다고 가정한다. 그들의 예측 모형은 예상이 언제나 정확할 것을 요구하지는 않기에 예측 오차는 불가피하다. 단지 오차는 어느 쪽에 편중되지 않아 상쇄될 수 있을 뿐이다. 많은 사람들의 경우 오차에 플러스, 마이너스가 있기 때문에 평균으로 따지면 0이 될 수 있다는 말이다. 이 경우 모든 경제 행위자는 기본적으로 앞을 볼 줄 아는 사람이다. 합리적 기대란 지속적으로 정보를 재해석하고 업데이트하며 형성된다.

바로 이때 체계적인 오류가 없다는 게 '적응적 기대'와 다른 점이다. 적응적 기대에서는 과거로부터 얻은 현재에 대한 예상과 현재의 실제 수치를 비교한 결과 그 예측 오류만큼 미래의 기대에 반영되기 때문에 체계적인 오류가 존재한다.

좀 더 현실적인 예를 들어 이 2가지 기대 가설에 대해 설명해보자. 학창시절 수업을 마치고 집으로 돌아가는 길은 늘 똑같다. 경로 의존성이 존재한다. 이게 적응적 기대 가설의 기본이다. 약속 같은 특별한 일이 없는 한 대개 일정한 경로를 따라 움직인다. 그러던 어느 날 골목길에서 불량배를 만나 돈을 빼앗겼다. 다음날에도 같은 길로 귀가할 것인가?

적응적 기대 가설에 따르면 전날과 같은 길로 귀가할 것이다. 이 이론에 의하면 사람들이 어떤 선택을 할 때 과거 변수들의 동향을 중시하고, 현재의 변화를 주시면서 점진적으로 행동을 바꿔나간다. 만약 그가 적응적 기대 가설의 신봉자라면 지금까지 한 차례를 제외하고 골목길을 무사히 통과했다는 사실을 중시할 것이다. 어제 사고를 당했다는 새로운 정보는 아주 낮은 확률에 불과하기 때문에 무시된다. 따라서 그는 오늘도 같은 골목길로 갈 것이다. 만약 그가 한 일주일 정도 계속 동일한 일을 당했다면 그때쯤 이 골목길에는 불량배가 늘 있다고 판단하고, 그때까지의 정보를 수정하고 좀 멀지만 돌아가는 길을 선택할 것이다.

한편, 합리적 기대 가설에 맞춰 행동한다면 앞의 경우와 전혀 다른 일이 일어난다. 어제 돈을 빼앗긴 것이 비록 처음 발생한 경우일지라도 그 불량배가 오늘도 골목길에 진을 치고 있을 가능성이 충분히 있다고 생각한다. 그래서 그는 어제 만난 녀석들이 오늘도 골목길에 진을 치고 있을 것인지 사전정보를 얻으려고 애쓸 것이다. 합리적 기대를 하는 경우 귀가 길에 당한 1번의 봉변을 과거의 어떤 정보보다 중요하게 생각해 충분한 정보를 수집하고 다시 골목길로 귀가할 때 어떤 일이 발생할지를 예상해 행동을 하게 된다.

합리적 기대 가설은 처음에 증권, 상품 등의 투기적 시장에서 지속적으로 초과 수익을 얻는다는 것이 어렵다는 사실을 설명했다. 이러한 시장에서 현재의 모든 정보가 가격에 반영되어 있다면 순전히 새로운 정보 소유자만이 초과 이익을 얻을 것이다.

'합리적 기대 가설'의 정책적 의미

합리적 기대 가설을 거시 경제 정책의 문제로 확장하면, 금융 정책을 포함해 어떤 정책 수단도 실질소득과 고용에 영향을 미칠 수 없다는 결론에 도달한다. 이를 '정책 무력성 정리'라고 말한다. 정부의 정책이 장기는 물론이고 단기에도 효과가 없는 것은 사람들이 정부 정책 변화를 합리적 기대로 예상해 미리 움직이기 때문이다. 사람들이 경제 정책상 조치와 그 조치에 내포되어 있는 의미를 매우 신속하고 정확하게 평가하고 예측하며 그에 따라 행동한다면, 예상된 경제조치는 실물 부분에 더 이상 영향을 미칠 수 없다는 게 이 가설의 핵심이다.

그럼 현재의 경기 침체에 정부는 어떤 조치를 취해야 할까? 그들의 주장이 마치 정부는 필요 없다는 소리처럼 들려 누군가 합리적 기대 가설의 대표 선수를 불러내어 좀 따져보아야 할 것 같다.

경제학계에서 20세기 전반이 케인즈를 중심으로 한 케임브리지 학파의 전성기였다고 하면, 20세기 후반은 시카고 학파의 전성기였다고 말할 수 있다. 시카고 학파는 시장의 자율적 기능을 믿는다는 공통점을 지닌 시카고대학교 출신들을 말한다. 1995년에 노벨경제학상을 받은 로버트 루카스*도 시카고 학파로 합리적 기대 가설론자의 대표주자다. 루카스의 말을 통해 그의 정책적 기조를 알아보자.

"무엇보다 내 연구의 의미는 통화당국이 통화 정책을 이용해 경제에 지속적으로 세세하게 영향을 미치려는 시도에 대해 사람들이 회의적으로 인식하도록 하는 데 있습니다."

루카스는 정부 정책의 실효성에 의문을 품었다. 예를 들어 경제가 불황으로 접어들고 있다고 하자. 대부분의 경제학자들은 이자율을 낮추거나 돈을 더 푸는 확장적 통화 정책을 써서 경제 주체들의 주머니를 두둑하게 해주려고 한다. 그러면 그들은 그 돈으로 소비나 투자를 할 것이고, 그 결과 경제는 활성화되어 일자리도 많이

● **로버트 루카스(Robert Lucas, 1937~)** 시카고 학파인 프리드먼의 수제자로 케인즈 학파의 계량 경제학의 맹점을 비판한 '루카스 비판'으로 명성을 얻었다. 그는 합리적 기대를 '산출과 인플레이션' 문제에 적용해 '합리적 기대 거대 경제 모형'을 제기했다. 이 모형을 통해 경제는 시장 경제 원리에 맡기고 정부는 인위적 개입을 줄여야 한다고 주장했다.

경제적 청춘

늘어나 실업률이 줄어들게 된다.

　그런데 루카스에 따르면 정부가 확장적 통화 정책을 실시할 것이라는 정보를 입수하면, 그들은 판단과 행동을 바꾸기 때문에 정책은 별 효과를 얻지 못한다. 정부가 확장적 통화 정책을 실시해 시중에 돈을 풀 경우 소비자들의 인플레이션 기대심리가 높아지고 생필품 가격이 올라 소비량은 정부의 기대만큼 많아지지 않는다. 따라서 생산량도 그다지 늘지 않을 것이고 불황 시에 해고한 노동자들을 대신할 인력도 조금만 새로 뽑을 것이다. 이렇게 되면 정부의 통화 팽창을 통한 경제 활성화 정책은 별다른 효과를 보지 못하게 된다.

　그렇다면 루카스는 통화 정책을 부정하는 사람인가? 그렇지 않다. 그는 국민들이 전혀 예기치 못한 통화 정책이나 재정 정책만이 효과를 발휘할 수 있다고 말한다. 그래서 그는 빈번한 통화 정책을 반대한다. 통화 정책을 자주 쓰면 쓸수록 경제 주체들은 통화 정책의 미래를 훤히 내다보게 된다. 그리고는 자신의 선택을 바꿔 새롭게 반응하기 때문에 정부는 헛물만 켜게 된다. 여기에 비해 통화 정책을 거의 쓰지 않으면 오히려 통화량을 조금만 바꿔도 큰 효과를 거둘 수 있다는 것이다. 즉 통화 팽창 정책은 예상하지 않은 일이 되기 때문에 통화 정책이 효과를 볼 수 있다는 것이다. 결국 루카스의 주장은 가능한 한 경제는 시장의 자율에 맡기고 정부의 간섭은 아주 예외적인 것이 되어야 한다는 말이다.

　정부의 역할은 시장에 대한 정확한 정보를 제공하는 것이고 정부가 시장을 왜곡하는 경우 정책의 실패를 불러온다는 것이다. 루카스의 주장은 결국 시장은 효율적이라는 '효율적 시장 가설efficient market hypothesis'과 연결된다. 효율적 시장 가설이 내부 정보에 적용되지 않는다는 것을 생각하면 사람들은 시장에서의 정보에 의거해 소비와 투자 행위를 결정하지만, 만약 시장에 대한 중요한 정보를 극히 일부 사람만 알고 있다면 시장은 효율적으로 작동하지 않을 수 있다. 기업 내부 정보를 토대로 상당한 수익을 올린 자가 있는 반면, 그 정보를 모르는 투자자들에게 손해를 입히는 경우는 흔히 볼 수 있는 일이다.

2008년 금융 위기 이후, 합리적 기대 가설론자들의 힘은 약해지고 있다. 다시 케인즈 학파의 위력이 증가하고 있으며 다시 세계는 확장적 재정 정책에 관심을 가지기 시작했다. 불황에 대처하기 위한 정부 지출 증가 등의 적극적인 정부 정책은 사람들로 하여금 언젠가 재정수지를 맞추기 위한 증세로 이어질 것이란 기대를 형성하게 하고 소비를 줄이는 등의 행동으로 이어지게 한다. 따라서 이런 재정 정책은 사람들이 합리적으로 행동하는 한 효과가 없으며, 따라서 안 하느니만 못한 정책이 될 수 있다고 루카스는 경고한다.

하지만 세계는 미국을 필두로 인프라 투자 같은 정부 투자 확대에 앞장서고 있다. 한계에 이른 통화 정책의 어려움을 극복하고 금융 위기 이후 다소 나아진 재정 여력을 투자해 경기 회복을 이끈다는 복안이다.

경제 사조를 떠나 여기서 명심해야 할 것이 있다. 경제 주체들이 합리적 기대를 형성하는 데 있어 정부가 잘못된 역할을 하는 경우는

경제적 청춘

절대 있어서는 안 된다. 정부가 부실기업의 처리에 이중 잣대를 들이되거나, 사태 파악에 미온적이라는 비판이 제기되도록 방치해서는 안 된다. 시장 원리가 아닌 정치 논리나 포퓰리즘으로 문제를 키우는 경우, 경제 주체들은 합리적 기대를 하기 어려워진다. 정부가 시장에 대한 정보를 제대로 제공하지 않아 사람들의 잘못된 기대를 형성하게 만들 수도 있으나 때로는 자의적인 의사 결정으로 합리적 기대 형성을 방해할 수도 있음에 각별히 유념해야 한다.

오늘날 우리 자신의 역량을 너무 비관하거나 미래를 암울하게 바라보는 기대가 없는 시대에 살고 있는 건 아닌지 생각해야 한다. 경제는 심리다. 정부가 신뢰를 형성하는 제도를 구축하고 생산성 향상을 위해 매진한다면, 그건 케인즈 학파든 시장주의자든 문제될 것이 없다.

기대는 경제를 움직이는 중요한 힘

아무도 미래를 완벽하게 예측할 수 없다. 전지전능한 신이 아닌 이상 기대 예측에 오차는 있기 마련이다. 시장에서 오차가 너무 컸다면 오른 가격이 언젠가는 떨어져야 한다. 오차가 컸기 때문에 가격에 거품이 생긴 것이다. 반대의 경우는 물론 가격이 오를 것이다. 기대는 이처럼 경제를 움직이는 중요한 힘이 된다. 정부에서는 경제를 예측할 때 기대심리를 강조한다. 기업가의 기대심리는 경기실사지수BSI, Business Survey Index로, 소비자의 기대심리는 소비자 신뢰지수가 반영되어 경기 예측 자료로 활용된다. 그래서 기대는 정부 정책의 향방을 좌지우지 하는 힘을 가진다. 우리가 미래를 설계하고 경제적 운명의 주인공이 되려면 무엇보다도 바른 기대를 형성하는 습관을 키워나가야 할 것이다.

루카스는 노벨상도 타고 경제학자로도 성공했다. 1995년 노벨경제학상을 수상한 그는 상금을 이혼한 전 부인에게 위자료로 줘 세간의 화제가 됐다. 루카스는 늘 연구에만 매진했고, 가정에는 무관심했다. 그래서 전처는 "당신같이 가정을 돌보지 않고 연구에만 몰두하는 사람은 언젠가 꼭 노벨상을 받을 테니 나중에 그 상금을 위자료로 달라."고 제안했다. 이혼서류에 1996년 이전에 노벨상을 받을 경우 그 상금의 일부를 위자료로 지급한다는 구체적인 조항까지 삽입했다. 그는 합리적 기대 가설을 만들었지만 앞날을 합리적으로 내다보지 못했고, 오히려 전처가 미래를 예상하고 나름대로 합리적 선택을 한 것으로 볼 수 있다. 딱 1년 차이로 말이다. 현실은 기대보다 잔인하고 아이러니하다.

자본주의 경제에서의 핵심은 시장의 기능이 올바르게 작동하는 것이고 정부는 이를 명심해야 한다. 높은 청년 실업률 아래 청년들의 도전정신을 뒷받침해주는 정책이 무엇보다 필요하다. 그래야 청년들의 기가 산다. 청년이 꿈을 잃고 방황하는 나라에 미래는 없다. 이 땅의 청년들이 큰 꿈을 꾸고 그 꿈을 향해 힘껏 달려 나갈 수 있도록 지원하고 배려하는 것은 우리 모두의 몫이다. 입시 한파를 지나 불경기 한파, 실업 한파를 연이어 맞아 기가 죽은 우리 청년들에게 기를 불어넣어주자. 그들의 미래에 대한 멋진 기대가 사회에 활력을 불어넣어야 나라의 불안이 사라진다. 청년들은 지금 전원의 평화로운 삶을 기대하고 있다. 그게 사치라면 우리의 미래는 어둡다 못해 깜깜한 암흑천지가 될 것이다.

이성과 감성이
조화로운 사회

●

영국이 EU(유럽연합) 탈퇴를 국민 투표로 결정했던 선택은 바람직한 것이었을까? 베스트셀러 경제학서 저자인 그레고리 맨큐Nicholas Gregory Mankiw 는 영국이 낳은 세계적인 여류 작가 제인 오스틴Jane Austen의 두 소설로 투표 결과를 해석했다. '오만과 편견 52% vs. 이성과 감성 48%'가 그의 해석이다.

여하간 브렉시트 국민 투표에서 탈퇴 진영이 잔류 진영을 3.8% 차이로 이겼다. 브렉시트에 반대했던 진영에서는 국민 투표가 유권자들의 입장을 제대로 반영하지 못했다고 주장한다. 투표를 통해 나타난 결과는 진정한 민의가 아니라는 것이다. 브렉시트라는 사안 자체가 투표로 결정되었어야 했는지에 대한 의문도 제기되었다. 동 사안은 투표에 부칠게 아니라, 선출된 '프로 정치인'들이 토론을 하고, 의사 결정을 한 이후에 추가적으로 발생하는 문제들에 대해서도 함께 해결을 해나가야 한다는 이야기다.

한 번의 국민 투표로 국가의 운명을 결정하는 것은 다시 되돌리기 어렵다는 점에서 아쉬움이 크다. 그러나 어쩌겠는가. 게임의 규칙은 어길 수 없는 법칙이 된 것이다. 현대사회에서 투표에 부의할 때 득표가 운명을 좌우한다.

영국의 브렉시트 투표에서 누군가는 일반 대중이 브렉시트의 의미를 제대로 알았더라면 찬성표를 던지지 않았을 것이라고 말한다. 또 다른 주장은 이것이 EU에 관한 의견 표시가 아니라 단지 자국 상황에 대해 항의하기 위한 것이라고 말한다. 기득권 세력을 '오만과 편견'의 집단으로 판단한 민의는 잘못된 것인가? 세상살이에 '이성과 감성'의 조화가 중요하지만 그렇다고 그것이 항상 가능한가?

브렉시트에 이어 또 다른 충격이 왔다. 이탈리아 마테오 렌치 Matteo Renzi 총리가 정치 생명을 걸고 추진한 헌법 개정안이 국민 투표의 벽을 넘지 못했다. 이탈리아의 정치는 후진적인 것으로 평가받는다. 상하원 의원의 수가 비슷해 개혁이 어렵고 정치적 교착 상태가 지속되어 왔다. 이를 해결하기 위해 상원의원 수를 줄이는 내용을 헌법 개정안에 담았다. 국민 투표가 부결됨에 따라 마테오 렌치 총리가 사임했다. 청년 실업이 하늘을 찌르는 상황에서 극우 성향의 야당이 정권심판 투표로 몰아갔다는 평가가 나왔다. 이 또한 오만과 편견과 이성과 감성의 결과일까?

이에 따라 반EU파가 득세하면서 제2의 브렉시트에 대한 우려도 부각되었고 테러와 이민, 난민에 대한 견해차가 더욱 심화될 전망이다. 이탈리아는 유럽 재정위기의 핵심 국가이기 때문에 제2의 브렉시트가 이탈리아에서 발생하게 되면 이탈리아의 금융기관 부실 우려가 확산될 수 있다. 이는 유럽의 통화 정책 기조에 영향을 미치는 변수로 작용할 수 있다.

이탈리아의 탈퇴는 EU가 아닌 유로존Eurozone의 탈퇴이기 때문에 브렉시트와 성격이 다소 다르다. 유로존의 탈퇴는 유로화 가치와 금융 시장에 직접적인 영향을 미친다. 이탈리아의 오성운동과 북부동맹은 '리라화' 사용을 주장하고 있어 유로화 가치가 직격탄을 맞을 수 있다.

반이민, 반세계화 정서에 편승한 브렉시트와 자국우선주의와 고립주의를 내세운 트럼프의 당선을 보며 누군가는 투표 결과가 이성보다 감성에 좌우되고 있다고 평가하기도 한다. 이탈리아 야당은 집권 시 유로존 잔류 여부를 국민 투표에 부치거나 아예 EU를 떠나겠다고 주장한다. 영국의 브렉시트, 미국 대통령 선거, 이탈리아 개헌 부결 등 예상 밖의 결과를 가져온 기득권 체제에 대한 대중의 불만은 이제 지구촌 어느 나라에서나 표출될 수 있는 상황이다.

예측하지 못한 투표 결과

이런 상황을 보며, 이성을 회복하자고 주장하는 이들의 핵심을 생각해보자. 그들은 이러한 투표 결과는 투표 기능의 오작동으로 인해 발생한 것이라고 주장한다. 한마디로 "못살겠으니 갈아치우자."는 감정이 앞선 것이란 말이다. 하긴 투표의 기능이 종종 오작동한다는 연구 결과가 있다.

우선 유권자들은 변덕스럽다는 것이다. 유권자들은 투표를 정책적 목적보다 기존 재임자를 처벌하려는 수단으로 사용하는 경우가 있다. 나 살기도 어려운데 뭘 생각하느냐는 입장이다. 아울러 정치와 관련 없는 자연재해 등이 발생하면 그것이 투표에 영향을 미치기도 한다. 유권자들이 근시안적이라는 주장도 있다. 그들은 정치인들을 판단할 때 최근의 결과물로 판단한다. 그래서 정치인들이 단기포퓰리즘을 이용하는지도 모르겠다. 유권자들은 질문 방법에 따라의견을 달리한다는 주장도 있다. 유권자 중에는 정치에 관심도 없고, 정책에 대해 제대로 살피지도 않을 수 있다. 유권자들은 후보를먼저 고른 후, 그 후보의 정책 중 마음에 드는 것만 볼 수도 있다.

대의 민주주의에서 일반 유권자들은 정책을 만드는 것에 관심도 없고 그럴 능력과 시간도 없다는 주장도 제기된다. 많은 사람들은 정치를 잘 살피거나 정책을 꼼꼼히 검토하지 않는 경우가 허다하다. 유권자들은 정책의 좌우 스펙트럼에 대해 잘 모르는 경우가 많다. 미국에서는 주지사가 민주당 출신인지 공화당 출신인지 모르는경우가 과반이라고 한다. 그래서일까? 미국의 선대 정치인들은 정치인들이 대신해 정책 결정을 내리는 수탁자 모델을 주장했다.

슘페터 역시 정책 결정은 시간과 능력이 있는 사람에게 주어져야 한다고 주장했다. 이들에 의하면 유권자의 역할은 단지 일이 잘못되어간다 싶으면 그 정치인들을 축출시키는 것에 한정된다. 수탁자 모델의 주장으로 본다면 브렉시트 투표는 시행하지 말았어야 했다. 하지만 한 사람의 철인정치가 아무리 우수하고 다수가 결정하는 중우정치에 모순이 있다고 하더라도, 현대사회에서는 소수가 정책을 결정하는 정치 체제는 채택되기 어렵다. 집단지성이 상당히 의심받는 현실이라 하더라도 어쩔 수 없다.

선거 제도는 왜 완벽하지 못할까

인류의 역사를 보면 어떤 선거 제도가 공정한가에 대한 끊임없는 고민과 회의가 있었다. 뽑아놓은 지도자가 국민후생을 증진시킨다는 보장이 없다고 하더라도, 효율적이고 민주적이면서 합리적인 정치적 의사 결정 제도를 꿈꾸는 것은 민주사회의 일원이면 당연한 것이다. 그래야 평화로운 전원에서 라일락 향기를 맡으며 저녁이 있는 삶을 꿈꿀 수 있다.

선거 제도가 갖추어야 할 몇 가지 상식을 생각해보자. 과반수를 얻은 후보는 당연히 선출되어야 하지 않을까? 후보자가 여럿 있을 때 어떤 한 사람이 다른 모든 후보와 일대일 매치로 대진해 선호된다면 그 후보는 선출되어야 하는 게 당연한 게 아닌가? 승리가 유력한 후보인 경우 그에게 지지표가 많아진다면 그 후보가 떨어지는 불상사는 없어야 할 것 아닌가? 이런 기준은 아마도 누구나 수긍할 수 있는 준거라 하겠다.

불행히도 지구상의 선거 제도는 이 3가지 조건을 모두 만족시키기 어렵다. 단순 다수결 제도는 과반이 아니라도 당선되는 제도이다. 후보가 난립했을 경우에 소수 득표 예상자가 사퇴할 경우 남아 있는 후보에게 영향을 미치기도 한다. 남아 있는 유력자 중 박빙으로 이기고 있던 자가 중도 사퇴자로 인해 지는 경우도 흔히 볼 수 있는 일이다.

그래서일까? 체코 출신의 미국 수학자 쿠르트 괴델Kurt Godel은 논리와 이성으로 이 세상을 완전히 설명할 수 없다는 '불완전성 정리incompleteness theorem'를 1931년에 발표했다. 그리고 20년 후 미국의 경제학자 케네스 애로우*는 '불가능성 정리impossiblity theorem'를 발표했다. 그의 1951년 논문 〈사회적 선택과 개인의 가치〉는 90여 쪽에 불과하다. 그러나 이 논문이 얼마나 대단한가는 서문만 봐도 알 수 있다. 감사의 글에 찰링 코프만스Tjalling Koopmans, 밀턴 프리드먼, 시오도어 슐츠Theodore William Schultz, 프랑코 모딜리아니가 언급되었는데, 이들은 모두 이후에 노벨경제학상을 수상하게 될 운명이었다. 실로 대단한 영향력을 미친 그에게서 '대가의 향기'가 난다. 정예 군단을 후원자들로 둘 수 있는 '힘 있는 지성의 향기' 말이다.

그의 주장은 "적어도 셋 이상의 선택할 수 있는 대안이 있을 경우, 집단적 의사 결정이 반드시 합리적 결과에 이르게 하는 절차는 존재하지 않는다."는 것이다. 한마디로 사회의 후생 수준을 적절하

● 케네스 애로우(Kenneth Arrow, 1921~) 미국의 작가, 정치가, 경제학자. 수학을 전공했으며 콜럼비아대학교에서 경제학 박사학위를 받았다. 2차 세계대전 당시에는 기상장교로 복무했다. 폴 사무엘슨의 처남으로 신고전파 경제학자로 분류된다. 그의 업적은 '불가능성의 정리' 이론으로 후생 경제학에 큰 족적을 남겼다. 일반 균형 이론, 내생적 성장 이론, 정보 비대칭 이론에도 큰 기여를 했다. 존 힉스와 함께 1972년 노벨경제학상을 수상했다.

게 평가할 수 있는 바람직하고 민주적인 선호체계가 없다는 것이다. 우리가 생각하는 효율적이면서도 민주적이고 합리적인 사회적 선택을 할 수 있는 가능성은 0에 가깝다는 주장이다. 이 얼마나 슬픈가? 그래서 선거 때마다 정치인들은 전략을 세우고 정략적으로 합종연횡을 하는 것인가?

애로우는 심지어 우리가 생각하는 효율적이면서도 민주적이고, 합리적인 사회적 선택의 가능성은 존재하지 않으므로 문제를 해결하려면 비민주적으로 결정하거나, 비합리적으로 선호를 변경하거나, 정치적으로 선호를 변화시켜야 한다고까지 주장한다.

누군가는 도저히 동의하지 못하겠다고 고개를 설레설레 저을 것이다. 수학의 모든 분야에 적용 가능한 완벽하고 이상적인 통일기호를 만들려던 수학자들에게 불완전성 정리는 커다란 좌절감을 안겼다. 사회 전체의 복지 수준을 높이기 위해 후생함수를 개발하려던 경제학자들에게도 불가능성 정리는 엄청난 충격을 주었다. 정치학계의 충격도 상당했다.

정치학자들은 민주주의의 이념은 숭고하지만, 그 이념의 실현을 완벽하게 보장하는 민주적 수단이 존재하지 않는다는 것이 민주주의의 딜레마라고 말했다. 민주주의 국가에서는 동전 던지기나 독재자들이 원하는 의사 결정 방식에 반대하기 위해 개인의 선호를 통합하는 절차로서 투표제도를 채택하고 있다. 그런데 그것이 민의를 정확히 반영하는 제도가 아니고, 더 나아가 그렇게 하는 것이 불가능하다면 어떻게 해야 하는 걸까?

경제적 청춘

유권자의 선호는 왜 통합하기 어려울까

애로우는 유권자의 선호를 통합하는 것이 얼마나 어려운지를 몇 가지 조건으로 설명했다. 그의 이론은 어떤 사회적 선택함수도 민주적인 공정성과 그 이행을 담보하는 조건들을 동시에 만족시킬 수 없다고 한다. 그는 좋은 투표제도가 갖춰야 할 조건으로 순위를 매길 수 있는 투표(보편성 혹은 집단적 합리성의 원칙), 반독재 원칙, 파레토 법칙, 무관한 선택 대상으로부터의 독립 원칙을 제시했다. 이 원칙들을 하나하나 설명하며 불가능성의 정리를 생각해보자.

보편성 원칙에 따라 순위를 매기는 것은 선호를 표출하는 것이므로 당연히 의사 결정의 기본 전제다. 그러므로 각 정당은 복지, 외교안보, 경제, 교육, 기타 정치쟁점 등에 대해 어떤 공약이 유권자에게 좋은 선호 순서를 받을 수 있을지 고민해야 한다. 집단적 합리성의 조건은 사회의 여러 상태 중에서 어느 것이 더 좋고 어느 것이 더 나쁜가를 항상 판단할 수 있어야 한다.

A라는 정책이 B보다 선호되고 B라는 정책이 C보다 선호된다면 A는 C보다 선호되어야 한다. 그러나 다수결 투표의 모순은 바로 이 후자의 조건을 충족시키지 못한다. 왜 우리는 선거 결과를 쉽게 납득하지 못할까? 왜 내가 선택하는 후보는 항상 떨어질까? 경우에 따라서 민의를 왜곡하는 다수결 제도를 범인으로 지목할 수 있다. 영국은 고작 51.9%의 투표율로 EU 탈퇴라는 중대한 국가적 사안을 결정했다. 탈퇴파가 과반수를 넘기기는 했으나, 이는 나머지 48.1%의 민의를 모두 사표로 만든 것과 같다. 게다가 원래 다수결은 64%를 넘지 않으면 제3의 안이 나왔을 때 늘 뒤집힐 가능성이 있다. 이

'64% 다수결 원칙'에 따르면 그 이하의 다수결 결과는 진정한 다수의 의견이 아닌 셈이다. 과반이 넘었다고 해서 그것이 곧 민의라고 말하는 것은 성급하다는 얘기다.

다음으로 반독재 조건이다. 한 사람의 의견이 투표를 좌지우지해서는 안 된다. 투표를 결정하는 독재자는 존재하지 않는다는 것이다. 한 개인의 선호 순서가 사회 전체의 선호 순서를 결정하는 것은 민주사회에서는 있을 수 없다. 왜냐하면 헌법상 보장된 민주적 기본질서에 따라 모든 유권자는 공동체의 의사 결정에 동일한 비중의 투표권을 갖기 때문이다. 과거와 같은 철인정치는 있을 수 없다는 이야기다.

다음은 파레토 효율성 조건이다. 전체 유권자의 선호 순서가 A, B, C라 한다면 결과 역시 A, B, C여야 한다는 것이다. 만약 모든 유권자들이 A후보에 비해 B후보를, B후보에 비해 C후보를 선호한다면, 이 공동체는 A후보보다 B후보, B후보보다는 C후보를 선호해야 한다. 그 반대도 마찬가지다. 그러므로 만약 A 혹은 B후보와 C후보에 대한 모든 유권자의 선호도가 변하지 않는다면, A 혹은 B후보와 C후보에 대한 공동체의 선호도 변하지 않아야 한다.

만약 A라는 상태에서 B라는 상태로 변할 때 사회 구성원 중 최소한 1인이 A를 B보다 선호하고 그 1인을 제외한 다른 모든 구성원이 A와 B에 대해 무차별하다면, 사회적 순위는 A가 B보다 선호되어야 한다는 것을 의미한다.

이어서 무관계한 대체로부터 독립 원칙이다. 쉽게 말해 엉뚱한 변수로 인해 순위가 바뀌어서는 안 된다는 것이다. 본질과 무관한 새로운 대안의 투입이 다른 대안의 상대적 순서에 영향을 미칠 수 없다는 것을 의미한다. 이는 상이한 정책 대안 간에 상호의존성이 없어야 한다는 말로도 표현된다. 예컨대, 정책 순위가 A, B, C, D일 때 어떤 이유로 C라는 대안이 제거되더라도 정책 순위는 여전히 A, B, D이어야 한다는 것이다.

정치인들은 상대방을 뒤엎을 한방을 기대할지 모른다. 그런데 그 이질적인 한방을 선호의 구성 요소로 편입시키거나 제거하여 선호를 교란시켜서는 안 된다. 잔꾀보다는 유권자를 가장 잘 설득할 수 있는 정제된 정책을 조합하고 실행하는 것이 중요하다 하겠다. 하지만 제3의 선택지가 새로 등장하자 기존의 선호관계가 바뀌는 경우를 현실 정치에서는 흔히 볼 수 있다. 결국 모두를 대표하는 하나의 의사 결정을 내리는 것이 쉽지 않다.

이성과 감성이 조화되는 세상

국민의 선호를 묻기 위해 어떤 투표제도를 마련해도 그것이 완벽한 공공 선택 제도로 자리매김하는 것은 어렵다. 이 이론을 통해 우리가 얻을 수 있는 결론은, 다수당이든 대통령을 배출한 여당이든 그것이 곧 유권자의 의지라 여기고 집권당 맘대로 해도 된다는 것이 아니라, 소수의 목소리와 제안에도 귀를 기울여야 한다는 것이다.

그래야만 다수결 제도와 소수 의견 존중이라는 양립하기 어려운 두 가치가 민주주의의 기본원리로 인정될 수 있다.

다수결의 결과가 반드시 민의는 아니며, 그것이 언제나 다수의 의견을 반영한다는 보장도 없다는 사실을 인지하고 나면, 우리는 좀 더 본질적인 문제를 생각할 수 있게 된다. 그것은 왜 소수가 다수의 의견에 따라야 하느냐는 것이다. 다수의 의견이라고 해서 반드시 옳다는 보장은 없다. 만약 유권자가 개인만의 이익에서 벗어나 공익적 관점에서 투표를 한다면 이런 논란은 줄어들 수 있을 것이다. 각자가 공존과 상호 존중을 위해 투표한다는 가정하에서만이 다수의 의견은 올바른 방향으로 향할 수 있고, 소수가 다수의 의견에 따라야 할 정당성이 생긴다. 물론 이론적으로 그렇다는 이야기다.

애로우의 불가능성 정리는 그가 거론한 조건을 모두 만족하는 사회후생 함수가 존재하기 어렵다는 것을 말한다. 사회후생 함수를 극대화하는 문제는 이론적으로는 몰라도 공정성의 논란에서 합의가 어렵다. 그동안 경제학은 정책의 채택과 효과를 효율성 위주로 분석하고 조언해왔다. 이제 우리 사회 구성원들의 형평성 요구가 커지면서 경제학에 많은 고민거리가 생겨나게 되었다. 효율성과 형평성 간의 상충을 넘어 상호공생의 길을 정치가 모색해야 한다. 이성은 눌러야하고 감성은 표출해야 하는 것인가? 이성은 항상 차갑고 감성은 항상 뜨거운 것일까? 이성은 오만하기 쉽고 감성은 편견에 빠지기 쉬운 걸까?

사람의 건강을 위해 긴장과 이완이 필요하다. 경제의 긴장과 이

완을 위해서 풀 것은 풀고 조일 것은 조여야 할 시점이다. 오만과 편견의 정치를 버리고 국민 역시 이성과 감성의 조화에 눈 뜰 때, 우리에게 더 나은 세상이 올 수 있다.

일과 여가가
조화되는 삶

●

자동화기기와 로봇이 인간의 업무를 대신하며 일자리를 빼앗고 있다. 그런데 웬걸. 막상 늘어나야 할 현대인의 여가시간은 오히려 사라지고 있다. 이를 두고 누군가는 과로를 마치 성공을 위해 치러야 하는 대가라고 생각하는 '현대인의 집단 환상'이라고 지적한다. 은근히 '바쁘다'는 것을 '스스로 지위가 높고 중요한 사람'이라는 것으로 착각하며 과시하기도 한다는 것이다. 확실히 서양인의 시각으로 보면 동북아 세 나라는 이해하기 어렵다. 전 세계에 과로로 인한 죽음을 일컫는 고유어가 있는 나라는 한국, 중국, 일본 외에 찾아보기 어렵다. 각각 과로사, 궈라오스, 가로시다. 정말 그렇게 일하지 않는 것은 나약한 것이고 게으름의 표상인걸까?

　윗세대의 누군가는 칼퇴근하는 젊은 세대를 '출세를 포기한 인간'이라고 비난할지도 모르겠다. 하지만 일반적으로 긴 시간하는 노동의 시간당 생산성을 계산해보면 낮은 수치로 떨어진다. 아시아 국가들의 노동 시간은 길고 개발도상국이 특히 그렇다. 이에 비해 유럽 선진국, 미국, 캐나다의 노동 시간은 상대적으로 짧은 편이다. 한국의 노동 시간이 OECD 기준으로 세계 1위라는 것은 세계적인 불명예이다. 유럽 국가에서 그리스의 노동 시간이 가장 길지만, 생산성은 상당히 떨어진다. 독일은 노동 시간은 짧지만 생산성은 높다. 한국은 개발도상국에서 벗어난 것 아니냐며 노동 시간이 긴 이유를 모르겠다고 서양인들은 고개를 갸우뚱거린다.

생산성을 높이기 위해서는 긴 노동 시간보다는 일의 강도를 높이고 업무를 효율적으로 하는 것이 더 중요하다. 물론 케케묵은 조직 문화도 긴 노동 시간에 한몫 할 수 있다. 존경받는 상사의 유형 리스트에 칼퇴근이 들어가는 것을 보면 씁쓸해진다. '열심히 일하라 Work harder.'라는 짧은 영어 문장에서 'harder'는 'longer'와는 엄연히 다르다. 그런데도 우리 상관들은 이 두 단어가 같은 뜻인 줄로 착각하고 있는 것 같다. 휴가 일수를 다 사용할 수 없는 문화나 회식도 근무의 연장이라면 그건 청산해야 할 구시대적 유물이다.

'글 쓰는 부장판사'로 많이 알려진 문유석 판사는 '전국의 부장판사에게 보내는 글'에서 이런 문화에 강펀치를 날렸다. 그의 칼럼을 인용해보자.

"저녁 회식하지 마라. 젊은 직원들도 밥 먹고 술 먹을 돈 있다. 친구도 있다. 없는 건 당신이 뺏고 있는 시간뿐이다. 할 얘기 있으면 업무시간에 해라. 괜히 술잔 주며 '우리가 남이가' 하지 마라. 남이다. 존중해라. 밥 먹으면서 소화 안 되게 '뭐 하고 싶은 말 있으면 자유롭게들 해봐.'하지 마라."

정말 공감이 가지 않나. 물론 바쁘다는 말을 입에 달고 있는 현대인들이 모두 엄살을 부리는 것은 아닐 것이다. 문제는 우리 정부가 발표하는 여가시간이 오히려 줄어들었다는 데 있다. 조직 문화나 업무가 비효율적으로 돌아가는 우리만의 특수 요인이 있을 것이다. 한편에서는 각국에 공통되는 현대 사회의 여가가 부족한 사유로 '그림자 노동shadow work'의 증가를 든다.

'그림자 노동'의 씁쓸한 자화상

그림자 노동은 사람들이 돈을 받지 않고 회사나 조직을 위해 행하는 모든 일을 말한다. 요즘은 흔히 셀프로 하는 일이 많아졌다. 우리의 일상생활에서 예를 들어보자. 미국에서는 대게 주유소에 가서 자동차에 직접 기름을 넣거나 장을 본 후 물건을 스캔하고 쇼핑백에 담아 나온다. 당신은 안절부절하며 하루 종일 온라인으로 주식을 사고 파는 행위에 몰두하고 있지는 않은가? 이케아에서 산 가구를 가져와 손수 조립하며 싸다고 위안을 받는 당신의 모습은 좋기만 한가? 조립에 서툰 사람은 화가 날 수도 있다. 알고 보니 이케아는 스웨덴 말로 말다툼이란 뜻이다. 인터넷으로 항공권과 숙박을 직접 예약하는 것은 물론 편리할 수도 있지만 적절한 가격으로 구매하기까지 탐색하는 데 많은 시간이 걸리기도 한다. 맥도날드나 스타벅스에서 햄버거나 커피를 사서 먹고 마신 뒤, 자리를 치우고 가야 하는 에티켓은 과거에는 있지도 않은 낯선 문화였다.

이러한 모습은 그림자 노동의 사례들로 돈 한 푼 받지 않고 일하는 현대인의 단면이다. 물론 이런 모습을 비난만은 할 수 없다. 편리하고 효율적이기에 그게 사업이 되는 것이다.

다만 기회비용은 한 번쯤 생각해보아야 한다. 과거 다른 누군가가 했던 일을 무급으로 내가 하면 그 누군가는 일자리를 잃게 된다. 게다가 그림자 노동은 하루 일과가 가득 찬 사람들이 해야 할 일의 목록을 꾸준히 늘리는 측면이 있다.

한편, 도시의 비싼 주거비는 근로자를 점점 외곽으로 몰아낸다. 통근도 어찌 보면 일하러 간다는 측면에서 무급의 노동이다. 매일 출퇴근하는 데 드는 비용과 시간을 생각해보라. 도심 주거 비용이 높아질수록 통근이라는 그림자 비용은 증가할 것이다. 이런 어마어마한 비용을 고려해보면, 일주일에 적어도 하루나 이틀 정도는 통신 시설을 이용해 재택근무를 시도할 수 있다. 그게 아니면, 혼잡 시간대를 피해 연료와 시간을 절약할 수 있도록 출퇴근 시간을 융통성 있게 운영하는 것도 좋을 것이다. 통근이라는 그림자 노동만 줄여도 노동자의 삶의 질은 상당히 개선될 수 있다.

이 시점에서 누군가는 기업을 대신해 일해주는 착한 소비자 때문에 수많은 일자리가 사라지고 있다고 말할지 모르겠다. 그럴 수 있다. 미국에서는 슈퍼마켓 점원, 비서, 주유원, 여행사 직원, 은행

캐셔가 사라질 직업으로 꼽힌다. 25세 이하 세계의 젊은이 중 실업 인구는 전체의 40% 언저리를 차지한다. 앞으로 기술의 발달은 더 많은 그림자 노동을 만들 것이고, 그로 인해 더 많은 젊은이가 일자리를 잃을 수 있다고 생각하니 마음 한편으로 쓸쓸해진다.

이미 세상이 이런 식으로 흘러가고 있어 이를 거스르는 것은 감당하기 힘든 현실이다. 그림자 노동은 노동의 소외를 가속화시키고 정당한 대가를 받지 못하게 한다. 기술 발전에 따른 그림자 노동의 증가의 불가피성은 인정하지만 우리가 제대로 시간을 활용하며 여가를 즐기는 행복을 추구하는 삶을 살아가고 있는지 반문해본다.

"꿀벌처럼 일하기는 싫어요!"

청년 실업이 높은 와중에 한편에서 어떤 청년들은 학교 졸업하고 꿀벌처럼 죽어라 일만 하며 살아가는 게 싫다고 말한다. 사실 윗세대 선배들처럼 다람쥐 쳇바퀴 도는 삶을 사는 것이 싫을 수 있다. 개인의 사생활은 없고 회식이다 뭐다 주말에도 불려다니는 모습이 보기 싫을 수 있다. 회사가 만들어놓은 규칙에 복종하면서 그걸 당연하게 받아들이는 게 내키지 않을 수 있다.

영화 '꿀벌 대소동Bee Movie'은 기존 질서에 도전하고 자신의 길을 찾아가는 꿀벌 '배리'의 이야기다. 세상의 질서에 순응하는 사람이란 게 요새 기준으로 꼭 훈장감은 아니다. 영화에서 배리는 학교 졸업 후에 친구 아담과 함께 들떠 남들이 다 좋다는 회사 호닉스

Honix에 찾아가지만, 이내 한 가지 일을 하며 평생을 살아야 한다는 말에 실망하고 깊은 고민에 휩싸인다. 부모를 비롯한 주변 꿀벌들은 태어나면서부터 이러한 꿀벌 사회의 당연한 제도에 적응해 살아왔기 때문인지 배리의 고민을 이해하지 못한다. 평생 꿀만 만들며 반복되는 삶을 살아야 하는 배리에게 젊은이들은 충분히 감정이입이 될 것이다. 물론 직업도 못 구하는 상황에서는 사치스러운 말일 수도 있지만….

꿀벌의 운명에 회의를 느낀 배리는 벌집 밖으로의 위험한 여정을 강행한다. 배리는 얼굴만큼 마음도 예쁜 꽃집 아가씨 '바네사'를 만나 위험천만한 인간 세상에서 구사일생으로 목숨을 건진다. 꿀벌 세계의 규율을 어기고 그녀와 대화를 시도해 친구가 된다. 꿀벌 세상과 친구들의 충고도 뒤로 한 채 바네사와 함께 그동안 알지 못했던 바깥세상의 재미를 배워간다. 배리는 꿀벌이 힘들게 만들어놓은 꿀을 인간들이 공짜로 먹고 있다는 사실을 알고 분노한다. 그래서 양봉업자에게 고통받는 꿀벌들의 현실을 깨닫고 꿀벌의 권익을 대변하는 사회운동가가 되고자 결심한다. 마침내 바네사와 함께 그들만의 '꿀'을 되찾아오기 위한 인간들과의 전쟁을 선포한다.

꿀벌이 한 노동의 대가인 꿀을 아무렇지 않게 착취해나가는 인간을 보면서 이런 생각이 들 수 있다. 어쩌면 직장에서도 비슷한 '착취'가 일어나고 있는 것은 아닐까? 그렇다면 투쟁해야 할까? 영화에서 꿀벌이 권리를 찾아 이기자, 마침내 꿀벌이 일을 안 하고 여가만을 즐기는 상황이 된다. 꽃이 수정도 안 되고 인류는 위험한 상황에 처하게 되는데, 바네사와 배리를 포함한 꿀벌들이 힘을 합쳐 꽃

가루 수정에 성공해 생태계를 복원시키고 자연과 인간은 다시 공존한다.

영화는 2가지 메시지를 던지고 있다. 자연에 감사하며 살자는 메시지와 이데올로기적 관점에서의 메시지다. 인간을 자본가로 꿀벌은 노동자로 보고, 결국 화해하는 영화의 결론이 자본주의를 옹호한다는 것이다. 이런 대사가 있긴 하다.

"그것 봐. 꿀벌은 쉬지 않고 열심히 일해야만 하는 존재야. 너희들이 일을 멈추고 쉬기 시작하면 세상은 망하게 될 거야."

그런데 여기서 중요한 메시지를 하나 더 보태면 어떨까? 사실 일과 여가의 조화가 얼마나 중요한 일인가? 노동 생산성이 낮으면서 장시간 일하는 박봉의 근로자들의 삶은 불만이 가득할 수밖에 없다. 정말 꿀벌들이 파업을 벌이고, 산과 들의 꽃들이 열매를 맺지 못한다면 어떤 일이 벌어질까? 지구상의 식물 40%가 곤충들의 활동으로 수정을 하고, 그 80%의 역할을 꿀벌이 맡고 있다고 한다. 꽃들이 열매를 맺지 못하는 결실 없는 가을이 닥친다면 인간인들 무슨 수로 생존할 수 있을까? 아인슈타인은 이미 100년 전에 지구에서 벌이 사라진다면 인류는 4년을 버티지 못한다고 경고했다.

우리는 그런 자연과 조화되는 삶, 여가와 일이 조화되는 삶, 자본가와 노동자가 조화되는 삶을 살고 있나? 휴식할 수 있는 권리를 보장받고 삶의 여유를 전원에서 만끽하고 싶다. 그게 따뜻한 자본주의로 가는 기본이다. 물론 턱도 없이 과보호받고 있는 노동자들도 저임금 비정규직 노동자들을 위해 양보할 것은 양보해야 한다. 그게 함께 사는 세상의 이치다.

대학을 졸업해도 암담한 이유

누군가 저녁이 있는 여가를 꿈꾸는 삶은 몽류도원도에 나오는 환상이라고 말하면 어떤 생각이 들까? 이미 빚에 파묻혀 사회에 나와도 평생 빚 갚으며 살아야 하는데 무슨 소리냐고 말하면 어떻게 답해야 할까? 미국 경제가 회복되고 일자리가 늘어나 삶이 좋아졌다고 하는데 민초들의 생각은 다르다. 그다지 바뀐 것이 없다는 이야기가 여기저기서 들린다. 미국에서 대학 학자금 대출이 시한폭탄으로 남아 있어 정치권이 대책 마련에 나선 것은 어제 오늘의 이야기가 아니다. 미국 대학생에게 적용되는 고정금리는 석사와 박사과정 학생에 적용되는 금리보다 낮다. 학생들은 졸업 후에 취업과 소득에 따라 상환방식을 달리 선택할 수 있다. 미국의 대학은 국가가 아니라 시장의 지배를 받아 등록금이 세계에서 최고로 높다. 학자금 대출 잔액이 금융 위기를 일으켰던 서브 프라임 모기지 사태에 버금가는 위험요인이라는 지적도 나온다. 상당수 대학생은 학자금 대출이 연체되었거나 상환불능 상태이다.

이런 와중에 대학 졸업자에게 기대할 수 있는 이익이 점점 줄어들고 있는 형편이다. 골드만삭스는 2010년에 대학에 들어간 학생은 졸업 후 8년 동안 일을 해야 본전을 찾을 수 있다고 밝혔다. 이게 해마다 늘어 2030년 대입생은 본전을 찾는 데 11년, 2050년 대입생은

15년이 소요될 것이라고 한다. 기절할 노릇이다. 경영, 건강, 기술 관련 전공자는 임금 상승 속도가 빠르기 때문에 빨리 본전을 찾을 수 있는 반면, 예술, 교육, 심리학을 전공한 학생들은 좋지 않은 결과를 얻을 위험이 매우 높다. 학자금 대출은 갈수록 까다로워질 것이고 그전에 대학의 25%가 10년 내 아예 사라질 것이라는 분석도 있다.

대학에 가는 이유는 고졸자에 비해 취업 후 임금이 높기 때문이다. 이를 '대학 임금 프리미엄'이라 한다. 그런데 요즘 이걸 잘 들여다보면 대졸자의 실질 임금이 늘었다기보다는 고졸자의 실질 임금이 줄었다는 주장도 대두된다. 비정규직으로 취업한 대학 졸업자들의 반 이상이 학자금 대출 상환으로 주택과 자동차 구입은 엄두도 못 낸다. 빚으로 궁지에 몰린 사람이 파산을 신청하더라도 다른 채무와 달리 학자금 대출은 면책이 쉽지 않다. 학자금 대출이 연체되면 채무자의 신용등급이 하락한다. 모기지나 자동차 대출을 제한해 미국 경제에 악영향을 끼칠 수 있다는 우려도 제기된다.

미국의 경우 한국에 비해 대학 학비를 직접 지원해주는 부모가 상대적으로 많지 않다. 하지만 부모들이 자식을 위해서 학비를 지원을 해주는 경우가 절대 규모로는 상당하다. 이런 부모들의 경우 높은 학비가 부담이 되고 학자금 대출을 제대로 갚지 않을 경우 안정적인 노후 생활을 지원해야 할 연금마저 지급 정지되는 경우가 있다. 대출을 받아 대학을 졸업하고 취업해 대출금 상환을 해야 하는데, 그 선순환 고리가 끊기는 경우가 허다한 것이다. 대학을 졸업하고 취업이 안 되거나 고등학교 졸업자가 해도 될 직업을 선택할 수밖에 없는 게 현실이다. 대학생 학자금 대출이 급증하면서 미국 대학들이 이를 기회로 삼아 등록금을 천정부지로 계속 인상하고 있다는 비판도 제기된다.

자녀 대학 등록금으로 인해 저축 여력이 점점 줄면서 미국 가정의 학자금 채무 부담이 세대를 건너 더욱 심화할 것이라는 전망이 나온다. 미국에서도 가계 부채가 정부에 부담을 주고 있는 현실을 보면 대학생들의 모습을 낭만적으로 볼 수만은 없다.

우리의 경우는 어떤가? 정상 상환 중이던 대출자가 새롭게 연체에 빠지는 비율이 가장 높은 나이가 25세다. 전체 연령대 평균 연체 발생률의 2배에 이른다. 대출과 실업의 악순환을 끊는 고리를 마련하는 것은 미국이나 한국에서 정도의 차이는 있으나 마찬가지다. 다만 미국의 경우 소득에 따라 성실히 갚을 경우 어느 정도 탕감을 받을 가능성은 있다. 이런 저런 대책이 있지만 재원 마련이 쉽지 않고 탕감에 따른 도덕적 해이의 문제가 생겨 사회적 합의를 이루기가 어렵다.

그 해결책이 선거 때마다 나오는 단골 메뉴다. 이런 분위기 속에서 사실 여가 타령을 하는 게 사치스럽게 느껴지기도 하지만 일자리를 나누자는 입장에서는 근로 시간 줄이기가 불가피하다는 입장도 이해는 간다. 문제는 과연 기업이 그런 부담을 질 수 있는 능력이 충분히 되는가이다. 합의를 이루려면 서로 간에 양보와 재원 조달의 방안이 만들어져야 하는데 그게 말처럼 쉬운 것이 아니다.

실험 경제학의 아버지, 버논 스미스

암담한 현실 앞에서 많은 이들은 정부나 기업에게 화살을 돌릴 수 있다. 세계적으로 일자리 창출이 가장 중요한 화두로 떠오르고 있으나 제대로 된 해결책은 나오지 않는다. 최저 임금 인상, 기본 소득, 청년 배당 등 여러 이슈들이 신문의 한 면을 장식하지만, 그 효과에 대해서는 서마다 의견이 다르다. 자연과학이라면 실험실 한 곳에 가서 이를 증명이라도 하겠지만 여러 이해 관계자가 얽힌 경제 문제에 실험이 통할까?

공대를 졸업하고 경제학으로 갈아타 여러 실험에 생을 온전히 몰두한 경제학자가 있다. 그는 행동 경제학과 함께 경제학에 새로운 영역을 개척한 것으로 인정받는 분야인 '실험 경제학'을 창시했다. 실험 경제학은 기획, 투자, 마케팅, 계약, 협상 같은 실제 경제 활동이 어떻게 이루어지는지를 알아보기 위해 현실과 거의 똑같은 실험을 해 결과를 도출하는 경제학이다. 그 목적은 실제 경제 활동에서 개인이나 기업이 리스크를 줄이고 이익을 얻는 의사 결정을 돕는 데 있다. 이공계 연구실에서는 실험이 일반화되어 있지만 경제학에서의 실험은 그에 비해 역사가 일천하다.

실험 경제학은 경제학이 현실과 동떨어진 이론적인 학문이라는 비판으로부터 자유로워질 수 있는 수단이기도 하다. 비효율적인 경제 제도를 묵과하고 '보이지 않는 손'에 의존하기보다는 실험을 통해 시장을 움직이는 요소들을 정확히 파악하고 시장을 더욱 안전

경제적 청춘

하고 완전하게 만드는 시스템을 도입했다.

그의 이름은 2002년 노벨경제학상 수상자 버논 스미스[*]이다. 그는 늘 시장을 대상으로 실험을 했다. 주식 시장에 대한 그의 실험을 먼저 생각해보자. 그는 적응적 기대 가설이나 합리적 기대 가설로 주식 시장을 예측하는 데 반기를 든다. 주류 경제학과 다른 입장이다.

"과거 가격 패턴이 미래에 영향을 미친다고 가정하고 미래 가격을 예측해서는 안 되죠. 그렇다고 합리적 기대 가설에 근거한 금융 이론이 통하려면 모든 투자자는 기업 주식 가치를 예측하기 위해 똑같은 품질의 정보를 들고 있어야 하는데, 그게 현실적으로 가능합니까? 실험 결과 정보가 완전히 공개되는 좁은 실험실 시장에서조차 서로가 바라보는 가격 편차가 생기고 거품 현상도 나왔어요."

그에 따르면 시장은 투자자 상호 간의 감성이나 판단력 등에 따라 크게 요동친다. 특히 투자자 각각의 감성이 결합된 판단력과 행동은 또 다른 정보를 낳아 '시장 예측' 자체를 불가능하게 만든다고

[*] 버논 스미스(Vernon Smith, 1927~) 전통 경제학이 추구하는 여러 가지 경제 모델을 모의실험을 통해 재해석한 '실험 경제학'의 아버지. 캘리포니아 공과대학 전기공학과를 졸업한 후 하버드대학교에서 경제학 박사학위를 받았다. 퍼듀대학교, 매사추세츠 공과대학교, 애리조나대학교 교수를 거쳐 2001년 조지메이슨대학교로 옮겼다. 호주 뉴질랜드 등 전력시장 민영화, 미국 에너지 산업 규제완화 정책 등에 참여했으며, 2000년 이후 금융 분야에 대해서도 다양한 행태의 실험을 실시하고 있다.

주장한다. 스미스는 모든 사람이 의심할 여지없이 정보로 받아들일 수 있는 정책만이 효과를 낳는다고 주장했다.

"실험실보다 훨씬 복잡한 현실에서 조금이라도 낯선 정책을 쓰거나 작동 방식이 복잡한 시장 정책을 내놓으면, 수많은 투자자는 자신이 보는 각도에서 제각각 다르게 반응을 합니다. 예를 들어, 주가 급락 시에 서킷 브레이커(circuit breakers, 가격 변동폭 제한)를 발동해 시장 안정을 위해 주가 폭락을 방지하는 정책을 실시한다고 쳐요. 정부는 폭락할 위험을 막았다고 착각하겠지만 실제 가격이 급락하는 시점에서는 매수자가 나오지 않고 오히려 왜곡된 정보만 양산해 폭락을 더 증폭시킬 수도 있습니다."

스미스의 주장은 결국 서킷 브레이커 같은 시장 규제는 철폐되어야 하는 것으로 연결된다. 실험 경제학의 사례를 좀 더 이해하기 위해 기부 행위 모금에 대한 실험 결과를 분석해보자. 3개의 조직이 있다. 그중 1번째 조직에게는 혜택 없이 자선 단체에 기부하는 행위가 얼마나 중요한지만 강조한다. 2번째 조직에는 모금한 기부금의 1%를 조직원들에게 주는 혜택을 설명하고, 3번째 조직에는 모금한 기부금의 10%를 조직원에게 보상으로 지급하겠다고 한다. 결과는 어떨까? 경제적 큰 혜택을 받기로 한 3번째 조직이 모금을 가장 많이 할 것이라고 예상할 것이다.

하지만 실험 결과는 다르다. 가장 많은 돈을 기부금으로 모은 집단은 아무런 혜택이 없는 1번째 조직이었다. 보상이 없는 조직의 직원들은 타인을 위해 좋은 일을 한다는 보람으로 일을 했다. 보상금이 좋은 일을 하게 만드는 인센티브로 작용하지 않고 고귀한 동기만 몰아냈다면, 실험 결과와 당신의 기대 사이에서 불일치가 큰 것이다. 실험 결과 기부자 대부분은 경제적 혜택보다 본인이 세상을 바꾸고 있다는 자부심 때문에 기부를 했고, 세금 혜택은 이를 자극하는 요소로 작용했다. 물론 세상에 세금 혜택을 고려하는 사람도 분명히 있을 것이다. 그러나 결국 기부 정책은 부자의 자부심을 자극해야 한다. 고용이나 여가를 즐기는 삶을 위해서는 어떤 실험을 할 수 있을까?

획기적인 실험과 청년 지원

실험 경제학은 주로 민간 기업을 위해 실시된다. 정부도 다양한 실험으로 국민의 삶을 윤택하게 하고자 한다. 요즈음 가장 주목받고 있는 분야는 역시 고용 시장이다. 미국의 최저 임금 실험을 보자. 2016년 미국에서는 19개 주에서 최저 임금 인상안 주민 투표가 이뤄졌다. 미국 전체에 적용되는 연방 최저 임금은 시간당 7달러 25센트지만, 주州별로 최저 임금을 별도로 올릴 수 있다. 캘리포니아, 뉴욕 주는 최저 임금을 시간당 15달러(약 1만 8,000원)까지 올리는 실험을 할 계획이다. 미국의 최저 임금 인상은 저소득층의 소득을 끌어올려야 한다는 정치적 공감대가 형성된 것이 직접적인 원인이다. 아울러 미국 내 패스트푸드점 등을 분석한 결과 최저 임금 인상이 일자리 감소로 이어지지 않는다는 연구가 1990년대 중반부터 꾸준히 이어졌기 때문에 가능했다.

　　스웨덴의 제2의 도시 예테보리는 중앙 정부의 지원을 받아 2년 동안 '하루 6시간 노동' 실험을 실시했다. 예상대로 노동자들의 행복도와 시간당 생산성은 높아진 반면, 비용 증가와 노동 시간 단축으로 인한 숙제가 남았다. 직원들의 병가도 줄고 이와 관련한 인건비도 줄었다. 노동 시간 단축으로 직장에서나 집에서나 더 집중해 생활할 수 있었다. 또한 인간의 행복과 건강, 생산성이 좋아지는 것으로 분석되었다. 물론 스웨덴 정부는 하루 6시간 노동 실험을 지속할 계획이 없다고 밝힌 상태다. 노동 시간 단축으로 인한 전체 비용은 1년에 약 22% 증가한 것으로 나타났다. 결국 '임금 삭감 없는 노동 시간 단축'은 비용 증가를 수반할 수밖에 없고, 이를 누가, 어떤 방식으로 부담하느냐가 관건이다. 당연히 고용 증대 효과는 부수적으로 따른다. 스웨덴의 한 보수당은 하루 6시간 노동제를 두고 "정부의 과도한 개입과 세금 증가를 불러오는 유토피아적인 투자"라고 반대했다. 그럼에도 노동 시간 단축은 세계적으로 확산되는 추세다.

　　프랑스는 지난해 고용 유연화의 일환으로 주 35시간 노동을 법제화했다. 세계 최대 온라인 상거래 업체인 아마존은 일부 사원에게 원래 급여의 75%를 주는 조건으로 주당 30시간 노동 실험을 진행한다. 구글 역시 일부 직원을 대상으로 주 4일제를 비롯한 집약 근무제 실험을 통해 노동 시간과 생산성 사이의 연관 관계를 분석한다. 지금 세계적으로 경제학계에서는 질 높은 노동력과 그들이 일할 수 있는 좋은 일자리와 여가를 어떻게 창출할 수 있을지를 핵심 연구 대상으로 다양한 실험을 글로벌 기업과 함께 실시하고 있다.

정부 예산으로 청년들의 고용을 촉진하는 어떤 정책을 실시한다고 해보자. 이 프로그램에 참석한 청년들이 그렇지 않은 청년들에 비해 높은 고용률을 보였다면 이 정책이 효과적이라고 말할 수 있을까? 결론부터 말하자면, 이 정책을 평가하기 위해서는 동일한 사람을 대상으로 했어야 하기에 그 효과를 단정적으로 말하기는 어렵다. 동일한 사람을 대상으로 동시에 실험을 하기가 어렵다면 비슷한 조건의 사람으로 실험을 하는 것이 바람직하다. 그것이 그런 정책 효과가 부풀려질 가능성을 해결해준다. 경제학에서는 이를 '처리 효과 treatment effect'라고 한다.

모쪼록 다양한 실험을 통해 더 많은 청년들이 반듯한 일자리를 갖출 수 있으면 좋겠다. 하지만 분명한 것이 있다. 일자리 수를 늘리지 않고 청년들의 취업 활동을 지원해주거나 보조금을 주는 것은 취업하려는 사람들을 경제적으로 도와줄 수는 있지만 사회 전체적으로 볼 때 근본적인 고용을 늘리는 것은 아니다. 자본주의하에서 고용이라는 건 자본가가 이윤을 낼 때만 가능하다. 장기간에 걸쳐서 경제가 크게 성장하지 않으면 실업률 상승 문제는 해소되지 않고 구조화된다. 노동개혁과 성장 문제가 얽혀 있어 이를 해결하는 것이 고차 방정식을 푸는 것만큼 어렵다.

실리콘밸리가
기본 소득을 찬성하는 이유

●

2015년 5월, 최고 권위의 국제 미술제인 베네치아 비엔날레가 '모든 세계의 미래'라는 주제로 열렸다. 사회의 급진적 변화, 세상의 다양성과 불확실성, 세상을 둘러싼 역학 구조에 대해 예술가들이 그들의 견해를 다양한 작품으로 구현해 선보였다. 당시 행사장에서 많은 이들은 부의 양극화와 불확실성, 불안이라는 세 단어가 현대 자본주의를 감싸고 있다고 느꼈다.

세계 경제는 여전히 고용 시장의 위축과 불안, 그로 인한 임금 정체와 하락으로 소비자들의 구매력이 약화되어 제품과 서비스에 대한 수요가 줄어들고 있다. 소득과 재산의 불평등이 확대되면서 자본주의 체제의 소비 기반이 무너지고 있다는 염려도 제기된다. 정보화와 자동화의 급격한 진전으로 기계가 노동자들을 계속 대체한다면 어떻게 될까 하는 우려가 제기된다.

'자본주의 사회에서 구성원의 절대 다수가 구매력을 잃어버린다면 그 체제 자체가 어떻게 유지될 수 있겠는가?'라는 물음은 칼 마르크스Karl Marx의《자본론》낭독회로 이어졌고 비엔날레에서는 최초였다. 그것은 자본주의에 대한 심각한 위기의식을 보여준 사례로 평가된다. 마르크스는 돈을 소유한 자는 자본가로서 앞장서 걸어가고, 노동력의 소유자는 노동자로서 그 뒤를 따라간다고 했다. 돈을 가진 자본가가 지배하는 세상에서 인간은 자신이 만든 기계에 지배당하게 된다고 보았다.

시간을 좀 더 최근으로, 그리고 공간을 이탈리아에서 스위스로 옮겨보자. 2016년 1월 열린 스위스 다보스 포럼에서는 '4차 산업혁명'으로 기계가 인간 노동력을 대체함으로써 앞으로 5년간 전 세계에서 일자리 순감 규모가 500만 개에 이를 것이라고 전망했다. 세계경제포럼 클라우스 슈밥Klaus Schwab 회장은 고용 시장의 급격한 변화에 대응하지 않는 한 정부는 지속적인 실업 증가와 불평등, 소비 감소에 따른 불황을 경험하게 될 것이라고 단언했다.

그로부터 몇 개월 뒤 2016년 6월 15일, 스위스에서 기본 소득을 담은 헌법 개정안에 대한 투표가 있었다. 77%의 반대로 부결되었지만 보편적 복지의 성격인 기본 소득에 대한 국내외 관심이 고조되었다. 잠시 부결된 기본 소득의 주요 내용을 보자.

'정부는 기본 소득을 제공해야 하며 기본 소득은 사람들이 존엄하게 살고 공공의 생활을 영위할 수 있도록 해야 하고 기본 소득의 액수와 재원 조달 방안은 법률로 정한다.' 이러한 내용의 기본 소득

안이 부결되었음에도 큰 여운을 남겼다. 투표자 설문조사 응답자의 69%는 기본 소득이 다시 스위스에서 국민 투표 의제가 될 것으로 예상했다.

그렇다면 보편적 기본 소득이란 무엇인가? 국가가 모든 사회 구성원에게 자산 유무, 근로 조건, 가족 구성, 장애 유무를 떠나 개인에게 일정액을 지급하는 소득 보장 제도이다. 소득이나 재산이 많고 적음에 관계없이, 일을 하거나 하지 않거나, 일을 하려는 의사가 있든 없든, 사회 구성원 모두에게 최소한의 인간다운 삶을 보장해주기 위한 장치다. 누군가는 일도 안 하는데 돈을 주는 것에 반감을 가지고 그런 재원이 도대체 어디서 나온단 말이냐며 화를 낼 것도 같다.

스위스에서 기본 소득이 현실화될 것이라고 응답한 사람들 중 66%는 그 시기를 20년 이내라고 답변했다. 기술 발전이 지속되어 일자리를 파괴하면 노동을 바라보는 시각이 바뀔 수밖에 없지 않지 않겠느냐는 시각이 제기될 수 있다. 그러한 입장에서 새로운 삶을 꿈꾸는 이들은 기본 소득에 대한 논의를 전개하는 것이 불가피하다는 입장이다. 모든 사람에게 노동의 기회를 줄 수 없고 상당수가 일자리를 잃는다면 '일자리 창출이 최고의 복지'라는 문제가 언젠가는 성립하지 않을 수도 있다.

우리나라에서도 알파고와 이세돌의 바둑 대결 이후 인공지능의 일자리 대체 문제로 기본 소득에 대한 관심이 높아졌다. 기술이 일자리를 앗아간다는 것이 오류라는 시각에서는 여전히 직업의 변화에 적응할 수 있는 교육 제도와 유연한 노동 시장이 답이라며 보편적인 기본 소득 논의에 부정적으로 대립각을 세운다.

경제적 청춘

자유주의자들의 기본 소득 논의

기본 소득에 대한 오해 중 하나는 그것이 복지론자의 전유물이라고 생각하는 견해다. 복지론자들의 생각과 다르지만 자유주의 경제학자들도 기본 소득을 옹호하기도 했다. 물론 이는 소득에 관계없이 제공되는 보편적 기본 소득의 개념은 아니다. 자유주의 경제학자에게 자유란 소극적으로는 누구로부터도 강요받지 않을 권리를 말한다. 자유주의 신봉자 프리드리히 하이에크●의 기본 소득에 대한 주장을 들어보자.

역시나 그에게서는 박애나 이타주의의 향기보다는 '침해받지 않는 자아로부터 발생하는 자유의 향기'가 넘쳐난다. 그에게서 기본 소득의 요지는 모든 사람들에게 동일한 부를 제공하는 것이 아니다. 그건 바로 다른 사람들의 강요를 받지 않을 정도의 부에 접근할 수 있는 권리를 보장하는 것이다. 민주주의를 유지하기 위한 합법성의 관점에서 그는 기본 소득을 바라보고 있다. 생전 그의 기록을 더듬어보자.

"기본 소득을 보장한다는 것은 스스로를 부양할 능력을 잃어도 일정선 이하로 생활 수준이 떨어지지 않게 해주는 것이다. 이는 모든 사람을 공통된 위험에 대처하게 하기 위한 합법적인 보호

● 프리드리히 하이에크(Friedrich Hayek, 1899~1992) 오스트리아학파 경제학자. 그의 연구 업적은 경기 순환론, 자본의 순수 이론, 자유주의 경제 이론으로 구분된다. 사상적으로는 신자유주의 입장으로 모든 계획 경제에 반대하는《노예의 길》,《자유의 구조》등을 저술했다. 1974년 화폐와 경제 변동의 연구가 인정되어 노벨경제학상을 수상했다.

차원을 넘어 위대한 사회를 구성하는 요인으로서 반드시 필요하다. 위대한 사회를 위해 필요한 것은 개인이 스스로의 문제를 해결하기 위해 특정 소수 집단에게 이것저것을 요구할 필요가 없는 사회이다."

그는 당연히 복지국가를 위대한 사회라고 보지 않는다. 개인의 자유, 시장 원리, 법의 지배, 작은 정부 같은 '자유주의 원리에 기반을 둔 사회'를 위대한 사회로 보았다. 자본주의 체제에서 이런저런 이유로 자신의 삶을 영위하지 못하고 생활고를 겪고 있는 사람들이 있다. 그렇다면 사회는 방기해야 할까? 하이에크는 개인이 스스로 충분히 자립할 수 있는 대책을 세울 수 없을 때 무언가 보호 장치가 필요하다고 보는 것이다. 국가가 일정 수준의 부에 도달해서 모두를 부양할 능력이 있는 사회를 건설했다면 개인에게 자유를 누릴 수 있도록 하는 것이 당연하다고 보았다.

이런 점에서 기본 소득의 스펙트럼은 국가의 부에 따라 다양하다. 자유주의자에게서 구속이나 강요는 노예의 길이다. 하이에크는 국가의 지나친 개입을 극도로 거부한다. 기본 소득도 자유주의의 사상에서 구속받지 않기 위한 도구이다. 이를 제대로 이해하기 위해 그의 자유주의 사상을 한번 들어보자.

"시장의 가격 조정 기구는 인간의 기대를 가장 잘 충족할 수 있는 최고의 수단이어야 한다. 국가는 시장이 정의하는 질서에 부응하는 법적인 틀을 제도화하는 데 책무가 있어야 한다. 정부의 단기적인 미봉책이나 조세 강화는 다른 정책을 국가가 추구할 가능성을 열어놓고 진지하게 고민한 후에 실행해야만 한다. 특정한 집단에 특혜가 가지 않고 경제적 어려움의 원인을 국가가 제대로 간파했다는 전제 하에 정부의 개입이 이뤄져야 한다. 정부에 대한 나의 이런 생각은 누군가의 주장처럼 자유방임이 아니다. 무정부주의에나 어울리는 자유방임의 원리에 대한 아둔한 고집만큼 자유주의의 명분에 해를 끼치는 것은 없다."

"포퓰리즘은 노예의 길로 가는 길"

그는 경쟁이 최대한 유익하게 작동하도록 경제 주체들이 사회 시스템을 의식적으로 창조해나가는 것을 지향해야 한다고 보았다. 보편적이라는 말은 누구에게나 접근 가능한 것으로 그는 특권을 부정했다. 기본 소득을 보장함으로써 자유방임이 자신이 추구하는 이상이 아님을 명확히 한 것이다. 그를 제대로 이해하기 위해 생전의 목소리를 좀 더 생생하게 음미해보자.

"오도된 민주주의 구호 아래 인간의 자유를 억압하던 나치즘과 전체주의, 집단주의는 파기되어야 한다. 나는 극좌도 극우도 싫다. 인기 영합적인 포퓰리즘도 우리가 경계해야 할 대상이다. 국민들이 기업을 탐욕스러운 파렴치한으로 몰아가고 정치인들은 자신들의 무능과 실패를 호도하기 위해 기업인들을 희생양으로 몰아 표를 얻으려 하는 경향이 농후하다. 정치가 시장 경제 원리에 반해 통제를 시작하면 그 통제는 명분 때문에 후퇴하지 못하고 가속화한다. 그것이 바로 노예의 길이다."

기본 소득을 구성하기 위한 조세의 원칙이 보인다. 그는 임의적이고 투명하지 못한 조세의 부과를 반대했다. 진정한 공익을 위해 합리적인 요율로 설정된 조세는 기본 소득을 위해서도 합당하다고 생각했다. 기본 소득은 결국 노예의 길에서 벗어나는 것이어야 하며 인기 영합적으로 설정되어서는 안 된다는 것을 그의 말에서 유추할 수 있다.

노벨경제학자 밀턴 프리드먼Milton Friedman도 1960년대에 최저 생계비보다 적게 버는 모든 사람에게 그 차액을 국가가 보조금으로 메워주자는 '마이너스 소득세negative income tax'를 제안했다. 4인 가족에 1,000만 원까지 소득 공제가 되고 마이너스 소득세율이 50퍼센트라면, 500만 원을 버는 사람은 정부로부터 모자라는 500만 원에 0.5를 곱한 250만 원을 받아 소득이 750만 원이 된다. 소득이 아무 것도 없는 사람도 마이너스 과세 소득 대상이 1,000만 원이므로, 거기에 0.5를 곱한 500만 원을 정부로부터 받는다. 프리드먼은 복지를 개혁해 마이너스 소득세로 통합하고자 한 경제학자이다.

기본 소득은 유토피아적 환상이 아니다

이제 자유주의 경제학자와 다른 복지론자의 관점으로 '더욱 적극적인 사회 안전망 차원'에서 모든 사람에게 제공되는 기본 소득의 개

넘을 생각해보자.

기본 소득은 1986년 벨기에 출신 정치 경제학자 판 더 펜Van de Ven과 필리퍼 판 파레이스Philippe Van Parijs의 논문 〈코뮌주의에 이르는 자본주의의 길〉에서 나타난다. 이후에는 독일 생필품 체인인 데엠dm의 창업자 괴츠 베르너Gotz Werner가 기본 소득 도입을 주장하면서 본격적으로 공론화되기 시작했다.

독일 100대 부호 자산가인 베르너는 기본 소득 도입 논의를 촉발시켰다. 그는 소득세, 법인세 같은 직접세를 폐지하고 2006년부터 부가가치세로 세금을 단일화하자고 주장했다. 연금이나 실업연금, 사회보조금, 주택보조금 등을 모두 통합해 기본 소득으로 대체한 뒤 연령별로 분배하면 한 사람당 800유로 지급이 가능하다고 주장했다. 당시 독일 시스템에서 추가적인 재원 마련 없이 곧바로 그 시행이 가능하다고 했으나, 2013년 독일 의회는 지속 가능한 복지 차원에서 비현실적이라 판단했다. 일하지 않는 사람들에게 정부가 돈을 준다는 게 아직 낯설고, 잘못 운용되면 노동자들의 의지를 감퇴시키고 노동 시장 이탈을 촉진시켜 사회 전체의 생산력을 떨어뜨릴 것이라는 우려가 컸다. 재정 확충을 위한 증세가 생필품 가격을 인상시켜 저소득층에 부담을 초래하고 이민의 폭발적 증가도 우려된다고 보았다.

그러나 국가 차원의 우려와 달리 기본 소득 제도를 지방 차원에서 운영해 성공한 지역들이 있다. 미국 알래스카 주는 1982년부터 석유 등 천연자원 수출로 번 돈으로 기금을 적립한 후 운용 수익을 모든 주민에게 기본 소득으로 배당했다. 초기에 1인당 연 300달러 수준이던 배당금은 2008년 2,000달러를 넘어섰다. 캐나다는 1974년부터 1979년까지 매니토바주의 일부 지역에서 기본 소득 제도를 시범 운영해 빈곤 퇴치에 큰 성과를 냈다. 캐나다 온타이로주는 2015년 향후 기본 소득 제도 도입 계획을 발표했다. 기존 생계 지원 제도보다 많은 금액을 저소득층에 지원해 빈곤을 퇴치하자는 것이 골자였다.

핀란드와 네덜란드는 왜 기본 소득에 찬성했는가

최근에 실시되는 기본 소득은 크게 두 부류이다. 하나는 복지 재정의 방만함을 수정하기 위한 우파 정권의 대응이다. 마이너스 경제 성장률을 거듭한 핀란드는 2017년부터 무작위로 선정된 1만여 명에게 매달 560유로(약 70만 원)씩 주는 방안을 실시한 후, 이 제도가 성공적으로 정착되면 전 국민을 대상으로 확대할 계획이다. 이 실험은 2년 간 계속되며 대상자는 실업 급여를 받는 25~58세 국민 중 무작위로 선정됐다. 한 회사원이 이렇게 말했다.

"다니던 회사가 파산해 실업자로 지낸 지난 5년은 수치스러운 날들이었죠. 생활비 약간을 벌기 위해 원치 않는 일을 해야 했어요. 기본 소득 덕분에 일에 종속되는 노예 상태에서 벗어날 수 있게 될 것 같아요. 이 사회의 시민으로서 제대로 기능할 수 있을 것 같은 기분이 듭니다."

경제적 청춘

우리나라에서도 "한국판 기본 소득을 도입하자."고 주장하며 최근 새로운 복지 대안이 떠오르고 있다. 우리나라도 핀란드처럼 '조건 없는 기본 소득'을 도입할 수 있을까?

핀란드에서 기본 소득 제도가 실시되면 일정 규모의 복지 프로그램이 줄어들 전망이다. 핀란드 정부는 방만한 복지 제도를 축소·정비하고 공무원 수를 줄여 효율적 정부 구축을 위해 기본 소득 제도를 도입하고자 한다. 핀란드 정부가 기본 소득 제도를 도입하게 된 계기는, 한편으로 치솟는 실업률 때문이었다. 핀란드의 실업률은 다른 북유럽 국가보다 높다. 더 심각한 문제는 실업자 3명 중 1명이 직장을 잃은 지 1년이 넘은 장기 실업 상태라는 점이다. 정부는 지나치게 풍요로운 복지 제도가 실직자의 구직 의욕을 꺾고 있다고 판단했다. 핀란드에서는 실직자에게 5년 동안 4인 가족 기준으로 전 직장에서 받던 임금의 73%와 맞먹는 복지 혜택을 준다. 미국의 3배 수준에 달한다. 소득이나 직업 유무에 관계없이 국가에서 돈을 주면 근로 의욕이 떨어질 것이라는 인식이 많았다.

그러나 핀란드 정부는 다르게 생각했다. 기존의 복지 혜택을 받으며 실업 상태로 살고 있던 사람들이 기본 소득 제도가 시행되면 구직 시장에 뛰어들 것이라고 예상한 것이다. 정부가 지급하는 기본 소득은 핀란드 국민 평균 생활비의 3분의 1 정도에 불과하다. 한마디로 복지 제도 효율화에 목적을 두고 있는 우파 개혁인 것이다. 네덜란드에서도 2017년부터 19개 지방 정부가 기본 소득을 지급하는데, 기본 소득을 받으면서도 정부가 제시하는 일을 할 경우 125유로의 인센티브를 받을 수 있다.

실리콘밸리는 왜 기본 소득을 찬성하는가

한편, IT 혁명의 근원지인 미국 실리콘밸리에서는 기본 소득에 대한 논의가 활발하다. 일자리를 파괴하는 기술 혁명에 대한 근원적 문제 해결로 기본 소득이 제시됐기 때문이다. IT 전문가들은 왜 기본 소득 도입에 동조할까? 로봇, 인공지능, 자율 주행차 등 첨단 기술의 발전이 노동력을 대체하는 상황에서 IT 산업의 영속성을 확보하기 위해서는 기능을 상실할 가능성이 있는 노동 시장을 보완하는 기본 소득을 고려해야 한다. 에어비앤비, 드롭박스에 투자한 세계적인 벤처 캐피탈 Y콤비네이터는 기본 소득 도입에 적극적인데, 임의로 선정한 미국 시민과 저소득층이 기본 소득에 어떻게 다른 반응과 태도를 보이는지 비교 연구를 실행한다. 그들은 기술이 점차 전통적인 일자리를 없애고 더 새로운 부를 창출함에 따라, 어느 시점에서든 어떤 형태로든 기본 소득을 전국 차원에서 경험하게 될 것이라고 확신한다.

실리콘밸리의 기업 입장에서는 시민의 저항 없는 기술 개발, 개발된 제품의 지속적인 소비를 보장받기 위해서라도 수요자인 시민들의 안정적인 소득 체계가 필요하다. 자칫 소득 불평등과 실업자 양산이 인공지능과 로봇의 파괴로 이어질 경우 걷잡을 수 없는 상황에 직면할 수 있다. 기본 소득이 도입되면 노동자들은 인간의 품위를 유지할 수 있는 최소 소득을 보장받고, 러다이트Luddite와 같은 극단적 선택의 유혹에서 벗어날 수도 있다. 만약 직접세를 폐지하는 베르너의 안을 도입하게 되면 법인세 회피를 위해 그동안 각종 기법에 지출한 비용을 절감할 수도 있다. 아마 이것이 실리콘 밸리 기업

경제적 청춘

들이 기본 소득 도입을 긍정적으로 바라보는 진짜 이유인지도 모르 겠다.

　나라마다 사정에 따라 조세 제도를 어떻게 만들어가는가가 기 본 소득 정착의 핵심이 될 것이다. 기본 소득을 제공하면 노동 공급 이 줄어들 것이란 예상도 있다. 기본 소득에 만족해 일자리를 찾지 않는 층이 존재한다는 것이다. 병자나 가사에 바쁜 주부라면 기본 소득이 행복한 가정을 꾸리는 데 도움이 될 수 있으나, 일하고자 하 는 인간의 자기실현 욕구를 무시할 수도 없을 것 같다.

　기본 소득은 자본주의를 극복하려는 쪽과 자본주의를 유지하 려는 쪽의 절묘한 절충점에서 논의되고 있다. 실리콘밸리 자유주의 자들은 자본주의의 붕괴를 막기 위해 이 제도에 찬성하고 있다. 복 지론자의 주장처럼 '모두에게 일자리를'이라는 구호가 실현 불가능 한 시대로 진입한다면 기본 소득이 계속 회자될 수밖에 없다. 우리 나라의 기본 소득 논의는 복지 확대, 소득 증대의 수단으로 거론되 고 있다. 기본 소득으로 저소득층의 소득을 늘려줘 소득 재분배를 강화하려는 취지다.

　기본 소득의 경우 전 국민을 대상으로 지급해야 하는 만큼 막 대한 재원이 든다. 그 효과에 대한 논쟁도 심하다. 여건이 다른 복지 국가 핀란드도 예비 실험을 진행했다. 우리는 실험 경제학의 정신을 생각해야 한다. 돌이킬 수 없는 정책을 아무런 실험 없이 부작용도 생각하지 않고 성급히 실시한다는 것은 치밀하지 못한 일이다. 무엇 보다 중요한 것은 향후 복지 수준을 어떻게 가져갈 것인지에 대한 국민적 공감대를 형성하는 것이다. 세금도 적고 사회 안전망도 미비한 저부담·저복지에서 중부담·중복지로 가려면 국민의 합의가 선행되어야 한다.

나라마다 사정이 다르다면 우리는 무엇이 진정 실행 가능한 정의인지를 알아야 한다. 당장 실행하기 어렵다면 수확의 과실을 얻기 위한 노력을 한 후 '다함께 차차차'를 불러봄이 더 적합하지 않나.

베토벤의 역사도 우리의 현실도 낭만적 삶을 그리는 점에서 같고 그건 인간의 본성이다. 현실이 그렇지 못한 것이 안타깝지만 그런 바람마저 잃지는 말자. 찬바람 불고 어둠이 와도 우리에겐 그런 소망이 마음 깊은 곳에 있다. 내 안의 소중한 자아를 찬찬히 들여다보며 저 들녘의 원초적 모습을 상상해본다.

경제적 청춘

4차 산업혁명 시대의 경제학

영웅 교향곡

"만일 죽음이 나의 모든 예술적 재능을 충분히
발휘할 만한 기회를 갖기도 전에 찾아온다면, 아무리 내
운명이 험난한 상황에 처해 있다고 하더라도 너무 일찍
찾아왔다고 해야 할 것 같다. 죽음이 조금 더 늦게 찾아오기를
바란다. 그러나 이대로 죽는다 해도 난 행복해할 것이다.
죽음이 나를 끝없는 고뇌에서 해방시켜줄 테니까.
죽음아, 올 테면 오라, 용감하게 그대를 맞아주마…."

베토벤의 걸작 '영웅 교향곡'은 비장하다. 고질적으로 앓고 있던 귓병에 맞
선 그의 당당한 확신이 느껴진다. 베토벤의 비장함이 담긴 유서는 새로움
을 창조하겠다는 각오가 느껴진다. 그래서 그는 음악적으로 새로운 인생
을 시작했다. 하이든, 모차르트의 영향에서 완전히 벗어난 새로운 어법을
창조해내기 시작했다. 그만의 작법이 탄생한 것이다. 매우 건축적이며, 장
대한 기상과 함께 강렬한 개성을 보여주는 '영웅 교향곡'을 통해 베토벤은
창작 시기 중 가장 극적이고 혁신적이라고 불리는 시기로 들어서게 된다.
　교향곡 3번 '영웅'은 베토벤이 나폴레옹을 염두하고 작곡한 곡이라고
알려져 있다. 젊은 시절 계몽주의 사상에 심취해 있던 베토벤은 나폴레

옹을 존경하게 되었다. 그를 영웅으로 칭하고 영웅에게 바치는 '영웅 교향곡'을 작곡하게 된 것이다. 그러나 나폴레옹이 스스로를 황제로 칭하는 모습을 보고 크게 실망하게 되었다. 그가 황제에 올랐다는 소식에 '보나파르트'라고 쓴 이 악보의 표지를 찢었다는 것은 유명한 일화다.

힘든 하루하루를 사는 우리는 어쩌면 모두 영웅이다. 시대적 소용돌이 속에서 자신을 온전히 지키는 힘이 사람에 따라서는 무척 버거울 수 있다.
　　이 섹션은 4차 산업혁명 시대의 '영웅'의 모습을 담아본다. 리더의 자리는 리더의 자리대로, 우리 각자의 삶은 우리의 소신대로, 저마다 어떤 모양의 그릇을 해야 할지 함께 고민해본다. 나아가 도시의 가속화와 농촌의 쇠퇴 속에서 우리가 추구해야 할 영웅관이 도시와 농촌의 삶속에 어떻게 스며들어야 할지 조망한다. 물론 농촌 문제에서는 미래 산업으로서 농업의 역할을 곁들여 생각해본다.

'영웅 교향곡'이 '한 위대한 사람을 기억하기 위한 영웅적 서사시'라면, 이 섹션은 우리 각자가 미래를 앞서 가며 대처하는 각오를 다진 '작은 영웅으로서의 우리들'의 염원을 담은 이야기이다.

불확실성이라는 장막에
대처하는 법

●

어린 시절의 꿈은 거창하다. 하지만 나이를 먹으면서 굉장히 현실적이 된다. 노벨경제학상을 수상한 인물에게 다음 목표가 무엇인지 물으니, 그의 대답은 이랬다.

> "나의 다음 목표는 여느 때처럼 하루를 시작하고 그날 일에 최선을 다해 한걸음 더 나아가는 것입니다."

단순하지만 지키기 어려운 목표를 말하는 그를 바라보며 누구나 고개를 끄덕이게 된다. 서울에 머물면서 강의를 했던 경제학자 토마스 사전트●는 세계 최고의 경제학자 반열에 올라선 후에도 끊임없는 연구와 집필에 몰두했다.

경제적 청춘

그는 열렬한 낚시광이기도 하다. 2011년 노벨경제학상 수상이 결정된 어느 날, 그의 지인이 수상 소식을 전해주려고 뉴욕대학교 연구실을 찾았다. 낚시 여행 계획을 열심히 짜고 있던 그는 노벨상 수상을 축하한다는 말에 별 대꾸도 안 했다. 대신 계속 낚시 이야기만 하다가 그 지인에게 파리 낚시를 가르쳐주겠다며 연구실 밖의 넓은 복도로 낚싯대를 들고 나가 허공에 뿌리는 시늉을 했다. 복도에는 사전트 교수의 노벨상 수상 소식을 축하하기 위한 제자들이 모여 있었다. 사전트 교수가 던진 낚싯줄이 그들 머리 위로 휙휙 날아갔다. 서울에서도 그는 주말에 낚시하러 가곤 했다. 누군가 그에게 낚시에 푹 빠져 사는 이유에 대해 물었다.

"영화배우 로버트 레드포드Robert Redford가 아버지로 나온 '흐르는 강물처럼'이란 영화를 보셨나요? 경이로운 대자연 속에서 흐르는 강물을 따라 낚싯줄을 던지는데, 나는 거역할 수 없는 강물의 자연스러운 흐름의 묘미가 너무 좋습니다."

그의 말을 이렇게 각색해보면 어떨까?

"인생이란 흐르는 강물 같은 거예요. 인위적으로 거스르는 건

● 토마스 사전트(Thomas John Sargent, 1943~) 미국의 경제학자. 2013년 서울대학교에서 경제학을 가르쳤으며, 현재는 뉴욕대학교 석좌교수로 있다. 정책 입안자는 예상 가능한 정책으로 경제를 체계적으로 관리할 수 없다는 합리적 기대 이론을 선도했다. 사전트는 경제 주체의 기대를 설명하기 위해 고안된 계량적 모형에 새로운 수학적 기법을 적용했다.

자연의 이치에 맞지 않는 겁니다. 내 이론 '합리적 기대 가설론' 도 낚시와 일맥상통하는 부분이 있어요. 자유로운 시장 경제는 강물 같죠. 이 강물에 독수리가 날다가 갑자기 내리찍듯 강물로 내려와 물고기를 채가는 장면을 상상해보세요. 물고기 IQ가 낮다고요? 음… 그래도 나는 물고기가 학습 능력을 갖추고 있다고 봐요. 동물도 본능적으로 스스로를 환경에 최적화한다고 생각하는 거죠. 신기하게도 물고기들은 강물 위로 독수리의 그림자가 비치면 이를 알고 구석으로 숨어버리죠. 독수리만 이걸 모르고 있다가 허탕치고 말지요. 정부의 개입은 독수리의 그림자라고 할까요. 일반인은 물고기처럼 이를 알고 미리 반응한다는 점이 내 이론을 꼭 닮았어요."

그래서 그는 낚시에 빠졌는지 모르겠다. 큰 정부냐 작은 정부냐는 경제학자들마다 경제 상황에 따라 논쟁이 될 수 있는 쟁점이다. '합리적 기대 가설론자'인 로버트 사전트는 '작은 정부'를 주장하는 학자다. 인공지능이 인간의 일자리를 대체할지도 모른다는 4차 산업혁명 시대에 우리는 어떤 지도자를 이상적으로 생각해야 할까? 그가 작은 정부론을 펴는 학자란 생각을 잠시 접고 도가道家의 자연주의 사상을 담은 토마스 사전트의 경제학에 대한 소고를 잠시 들어보자.

"나는 아직도 수십 년 전 버클리대학교를 졸업할 때 얼마나 기뻐했는지를 생생하게 기억합니다. 경제학에 대해서 어떻게 생

경제적 청춘

각하느냐고요? 경제학은 상식을 이론으로 만든 아름다운 학문입니다. 내가 제시하는 목록은 바로 인생을 살면서 상식이라는 이름으로 배울 수 있는 짧고 가치 있는 교훈들로 짜여 있습니다. 그런 경제학은 인생을 아름답게 하지요."

그의 리스트에 담겨 있는 아름다운 목록을 들어보자. 누구는 그에게 동의할 수도 있고 그렇지 않을 수도 있다. 그는 이렇게 설명한다.

"바람직하다고 여겨지는 많은 것들은 실제로 불가능하다. 그래서 개인과 사회는 상충관계에 직면하기도 한다. 우리가 돕고 싶어 하는 사람들을 포함해서, 많은 사람은 인센티브에 따라 반응한다. 이것이 바로 사회 안전망이 항상 의도한 대로만 작동하지 않는 이유다. 이 대목에서 평등과 효율성 간에는 상충관계가 있다는 점을 알아야 한다."

사실 그의 경제관을 떠나 솔직함이 느껴지지 않나? 그의 다음 말에 주의를 기울이며 미래를 이끌 지도자상을 생각해본다.

"미래에도 사람은 인센티브에 반응할 것입니다. 정치인은 많은 공약을 하지요. 그런데 어떤 약속을 지키고 싶어도 지킬 수 없게 되는 상황이 발생할 수 있습니다. 그런 불가피한 상황이 발생할 때 사람들은 화를 낼 수 있습니다. 내가 이 이야기를 하는 것은 지도자라면 약속을 하기 전에 상황이 바뀌더라도 그 약속을 지킬 인센티브가 있는지 다시 한 번 생각해보라는 것입니다. 허풍은 오래가지 못해요. 진실을 말하는 것 그것이 좋은 평판을 얻는 방법이니까요."

정부와 유권자들은 인센티브에 반응한다. 정부는 약속을 한 후에 권좌에 오르면 약속을 어기기도 한다. 한 세대의 비용 부담을 다음 세대로 전가하는 것도 가능하다.

"지금 미국의 사회 보장 시스템과 정부 부채가 하는 일을 보세요. 정부가 쓰는 돈은 현재 혹은 미래에 명시적 조세 또는 인플레이션과 같은 암묵적 조세를 통해 결국 국민들이 부담하게 됩니다. 대다수의 사람들은 자신들에 대한 정부 지출에 대해서도 다른 사람이 공공재와 정부 지출을 부담하길 바랍니다."

정부가 돈 벌 궁리를 안 하고 돈 쓸 생각만 하면 일자리 제공은 가능할까? 4차 산업혁명이 개인에게 축복일지 재앙일지 아무도 모른다. 개인에게는 일자리가 여전히 중요하다. 4차 산업혁명이 인류에게 무한한 생산성 증가를 가져다줄 수 있는 가능성을 아직은 신기루처럼 여기고 있는 사람도 상당하다. 이 대목에서 사전트의 말을 이렇게 해석해보면 어떨까?

"정치인들은 경기를 활성화시켜 돈 벌 궁리를 해야지요. 그 많

경제적 청춘

은 돈들이 선거 때만 되면 어디서 나오는지 모르겠어요. 이런 경기 침체에도 비즈니스가 못 되게 하는 건 안 하겠다고 하는 정치인이 필요해요. 연금 수급 연령을 늦추고 실업 급여를 줄이겠다는 '아젠다 2010'을 실시한 독일 게르하르트 슈뢰더Gerhard Schroder의 개혁을 보세요. 그는 인기 없는 개혁을 해서 선거에서 졌지만 역사가 그를 인정합니다. 그 후임 앙겔라 메르켈Angela Merkel은 그런 그에게 감사의 메시지를 전합니다. 모쪼록 리더는 중장기 비전을 가지고 사안을 바라보는 시야가 있어야지요."

다보스에서 전하는 소통과 책임의 리더십

2017년 1월 17일 개막한 다보스 포럼의 주제는 '소통과 책임 있는 리더십'이었다. 전 세계적인 보호주의와 단기 성과와 표만 생각하는 책임 없는 리더들이 만연한 가운데 기후 변화, 난민, 양극화 같은 지구촌 문제에 대한 각계각층의 책임 있는 리더십의 중요성이 강조되고 있다. 2016년 주제였던 '4차 산업혁명'에 세계가 주목하고 있는데 이 부분에도 특별한 리더십이 요구되고 있다. 4차 산업혁명이 우리의 미래에 많은 효용을 가져다줄 것이지만 전례 없는 위험도 예상되기 때문이다. 첨단 기술이 인류의 삶을 해치고 있다는 주장에 힘이 실리기도 한다. 다보스 포럼에서는 인공지능, 사물인터넷, 생명공학 분야에서 이루어지고 있는 무분별한 개발에 우려감이 표명되었다.

왜 소통과 책임 있는 리더십이 논의되었을까? 세계적으로 불확실성 증가와 기존 시스템 붕괴에 불안감과 좌절감을 느끼는 사람이 증가하고 있다는 반증이 아닐까? 불안해하는 이들에게 더 진솔하게 다가가 공정하고 지속 가능한 성장을 담보하는 대안을 제공하는 것이 책임감 있는 리더의 역할이다.

다보스 포럼은 이를 위해 4차 산업혁명의 핵심 가치에 기반을 둔 리더에게 다음과 같이 4가지 구체적 대응을 요구하고 있다. 우선 기존의 시스템에서 벗어나 기술·경제·사회·정치적으로 빠른 변화에 대응하기 위한 미래 지향적인 정책과 제도를 설계하는 자질이다. 이는 글로벌 경제 활성화를 위해 절대적으로 필요한 덕목이다. 다음으로 시장에서 생성되는 공유 경제 같은 새로운 흐름을 이해하고 투명성, 사회적 책임, 시민 정신을 보장하는 포괄적인 시장 경제 체제를 구축하려는 역량이다.

아울러 새 시대 리더의 자리는 파괴적인 변화를 주도할 4차 산업혁명의 효과를 극대화하고 부정적인 영향을 최소화해야 한다. 이를 위해서는 새로운 교육과 혁신을 유도하는 사회 인프라 구축을 강화하는 리더의 자리를 생각하지 않을 수 없다. 나아가 세계를 공동체로 인식하고 시대에 적합한 국제 협력 플랫폼을 구축하는 책임 있는 리더의 역할을 다해야 한다.

4차 산업혁명은 현실과 가상이 인간을 중심으로 융합하는 혁명이다. 사물인터넷, 빅데이터, 클라우드, 인공지능, 블록체인과 같은 파괴적 혁신 기술들이 이 세상을 새롭게 재창조하는 것이다. 한국은 지금 4차 산업혁명의 기회와 도전에 직면해 있다. 4차 산업혁명은 1차 산업혁명(증기기관), 2차 산업혁명(전기), 3차 산업혁명(정보화)에 이어 도래할 제조업, 정보통신 기술, 빅데이터, 사물인터넷 등을 융합해 생산 경쟁력을 증진하는 차세대 산업혁명을 가리킨다. 농업 혁명으로 인류는 만물의 영장이 되었고, 과학혁명으로 문명의 놀라운 발전을 이룩했다. 기존의 기업과 일자리들은 다수 사라지고 새로운 기업과 일자리들이 등장해 인간의 욕구를 충족시킬 것이다.

4차 산업혁명으로 경제 전반은 성장할지 모르나 개개인의 운명은 불확실하기에, 많은 사람들은 기대감과 함께 불안감을 떨치지 못한다. 일자리 불안, 미래의 급격한 변화 속도, 시장 경제의 유지 가능성에 대한 의문, 양극화 확산 문제에 속 시원하게 함께 고민하고 소통으로 대안을 제시할 수 있는 리더가 요구되는 것이다.

미래를 디자인 하는 리더

우리는 상당수의 사람들이 혼자서 밥 먹고 하루에 아무와도 실제 대화를 하지 않은 채 SNS 친구들과만 소통하는 세상에 살고 있다. 하지만 지식 융합을 위해서는 여러 학문 간, 인종 간, 조직 간, 세대 간 소통이 매우 중요하다. 사람들이 점점 혼자만의 공간으로 숨어들어가서 각자의 스마트폰으로 혼자 음악을 듣고 각자의 말을 하는 데 더욱 익숙해져간다면 진정한 소통 공간은 줄어들 것이다. 이대로 가면 관계의 복잡함을 포기하고 혼자만의 삶을 추구하는 게 미덕인 사회가 올 수도 있다. 물론 관계의 단순화와 적당한 거리 두기는 때로는 필요하다. 하지만 혼자의 공간에만 익숙하게 되면 타인을 배려하고 이해하는 데 미숙해지고 기계적 행위만 반복하는 삶이 전부라고 착각하게 될 수도 있다.

기술 발전이 가속화될수록 기계와의 경쟁을 피할 수 없는 건 인간의 숙명인지 모른다. 인간은 필요 없다는 과격한 말은 책 제목일 수는 있으나 그게 현실이라면 우울하다. 그냥 책 속에서만 존재하는 디스토피아이기를 바란다. 인간 스스로 그런 무덤을 만들지 않도록 누군가 나서서 지금부터 끊임없는 소통의 중요성을 강조하고 명확하게 책임지는 리더십을 보여야 한다. 소통과 리더십은 기계에게 양보할 대상이 아니다. 고독을 씹는 것이 때로는 필요하고 인간을 성찰하게 해 성숙으로 이끌기도 한다. 하지만 고독이 간식거리나 안주거리가 아닌 주식이라면 그건 메마른 세상에 일조하는 지름길이다.

기계 문명이 발달할수록 사람들의 일자리는 줄어들고, 조직에서 소외된 인간은 기계를 통해 위로를 받고 싶을 수 있다. 하긴 속이는 인간보다 정직한 기계가 나을지도 모르겠다. 자본가에게는 임금인상만 요구하는 노조보다 기계가 더 필요할지 모른다. 길 가는 사람에게 길을 물으면 잘못 가르쳐주거나 외면하기도 한다. 그러나 스마트폰의 길 안내는 가끔 성가신 길 안내를 하기도 하지만 기본기는 충실하다.

혼자가 이상할 것 없고, 같이 있는 것이 어색하고 불편한 경우가 점점 증가하는 세상이다. 그래서 이제 우리는 기계와 어느 정도 거리 두기를 할 필요가 있고 가상의 세계가 아닌 현실의 세계로 나

경제적 청춘

가 자연과 인간과 함께 숨 쉬고 호흡할 필요가 있다. 스마트폰의 편리함을 이용하는 것도 좋지만, 여기에 매몰될 게 아니라 함께 살아가는 이웃을 생각하며 그들과 정을 나누는 것이 여전히 중요함을 깨달아야 한다.

그런 세상을 만들기 위해 미래의 리더는 '경쟁적 협동'과 '협동적 경쟁'의 중요성을 제대로 이해하는 지혜를 갖추어야 한다. 진정한 리더는 기계문명을 발전시키는 것뿐만 아니라 기계와 인간의 협업을 생각하며 책임 있는 리더십을 보여주어야 한다. 미래는 예측하는 것이 아니라 디자인하는 것이라 생각하며 살아 있는 비전을 제시해야 한다.

다보스 포럼은 이를 알고 미래를 제대로 설계하기 위한 이니셔티브initiative를 제시했다. 미래 소비의 설계, 미래 디지털 경제 사회의 기술과 법 제도의 설계, 성장과 사회 통합의 선순환 구조 설계, 교육과 노동의 미래 설계, 스마트 에너지의 지속 가능성 설계, 환경과 자원의 지속 가능성 설계, 금융과 통화의 미래 설계, 식량과 농업의 미래 대비, 고령화와 건강의 설계, 정보와 오락의 미래 설계, 무역과 투자의 미래 설계, 인프라 투자와 개발의 미래 설계, 제조업의 미래 설계, 이렇게 14개 항목이다.

세계 경제포럼 클라우스 슈밥 회장은 '시스템 리더십'을 강조하며 리더십에 대한 재정립 필요성을 강조한다. 시스템 리더십이란 수평적인 사고로 전체 시스템을 이해하고 창의력을 발휘해 조직을 이끌어가는 리더십을 뜻한다. 복종을 강요하기보다 시스템적인 사고로 무장해야 한다는 의미다.

슈밥은 4차 산업혁명 시대에는 개별적인 성장이 아니라 광범위한 협업이 성공의 필수 요소라고 본다. 그는 시스템적으로 생각하고 플랫폼 차원에서 접근해야 한다고 강조했다. 개인의 창의성이 중요하지만 팀워크가 여전히 중요하기에 팀 차원에서 협업을 위한 소통의 리더십을 아무리 강조해도 지나치지 않다고 했다.

그런 시스템 리더십과 관련해 다시 사전트의 말로 돌아가보자. 사전트는 "자기 말만 하지 말고 상대방의 말에 귀를 기울여라."고 이야기한다. 배우고 싶다면 경청하라는 그의 말은 세계적인 경제학자이자 노벨상 수상자인 그도 자신보다 남의 의견을 경청하는 데 많은 시간을 할애하고 있다는 이야기로 들린다. 그에게서 자연을 사랑하는 도가의 흐르는 강물 같은 이치와 남을 배려하고 소통하려는 유가儒家의 인仁의 철학이 느껴진다.

암흑에서 탈출하기

세계 경제가 다소 나아지고 있지만 여전히 저성장의 터널 속을 헤매고 있는 시점에서, 우리는 캄캄한 암흑의 굴이 얼마나 길게 남아 있는지 모른다. 하지만 반대편에 분명히 출구가 있다는 사실을 알면 들어가는 것을 두려워하지 않을 수 있다. 물론 통과 과정에 발생할지 모르는 위험에 만반의 대비를 하고 출발해야 한다. 훌륭한 리더는 혼자만 살겠다고 하지 않는다. 팀을 이끌고 출구가 보일 때까지

경제적 청춘

팀원을 독려하며 묵묵히 전진한다. 지도에 없는 길도 가겠다는 각오로 자신을 희생하는 리더는 불확실성에 떨지 않고 오히려 이를 이용할 줄 아는 현명한 존재다. 그래서 누군가 이런 말을 한다.

"불확실성은 리더십 분야의 영원한 일부분이다. 그것은 절대 사라지지 않는다."

4차 산업혁명 시대에 정부의 역할은 중요하다. 그러나 혁신의 주체는 정부가 아닌 기업이어야 한다. 그래서 정부가 모든 걸 이끄는 리더여야 한다는 생각은 버리는 게 바람직하다. 혁신의 촉매자로서 정부의 역할이 더 중요한 것이다. 정부는 혁신의 환경을 만들어야 한다. 이제는 진부한 말이 되었지만 그래도 '실패는 성공의 어머니'라고 했다. 우리가 혁신하려고 하려는 목적은 더 큰 도약과 성장을 위해서다. 성장하려면 새로운 일을 하거나 하던 일을 새로운 방식으로 바꾸어야 한다. 사람들은 혁신이 어렵다고 좌절한다. 그래서 모두 안정된 일자리만 찾아간다. 사회 전반에 안전한 게 좋다는 잘못된 '문화'와 '교육'이 널리 퍼져 있어서 그런지 모두 '의사'와 '공무원'만 되고 싶어 한다. 그런 사회의 성장을 바라는 것은 사치다.

국가가 연구 개발에 투자하는 이유는 시장 실패를 보완하기 위해서다. 시장 실패가 발생하는 문화에서 정부는 과감한 연구 개발 투자로 위험 부담과 실패를 용인하는 문화를 조성해야 한다. 실패를 두려워하지 않는 혁신 생태계는 하루아침에 만들어지지 않는다. 실패에 대한 인식은 어렸을 때부터의 노출된 환경과 교육받은 문화의 유산이기 때문이다.

실리콘밸리에서는 그래도 성공 신화를 쓸 확률이 높다. 그런 문화와 교육의 유산이 계승되고 있기 때문이다. '1번째 창업은 실패, 2번째는 약간 성공, 3번째는 성공'으로 요약되는 창업 성공기는 실리콘밸리에서 매우 흔한 패턴이다.

불확실성이 만연한 세상에서 사람들은 더욱 움츠리게 된다. 실패를 두려워하기에 안정적으로 살고자 한다. 오늘 당신이 훌륭한 리더가 되려면 과거의 흔적을 지우려는 데만 몰두하지 말고 잘된 것은 받아들이고 잘못된 것은 소통과 화합의 리더십으로 극복해야 한다. 리더십은 파워를 과시하는 것이 아니라 조직원이 스스로 따르게 하는 힘이다. 오늘 출근해 조직에 활력을 불어넣기 위해 구성원들을 화끈하게 인정해주자.

현실에 불만을 둔 청년 중 누군가는 토마스 사전트의 어록을 살펴보며 그에게 증오의 화살을 보낼지 모르겠다. 그는 청년 실업을 일자리 미스매치로 보고 시장에 맡겨야 한다고 보았기 때문이다. 고용과 결혼은 상대방에 대한 정확한 정보의 부재에서 일어난다고 그는 믿는다. 고용과 결혼은 서로를 알아가는 데 시간이 걸린다는 그의 생각을 안주거리 삼아 "재수 없다."고 댓글을 달지도 모르겠다. 하지만 그에게 책임 없는 리더라는 불명예는 주지 말자. 그는 시장을 방해하는 기업가 정신을 저해하는 정부의 규제를 옳지 않다고 본, 그 나름대로의 철학을 가진 인물이다. 그는 이렇게 자신의 논리를 편다.

경제적 청춘

"결혼 생활을 하다 보면 행복한 날이 있는가 하면 행복하지 않은 날도 있지요. 여기 2개의 원이 있습니다. 제가 그린 이 2개의 원을 호수라 생각해보세요. '고용이라는 호수'와 '실업이라는 호수' 말입니다. 저는 고용에서 실업으로 실업에서 고용으로 이동하는 수는 비슷하다고 봅니다. 고용은 장기적으로 보아야 합니다. 한국은 장기간 안정된 고용 시장을 유지했습니다. 그래서 이제 반대로 실업 호수에 있게 되는 기간이 길어지는 것입니다. 실업 문제를 해결하는 데는 상당한 시간이 걸릴 수밖에 없습니다."

　시간은 돈이다. 그래서 그의 말이 가혹하다고 청춘들이 야유를 퍼부을 수 있다. 정부가 다양한 지원을 해 청년 실업을 해결하는 게 진정한 리더의 역할이라는 반대 논리가 그래서 먹혀들어간다. 사실 기후 변화, 청년 실업, 불평등과 같은 사회 문제를 해결하는 데 있어 정부는, 단순히 시장 실패를 바로잡는 것에 그치지 말고 적극적으로 시장을 창조하는 방향으로 나아가야 한다. 더구나 시장이 자연스럽게 '기술 경제의 패러다임'으로 가도록 인도해야 한다. 어떤 민간 기업도 사람을 달에 보낼 생각을 하지 않았을 때, NASA는 아폴로 계획에 착수했다. 시장에 내버려두는 게 능사는 아니고 공적인 자금으로 기술 발전에 많은 돈을 투자하는 게 중요하다. 기술 개발과 관련하여 시장과 정부의 역할을 둘러싼 해묵은 논쟁은 지금도 현재 진행형이다.

　기업은 투자자금이 부족하거나 위험에 노출되기 쉽다. 통상적으로 혁신에는 위험이 따른다. 이런 경우에 과감한 정부 투자로 리스크를 줄여주고 기업가 정신을 고취시키는 한편, 투자가 결실을 맺을 경우 그 보상이 사회 전체의 이익이 되도록 하는 방법을 진지하게 모색해야 한다.

　이 대목에서 시장과 정부 중 누구의 손을 들어주는 것보다 더 중요한 것을 생각하자. 미래를 이끄는 기업가 정신을 방해하는 리더는 자리에서 물러나야 한다. 대신 이런 리더가 필요하다. 구성원들에게 '기氣', '흥興', '정情'의 중요성을 불어넣는 리더 말이다. 직원들이, 나아가 국민들이 '일'과 '재미'를 함께 느끼게 하는 사람이 영웅의 권좌를 차지할 덕목을 갖춘 사람이 아닐까?

　인기 있는 국민 언니, 국민 여동생은 삶의 낙이 되기에 우리에게 당연히 필요하다. 하지만 조직이나 국가는 인기만을 먹고살 수는 없다. 조직을 이끌고 나아가 국가를 이끈다면 혜안을 갖추고 인기에 영합하지 않는 리더가 될 각오를 해야 한다. 영웅은 어쩌면 짐이 될지도 모르는 왕관의 무게를 견딜 수 있는 자여야 한다. 기득권을 과감히 허물고 양보하는 것이 미덕이 되는 사회를 만들고, 애꾸눈으로 정연되지 못한 흑백논리를 펴는 이들을 멀리할 수 있어야 한다. 현재보다 미래를 생각하는 젊은 영웅들이 많을수록 사회가 발전할 수 있을 것이다.

전면적이며,
새로운 교육 혁신

●

'이상하고 아름다운 도깨비 나라, 방망이로 두드리면 무엇이 될까,
금 나와라 와라 뚝딱! 은 나와라 와라 뚝딱!'

　　종영한 드라마 '도깨비'가 장안의 화제였다. 우리나라 도깨비는
무서운 모습부터 장난스러운 모습까지 다양하다. 관촉사 도깨비처
럼 뿔이 없는 것도 있고, 강진 사문안 석조상은 뿔이 있으며 방망이
까지 들고 있다. 도깨비는 상황에 따라 변화무쌍하게 변신하는가 하
면, 상황에 유연하게 대처하면서 인간과 어울리는 포용성까지 갖춰
풍부한 이야기 소재가 되었다. 도깨비는 도둑과 악귀를 물리치고,
술에 취한 사람과는 씨름을 하거나 노래를 부르며 같이 놀아주기도
한다. 동심의 세계로 돌아가게 하는가 하면 어른의 넘치는 분을 삭
이고 응어리진 한을 풀어주기도 한다. 도깨비는 무섭기도 하고 귀엽
기도 하다. 그런 도깨비의 캐릭터에 다채로운 특성을 입혀서 드라마

가 탄생했다.

사람들은 작가의 창의성에 열광했다. 드라마는 수출이 되고 문화 상품으로써 수많은 부가가치를 만들어냈다. 천재 하나가 수백 만 명을 먹여 살리듯, 드라마 한 편이 사람들의 심금을 울리고 경제적 가치를 창조해냈다. 저성장, 양극화로 신음하는 세계 경제에 도깨비 방망이를 든 신화적 영웅이 나타나 지구를 구해주면 좋으련만….

학교는 마트가 아니다

그런 영웅이나 천재는 타고난 것인가, 아니면 노력으로 만들어지는 것일까? 논쟁이 있을 수 있지만, 부단한 노력의 중요성을 간과해서는 안 될 것 같다.

경제 성장과 사회 발전과 세계의 진보에 대해 새로운 접근법으로 창조적 학습 사회를 들고 나온 인물이 있다. 세계화의 모순을 지적한 불평등 연구의 대가로 우리에게 익숙한 조셉 스티글리츠°다. 그는 경제·사회 전체의 획기적 생산성 향상을 위해 교육의 역할을 중시한다.

그런데 한국 사회의 모습을 보면 한편으로는 미심쩍은 구석이 있다. 우리는 태초의 아름다운 교육의 정신에 기반해 살고 있는가?

● 조셉 스티글리츠(Joseph Eugene Stiglitz, 1943~) 미국의 신케인즈 학파 경제학자. 2001 년에 노벨경제학상을 수상했다. 전 세계은행 부총재로 MIT에서 폴 새뮤얼슨의 지도 아래 박사학위를 받았으며, 26세에 예일대학교 정교수가 되었다. 기존 성장과 민영화 위주의 주류 경제학에 비판적인 입장을 취한다. 저서《불평등의 대가》를 통해 시장은 그 자체만으로는 효율적이지도 안정적이지도 않다고 주장했다.

경제적 청춘

교육은 밥벌이 수단이나 즐거움의 가치가 있는 대상이면서, 서로 가르치고 배우며 사회 전반적인 편익을 확대해나가는 수단이었다. 그래서 진정한 교육에는 조건이 있다. 교육은 학습자가 스스로 옳다고 생각하는 바를 행하게 하는 역할을 해야 한다. 도깨비에게 3행시로 물어본다.

> **도**대체 한국의 교육은
> **깨**우침을 주고
> **비**전을 제시하고 있나요?

드라마 '도깨비'에서 900년이나 산 도깨비로 분한 배우 공유는 한국인에게 용기를 주고 경제에 활력을 불어넣으려는 듯 이렇게 말한다.

> "그대의 삶은 그대가 바꾼 것이다. 그러한 이유로 그대의 삶을 항상 응원했다."

그의 말은 교육이 자신의 삶을 제대로 개척하는 역할을 해야 한다는 믿음에서 나온 것 같다. 사실 다른 도깨비들은 획일적인 한국 교육과 처절하게 정답을 외우는 학생들을 바라보며, 또 다른 3행시를 지어 비웃을지도 모르겠다. 요즈음 '엄마 매니저'의 손바닥 안에서 하루 24시간을 감시받는 한국 학생들이 스스로 삶의 주인의식을 가지지 않는 경우도 종종 있다. 누군가는 회사에서 무슨 일이 생겨도 엄마를 찾으니 도깨비가 아연실색을 한다.

도무지 한국 교육을 이해할 수 없어요.
깨달음이라는 단어는 서랍장에 꽁꽁 숨어 있고 한 자라도 틀리
면 깨진다고 생각해서인지 학생들은 소심하고 다양성으로 무
장한 기가 전혀 느껴지지 않아요.
비슷한 생각을 하는 사람을 공장에서 찍어내듯 대량 생산하는
게 학교 같아요.

우리는 진정 제대로 배웠을까

잘 만든 로봇 하나가 수만 명의 일을 대체해 생산성을 증진한다. 그
런 로봇을 만드는 것에 있어 창의성이 기본이다. 이런 생각을 하며
먼저 한국 교육의 역사와 현주소를 제대로 파악해보기로 하자.

과거에 우리 교육은 한국을 지독한 가난에서 세계 10위권의 경
제 강국으로 이끈 일등 공신이었다. 높은 교육열이 선진 기술을 빠
른 속도로 흡수하게 했고, 물적, 자본 투자도 유도했다. 그래서 초등
교육도 제대로 이수하지 못하는 빈곤국에서는 아직도 교육이 경제
성장의 가장 중요한 토대이고 교육을 통해 인적 자본을 쌓아나가는
것이 개발 경제학의 분명한 한 축이다.

인적 자본론을 주장한 시오도어 슐츠®는 '개발도상국의 경제
발전 연구'로 노벨경제학상을 받은 학자다. 교육에 대한 국가 재정
은 '소비'하는 것이 아니라, 인간에 대한 '투자 활동'이라고 했다. 그

는 교육을 통해 국민의 능력과 학력을 신장시키고, 이를 통해 개인은 계층 상승을 이루고, 국가는 생산성 증가를 얻을 수 있다고 주장한다. 확실히 이러한 신화가 압도적으로 한국 사회를 지배했다. 경제적으로 가치 있는 지식, 기능, 능력을 교육이나 훈련을 통해 얻으면 개인과 나라의 역량은 늘어난다는 게 한국에서 불멸의 신화였다. 그렇다면 교육이 국가 전체적으로 성장에 득이 된다는 게 항상 성립하는 참인 명제일까?

그러나 세월이 흐르면서 우리나라의 교육은 마치 고인 물과 같아졌다. 학교는 점포로, 학생은 고객으로, 교사는 판매원으로 변해 교육이라는 상품을 '과거 지향적'으로 소비한다. 학교가 비판적 사고와 창의성을 지닌 학생을 길러내기보다는 규율과 시간 엄수, 매너리즘을 가르치는 장소라면, 그래도 교육과 경제 성장 간의 비례 관계가 성립할까?

공교육이 사회적, 경제적 변화나 혁신을 위한 매개체 역할을 할 수 없다면, 교육 수준과 경제 성장의 정비례 관계는 성립하지 않을 수도 있다. 일반적으로 교육 수준이 높으면 인적 자원이 좋아지기 때문에 고용이 원활하고 경제도 성장해야 한다. 그러나 현실은 반대일 수 있다. 대학을 졸업하고도 취업을 못한 소위 '청년 백수'가 넘쳐나고 있다. 중등교육 과정에서 직업교육은 외면당하고 교육과 고용

●   시오도어 슐츠(Theodore Schultz, 1902~1998) 경제 발전에서 교육·재능·활력·의지 등 인적 자본의 역할에 관한 영향력 있는 연구로 1979년 노벨경제학상을 수상했다. 농업 발전이 공업화의 필수불가결한 전제 조건이라는 확신에 기초를 두고 발전의 원천이자 빈곤 문제의 유일한 해결책인 인적 자본에 대한 투자와 그 수익에 관한 이론을 전개했다.

은 동떨어져 서로 유기적으로 돌아가지 않을 때도 있다. 언제부터인가 한국은 교육과 고용, 경제 성장이 따로 놀게 됐다. 교육과 경제 성장의 선순환 구조는 어떻게 복원해야 할지가 우리의 지상 과제가 되고 있다.

하버드대학교 경제학과 교수 랜트 프리쳇Lant Prichett은 2004년 〈교육은 전부 어디로 사라져 버렸는가〉라는 논문을 발표했다. 1960년에서 1987년에 걸쳐 여러 선진국과 개발도상국을 대상으로 교육과 경제 성장 간의 관계를 분석한 내용이다. 프리쳇 교수는 이 논문을 통해, 교육 수준이 높아진다고 경제 성장이 빨라진다는 증거는 거의 없다고 보았다. 스위스는 세계에서 가장 부유하고 산업화한 나라 중 하나이지만 대학 진학률은 선진국 중에서도 가장 낮은 편에 속한다. 1990년대 초까지만 해도 다른 부자 나라 대학 진학률의 3분의 1에 지나지 않았다. 이를 통해 그는 부자 나라와 가난한 나라의 가장 큰 차이는 구성원 개인의 교육 수준이 얼마나 높은가에 있는 것은 아니라고 했다.

교육에서 중요한 것은 각 개인을 얼마나 잘 아울러서 높은 생산성을 지닌 집단으로 조직화할 수 있느냐이다. 교육은 중요하지만, 고등교육과 같은 높은 교육 수준이 항상 중요한 것은 아니라는 말이다. 한 나라가 번영할 수 있느냐의 여부는 개인의 교육 수준에 전적으로 달려 있는 것이 아니다. 오히려 생산성 높은 산업 활동에 개인들을 조직적으로 참여할 수 있게 하는 사회 전체의 능력이 중요하다. 미래의 성장 동력을 위해 창조적 인적 자본 육성에 집중하는 교

경제적 청춘

육이 필요한 것이다. 조셉 스티글리츠 역시 교육의 이러한 역할에
주목을 하고 있다.

정보보다 창의성 우위의 시대가 온다

바야흐로 제4차 산업혁명 시대이다. 농업혁명으로 인류는 만물의
영장이 되었고, 과학혁명으로 문명의 놀라운 발전을 이룩했다. 과학
기술의 놀라운 발전은 인류의 삶에 큰 영향을 미쳤으며, 앞으로도
예측하기 어려운 영향을 미칠 것이 확실하다. 이러한 시대가 요구하
는 교육은 모두가 똑같아지는 교육이 아니라, 다양성을 인정하는 교
육이어야 한다. 오히려 획일적인 높은 교육열이 경쟁 비용을 상승시
키고 노동 시장과 자원 배분을 왜곡시켜 경제 성장을 저해하는 문제
가 되는 점을 심각하게 생각해봐야 한다.

여기서 생산성 향상을 위해 '창조적 학습 사회' 구축이 무엇보
다 중요하다는 조셉 스티글리츠를 불러보자. 그의 이론을 통해 미래
지향적 투자로서의 교육 방향에 대한 핵심을 들어보자.

> "국가와 기업 사이에 크고 꾸준한 차이가 존재하는 이유는 왜일
> 까요? 바로 지식의 차이에서 발생하는 것입니다. 선진국과 개발
> 도상국을 갈라놓는 것은 '자원의 격차'가 아니라 '지식의 격차'
> 입니다. 경제 개발이 후진국에서 빠르게 발생하는 이유는 교육
> 을 통해 시장의 비효율을 제거함으로써 자원을 효율적인 방향
> 으로 투입해 생산성을 증진할 수 있기 때문입니다. 그러나 이후

로는 새로운 혁신을 통해서만 생산성을 향상할 수 있습니다.

지식은 국경이나 기업 사이에서 자연스럽게 이동하는 것은 아닙니다. 국가와 기업의 진보와 퇴보를 만드는 것이 바로 지식인데 이를 생산하고 전파하는 데 시장이 가장 효율적이라고 추정할 수 없다면 어떻게 해야 할까요? 시장이 비효율적일 수 있기 때문에 국가의 역할이 중요합니다. 창조적 학습 사회란 기업들이 생산성 향상을 위해 빠르게 학습하도록 하는 사회를 말합니다. 정부는 이러한 학습의 이익이 극대화되도록 정책적 뒷받침을 제대로 해야 합니다."

정부의 이러한 노력이 성공적일 경우, 자원의 효율적 배분과 경제 성장, 나아가 우리 삶의 질적 향상이 가능하다는 게 스티글리츠의 주장이다. 그의 주장처럼 현대 경제의 성공이 혁신과 학습에 있다면, 정책이 어떻게 혁신의 속도를 향상시킬 수 있는지에 대한 이해가 경제의 중심에 서야 한다. 그는 거의 모든 정부 정책이 학습의 관점에서 재조명돼야 한다며 4가지를 특히 강조한다. 제대로 된 교육, 사회 안전망, 법적 제도, 혁신 시스템이 바로 그것이다. 그에 의하면 교육과 관련해 젊은이에게 창의성과 바람직한 공부 방법을 전수하는 것이 무엇보다 중요하다. 하긴 학교를 벗어나면 또 다른 사회의 삶이 우리를 기다린다. 현대인은 평생 학습의 운명 속에서 자신을 부단히 개척하지 않으면 안 된다. 변화의 속도가 빨라지면서 학교에서 습득한 지식은 쉽게 낙후된다.

이제 교육은 정보의 바다에 접속해 정보를 캐내는 것에 있지 않다. 누구나 정보에 접근하는 것은 쉽다. 제대로 된 정보를 재빨리 입수해 남들보다 훌륭하게 평가하고 어떤 의미로 사용할 것인지에 대한 고심을 하는 데 초점을 맞춰야 한다. 이직률이 높아진 현실에서 개인은 기업이 제공하는 직업 교육의 혜택을 온전히 누리지 못한다. 자연스레 학습의 부담은 개개인, 정부에게 지워질 수밖에 없다. 그래서인지 스티글리츠는 이렇게 주장한다.

창조적 학습 사회에서 필요한 것

"영국 왕의 계보를 외우는 것이 중요할 수 있습니다. 그런데 그런 것은 검색하면 나오잖아요. 이것보다 더 중요한 것은 지금 우리가 살아가는 세계가 요구하는 필수 지식을 습득하는 것입니다. 압도적인 수의 아프리카 시골 지역의 아이들은 시골 마을에서 살아갈 확률이 높습니다. 이들에게 도시의 직업에 대한 지식을 제공하는 것보다는 아프리카 시골 마을의 환경을 개선하는 방향에 교육의 초점을 맞춰야 하지요."

과연 우리가 배우는 교육이 우리의 문제를 제대로 해결해주고 있는지 반문하고 싶다. 그가 강조하는 창조적 학습 사회를 위한 다른 3가지 요소를 생각해보자. '사회 안전망'은 개천에서 용이 나는 시스템을, '법적 제도'는 파산해도 다시 일어설 수 있는 용기와 기회를 주는 것을, '혁신 시스템'은 기초 연구에 대한 정부의 적극적인 지원을 말한다. 기초 연구 지원으로 과학 기술 진보를 위한 인센티브를 부여하고 사회 전체에 지식을 전파시키는 것이 필요하다.

스티글리츠는 누구든지 세상을 더욱 살기 좋게 만드는 데 기여할 수 있다고 보았다. 이를 위해서는 학습자가 사고의 혁신자, 식견 있는 낙관주의자, 통찰력과 너그러움을 지닌 유연한 인간이 되어야 함을 강조한다. 독창성과 창의성을 강조한 그는 4차 산업혁명의 시대 정신인 남과 어울려 협업하고 서로의 사고를 잘 연결하는 융합 능력도 겸비해야 함을 강조한다. 스티글리츠의 말을 들어보자.

> "나는 시장 경제에서 경쟁이 효율적이며 탐욕의 추구는 '보이지 않는 손'으로 인해 사회 후생으로 이어진다는 전통 경제학의 관점에 의문을 제기합니다. 그래서 우리는 새롭게 경제 정책을 학습할 필요가 있습니다. 지난 사반세기 동안 경제 개발 정책을 지배해온 워싱턴 컨센서스Washington consensus에 나는 반기를 들어왔습니다. 탈규제와 무역, 금융, 투자의 자유화에 대한 비판적 시각을 여전히 견지합니다. 우리는, 그리고 세계는 무엇보다 혁신 경제를 구축하고 학습을 촉진하게 하는 정부의 역할이 중요하다는 것을 깨달아야 합니다."

창조적 학습 사회에서 요구하는 학습자의 태도는 어떠해야 할까? 인생을 살면서 어떤 사람은 실패하고, 또 다른 사람은 성공한다. 무엇이 그들을 가를까? 성공한 자는 성공하지 못한 동료보다 '성공 동기'를 가지고 있다는 사실이다. 4차 산업혁명 시대에는 올림픽 정

경제적 청춘

신과 같은 필승의 비전과 사명감, 목표의식을 가지고 자기가 처한 위치에서 후회 없는 노력을 다해야 한다. 인류 사회에 공헌하고 국가 번영과 자기의 행복을 위해 치밀한 계획과 전략을 세워 땀과 눈물의 값진 노력을 기울여야 한다.

조셉 스티글리츠는 "신념이라는 인식은 행동이라는 선택에 영향을 준다."라고 강조한다. 무기력하고 비생산적이며, 불공정하게 대우를 받는다는 인식은 사람들의 행동에 잘못된 영향을 주기 쉽다. 국가는 국민이 이런 잘못된 인식을 가지지 않도록 정책을 만들어나가야 할 의무가 있다는 것이 '보이는 손'에 대한 그의 강한 믿음이다. 그는 창조적 학습 사회에서 인류의 미래는 인간에게 달려 있고, 인간의 미래는 전인 교육에 달려 있다고 본다.

S·T·U·D·Y로 풀어본 창조적 학습

"목표를 생생하게 바라보고 열정적으로 갈망하며 깊이 믿고 실천하면 무엇이든지 반드시 실현 된다."

스티글리츠는 이러한 믿음을 가진 인간은 승리한다고 강조한다. 여기서 주의할 점은 창조적 학습 사회에서 주요 기업은 단순히 능력 하나만으로 인재를 뽑지 않는다는 점이다. 목표를 향한 열정적인 헌신, 위험을 감수하는 용기, 가치 있는 꿈을 최상의 방법으로 실현할 수 있는 지적, 도덕적 성품을 골고루 갖추어야 한다. 그래서 창조적 학습 사회에 걸맞는 제대로 된 공부 즉, 학습에 대한 정의를 공부의 영어 철자 'STUDY'로 풀어보자.

우선 S, '작은 성공Small Success 관리'이다. 작은 성공이 큰 성공으로 이어지도록 격려해 학습에 집중하도록 하는 것이 중요하다. 다음으로 T, '신뢰의 시간Trusty Time'이다. 믿음이 잉태되는 시간은 역경의 부담을 줄이고 즐거운 마음으로 효율적인 학습을 하게 한다. 그러니 먼저 자신을 믿어라. 역경이 쌓여 경력이 된다. 그 경력은 인생을 판단하는 멋진 준거가 된다. 다음은 U, '철저한 독창성Utter uniqueness'이다. 남들과 똑같이 사고한다면 그렇고 그런 인물 중 하나가 될 뿐이다. 남들과 다른 자신만의 독창성을 갖추기 위해 경쟁력을 키우자. 그 다음은 D, '깊은 헌신Deep Dedication'이다. 인내는 쓰고 열매는 달다. 재능을 키우는 의식적인 연습이 없다면 성공은 멀다. 노력은 결코 배신하지 않는다는 평범한 진리를 되새기자. '노력'만을 강요하는 것은 옳지 않지만 열정이 중요한 것은 거부할 수 없는 사실이다. 마지막으로 Y, '그래 배우자Yes and Yearning to Learn'는 태도이다. 배움에 대한 목마름으로 적극적인 학습 태도를 가져야 한다. 공부란 몸과 마음의 근력을 키워나가는 과정이다. 불확실성이 일반화되고 로봇이 인간을 대체하는 사회가 온다고 하더라도 심신의 조화된 근력으로 무장한 사람은 겁날 게 없다. 타인에 대한 배려가 약하면 너무 딱딱해 부러지기 쉬운 존재가 된다.

가속화되는
도시화에 대처하는 법

●

4차 산업혁명 시대에는 경제의 중식축 이동이 예상된다. 그중 중요한 예측이 신흥국 도시화의 가속화다. 우리나라 속담에는 "말은 나면 제주도로 보내고 사람은 나면 서울로 보내라."는 말이 있다. 누군가는 사람 많고 공기 나쁘고 차 붐비고 물가 비싼 서울에 반기를 들 수도 있겠다. 허나, 이 말의 본 뜻은 성장 가능성의 중요성을 강조한 말이다. 말馬다운 말이 되기 위해서는 좋은 말이 많고 명마로 클수 있는 환경을 갖춘 제주에 가야만 하고, 같은 이치로 크게 성공하기 위해서는 똑똑한 사람이 많은 서울에서 부대끼면서 견뎌내야만한다는 말이다.

자, 이 문제를 경제적 관점에서 살펴보자. 산업화 초기에는 생산성이 낮은 농촌에서 도시 제조업 부문으로 노동력이 이동하면서 급속한 산업 발전이 이뤄졌다. 그러나 값싼 노동력의 공급은 지속 가능한 것일까?

여기에 의문을 품은 경제학자가 있었다. 그는 '루이스 전환점 Lewisian turning point'으로 유명한 경제학자 윌리엄 아서 루이스*다. 영국령 서인도제도의 작은 섬 세인트루시아에서 흑인 이민자 가족으로 태어난 루이스는 경제 성장은 '1인당 소득이 발전하는 과정'으로 보았다.

하고 싶은 일을 마음대로 할 수 없고 피부색으로 차별받던 그는 교육의 기회를 찾아 영국 런던에서 경제학을 공부했다. 운명은 자신이 경제학자가 되도록 정해놓았다는 그는 자신의 출신을 망각하지 않고 개발 경제학에 매진했다. 가난한 나라를 부자로 만드는 개발 경제학을 공부하며, 그는 농촌 인구가 도시로 이동하면 저렴한 비용으로 끊임없이 값싼 제품을 만들 수 있다고 보았다. 무제한으로 공급되는 잉여 노동력이 도시화와 경제 성장을 이끌 것으로 보았다. 그의 '잉여 노동 모델'은 개발도상국의 공업화 정책에 큰 영향을 줬다.

그의 주장에 맞게 한국은 도시화와 경제 성장이 동시에 진행됐다. 문제는 이러한 형태의 경제 성장은 지속 가능하지 않다는 데 있

● 윌리엄 아서 루이스(William Arthur Lewis, 1915~1991) 세인트루시아 출신의 경제학자. 1979년에 노벨경제학상을 받았다. 런던정경대학교에서 수학한 후 1948년에는 맨체스터대학교, 1963년에는 프린스턴대학교의 경제학 교수가 되었다. 그는 1958년부터 유엔에 의해 가나의 경제 고문으로 파견되었는데, 자신이 제3세계 출신임을 잊지 않고 연구의 초점을 개발도상국의 빈곤과 경제 문제에 맞추었다.

다. 루이스는 언젠가는 도시로 일하러 올 농촌의 남아도는 잉여 노동력이 없어지고 임금은 상승하며 성장률은 낮아지게 되는 시점에 이르게 된다고 주장했다. 이게 바로 '루이스 전환점'이다. 그는 이 시점에도 저임금 노동력에만 의존하는 국가는 후퇴의 길을 걷게 된다고 경고했다. 한국은 1980년대 말, 이미 루이스의 전환점을 겪었고 중국은 2010년 그 전환점에 도달한 것으로 추정된다.

진정한 경제 성장의 과실

'루이스 전환점'은 우리에게 무엇을 말하고 있을까? 저임금 노동력만 고수하는 경제는 지속 가능하지 않다는 것이다. 그러나 한국의 현실을 보자. 여전히 저임금 노동자에 대한 의존성은 높고, 산업의 라이프 사이클에 순응한 새로운 산업의 발굴과 지원은 부재하다. 미숙한 구조 조정과 노동 개혁 실패로 루이스 전환점을 완전히 벗어나고 있는지도 의문이라는 시각이 적지 않다.

고급 인력들은 고용 시장에서 비정규직이나 임시직으로 헤매고 있다. 취업난에 따른 하향 지원으로 저임금 노동자로 전락하는 현실을 감안하면 저임금에 대한 의존성은 여전히 높다. 더구나 국가 경제를 견인하는 조선, 철강, 자동차 산업이 선·후진국 사이에 끼어 샌드위치 상태로 위협받고 있다. 수출의 70% 이상을 신흥·개발도상국에 의존하는 수출 구조, 고령화, 생산 가능 인구 감소, 내수 회복의 더딤은 한국 경제의 앞날에 도전이 되고 있다. 루이스는 "진정한 경제 성장은 양적 성장이 아닌 사회 전체의 변화를 가져오는 질

적 성장"이라고 말한다. 우리는 함께 잘살자는 그의 개발과 경제 성
장의 의미를 제대로 이해하고 있을까?

중국으로 시선을 돌려보자. 중국의 도시화는 루이스의 이론을
따른 것이었다. 경제사를 연구한 학자들은 도시 거주자가 농촌 거주
자보다 1.5배에서 3배 정도 생활 수준이 높았다고 주장한다. 물론 유
유자적한 농촌에서 소소한 삶의 가치를 택하는 것은 본인의 몫이다.
어디까지나 이것은 경제적 차원에서 도시가 강력한 성장엔진이 된
다는 것이다. 인구가 밀집하면 나쁜 점도 있지만 좋은 점도 있다. 규
모의 경제, 노동의 전문화, 지식의 확산, 교역에 의한 생산성 향상이
가능하다. 특히 기술의 발전과 함께 생산성 향상은 네트워크 효과로
강화된다. 도시의 인구 밀집이 더 많은 사회·경제적 상호작용을 제
공하는 것이 도시화와 경제 성장의 근거다.
　여러 이유가 있겠지만 도시화율이 낮은 중국은 농촌 인구의 도
시로의 이동을 국가적 차원에서 전략으로 기획했다. 그동안 중국은
투자와 수출 주도로 경제 성장을 추진했다. 이 과정에서 정부와 민
간 부문의 저축은 과잉 상태였고 내수는 부진했다. 국내총생산GDP
에서 소비가 차지하는 비중이 턱없이 낮았다. 중국의 도시화는 새로
운 소비 시장을 건설하는 데 긍정적인 영향을 주고, 내수 부족과 투
자, 수출 과잉의 대외적 불균형을 시정하는 데 순기능을 할 것이라
는 주장은 그래서 가능하다.
　산업화 시대의 도시들은 제조업 생산으로 인해 번영했다. 오늘
날의 번영하는 대도시들은 도시가 제공하는 우수한 서비스로 번영

한다. 미술, 연극, 요리, 패션 그리고 매력이 넘치는 남녀로 이루어진 도시가 사람들을 끌어당긴다. 사람들이 부유해지면 부유해질수록 이러한 소비 도시는 번영한다.

물론 논박은 여전하다. 일각에선 과거 브라질이나 멕시코도 경제 성장 동력으로 도시화를 추진했지만 오히려 도시 빈곤층이 늘어나는 결과를 초래했다고 주장한다. 도시로 흘러들어오는 인구를 뒷받침할 만한 일자리가 생기지 않는다면 사회 불안이 더 높아지지 않을까 하는 생각을 하면 더욱 그러하다. 그런데 누군가 이렇게 대답한다.

도시로 몰리는 사람들과 도시 빈민들

"가난한 사람들이 저개발 비도시 지역에 계속 머물러 살도록 그곳에 기업을 유치하는 전략을 세울 수 있겠죠. 그런데 그게 진정 효과가 있을까요? 비싼 건축물을 그곳에 지을 것이 아니라, 그들이 도시로 이주할 수 있도록 도와주는 것이 더 낫지 않을까요? 도시에 빈민이 많은 것은 도시가 빈민에게 더 많은 기회를 제공하기 때문입니다."

이 점에서 그는 루이스와 상통하는 면이 있다. 사람에 따라 빈곤하더라도 도시에서 빈곤한 것이 더 낫다고 생각할 수 있다. 그들은 루이스처럼 도시의 성장은 시골의 가난을 줄이는 효과적인 방법이라는 주장을 지속한다. 리우데자네이루나 캘커타, 뭄바이 같은 대도시의 빈곤은 뉴욕이나 도쿄, 런던의 빈곤과 비교할 것이 아니라 브라질이나 인도 비도시 지역의 빈곤과 비교되어야 한다고 주장한다.

"가난한 사람들이 농촌 지역에서 도시로 이주하는 것은 국경을 넘어 이민하는 것보다 훨씬 더 쉬운 일 아닌가요? 대도시의 빈곤이 제아무리 끔찍해 보일지라도 그것은 같은 나라에 있는 농촌의 빈곤 상태보다는 훨씬 나은 것이죠. 만약 가난한 사람들의 이주로 도시 인프라에 과부하가 걸리더라도, 그들을 거절하는 것보다는 인프라를 확충하는 것이 윤리적으로도 더 정당하고 경제적으로도 더 혜택을 주는 것이라 생각합니다."

그런 그의 말을 들으니 왜 가난하면서도 도시에 살려고 하는지 이해가 가는 구석이 있다. 하지만 도시의 불평등을 바라보면 씁쓸해지기도 한다. 도시 불평등을 해결하기 위해서 각국 정부는 지역이 가진 환경의 특수성을 고려해 나름대로의 전략을 수립하고 있다.

도시는 어떻게 '승리'할 수 있을까

도시화의 이점을 주장하는 사람 중에 《도시의 승리》라는 책을 통해 도시 예찬론을 편 학자가 있다. 노벨경제학상 수상 후보로 거론되기도 하는 에드워드 글레이저Edward Glazer를 초대해 본격적인 논거를 들어보자. 또한 아서 루이스 사후의 도시화 문제를 고민해보자.

"도시가 생산적인 이유는 "말은 나면 제주도로 보내고 사람은 나면 서울로 보내라."라는 한국 속담과 같아요. 튼튼한 인적 자본 때문이죠. 도시에서 사람들은 서로 더 많은 접촉을 하며, 그것을 통해 다양한 아이디어들이 더 자주 교환되어 혁신을 일으킵니다. 도시가 제공하는 다양한 교육의 기회는 일반적인 생산성 향상의 기회이기도 하지요. 이것이 바로 고대로부터 현대에 이르기까지 도시들이 번영해 온 주된 이유입니다."

그는 도시라는 공간에 초점을 두는 게 아니라, 인간에 초점을 둔다. 인간의 수요가 있은 다음에야 건물과 인프라의 필요가 생긴다는 것이다. 인간에 대한 투자의 우선순위 없이 화려한 건물과 멋진 도로, 대중교통 시설에 집착해 투자하는 것은 옳지 않다고 본다. 도시가 인적 자본에 우선적으로 투자해야 하는 이유는 경쟁적인 환경 속에서 혁신의 기회가 더 많이 제공되기 때문이다. 따라서 도시 설계자는 어떻게 인적 자본을 축적하고 그것이 도시 속에서 혁신의 기회로 확산할 수 있는지에 관심을 기울여야 한다는 게 글레이저의 주장이다. 건설업이 국내총생산에서 차지하는 비중이 크다고 해서 수요 예측 없이 건출물을 마구 짓는 것은 후손들에게 흉물을 전해줄 뿐이라고 생각한다. 도시의 운영자들이 도시의 기운이 쇠퇴한 것을 극복했다는 것을 과시하고자 수요가 없는 건물을 짓는 일에 관심을 가지는 것은 어리석은 일이다.

"수요 없는 인프라에 투자하는 것은 도시의 쇠퇴를 가속하는 방법이지요. 그러한 자원은 교육에 투자하는 것이 낫습니다. 도시가 제공하는 편의시설도 중요하겠지만, 세계 경제 속에서 경쟁력을 갖춘 사람들이 얼마나 도시에 있는지에 의해 도시의 번영이 좌우됩니다."

그의 말을 들으니 개발도상국의 경제 개발에 몰두한 아서 루이스의 '사회 전체의 변화'란 말이 생각난다. 글레이저는 번영하는 도시에서 큰 건축물이 올라가는 것은 수요가 있기 때문이지, 건축물을 올리는 사실이 수요를 만들지 않는다고 분명히 했다.

"도시에 고도 제한을 걸고 오래된 건물을 규제에 의해 남겨 두는 것은 오직 부유한 이들만이 도시에서 거주할 수 있게 하는 길입니다. 핵심 도심에 고층 건물들을 허용하지 않으면 가난한 이들은 주거 비용을 감당할 수가 없어 도심에 남아 있을 수 없어요. 소득의 대부분을 소비에 쓰는 대가족 대신 주택 구입에 더 많은 돈을 쓸 수 있는 핵가족이, 핵가족보다는 무자녀 가정, 독신자가 도시의 핵심에 있게 될 것입니다."

그는 도시 개발을 제한하는 것은 부동산 가격을 높이고 그곳에서 주택 구입 여력이 없는 이들을 몰아내는 가장 확실한 방법이라고 주장한다. 개발 제한이 오히려 여력이 없는 사람들을 도시의 외곽으로 점점 더 밀려나게 한다는 것이다. 그의 주장은 재건축 고도제한

경제적 청춘

문제에 민감한 한국 사회에서는 거북하게 들릴 수도 있다. 그의 이야기를 더 들어보자.

"고층 건물이 초래하는 문제가 없는 것은 아닙니다. 도시의 운영자들은 오랜 시간이 걸리는 허가 과정, 각종 규제나 개발 제한을 줄이고 이를 단순한 요금제로 대체해야 합니다. 고층 건물이 침해하는 일조권이나 조망권은 건설업자에게 세금으로 부담하게 해야죠. 개발 이익은 환수하면 됩니다."

혁신은 모여야 산다

논란의 여지가 있기에 그의 주장을 쉽게 받아들이기는 어렵다. 하지만 분명한 것은 하나 있다. 오랜 경기 침체를 극복하는 방법으로 일본은 건설 투자에 사활을 걸었다. 고령화 속에서도 유럽의 집값은 견고한데, 일본이 그렇지 않은 것은 결국 주택 수급의 문제가 컸다고 볼 수 있다.

쇠퇴하는 도시의 운영자들은 쓸데없는 운영비만 드는 건물을 철거하고 주거 환경 개선을 위해 적은 인구라도 더욱 경쟁력 있는 사람들을 유치해야 한다. 이 대목은 누구나 고개가 끄덕여질 수 있겠다. 문제는 글레이저의 국토 균형 발전에 관한 이론이다. 혹시 그의 주장을 듣고 화를 내지는 마시라. 사람은 누구나 생각을 달리할 수 있다.

"국토 균형 발전으로 더 생산적인 기회를 만들 수 있다면야 그런 아이디어에 나도 찬성하겠습니다. 하지만 국토 균형 발전을 위해 세제 혜택을 저개발 지역에 주고 기업을 유치하고자 한다고 했을 때 부작용은 없을까요? 대체 어떤 목적을 위해 그러한 혜택이 제공되어야 하는 것일까요. 기업들이 비생산적인 교외에 띄엄띄엄 떨어져 있을수록 혁신의 기회는 사라지는 반면 기업을 저개발 지역에 묶어두기 위한 비용은 정부가 부담하게 됩니다."

그는 가난한 지역을 돕는 것과 가난한 사람들을 돕는 것은 전혀 다르다고 했다. 가난한 지역에 값비싼 미술관을 짓는 것은 그 지역의 토지 가격을 높여 가난한 사람들을 그 지역에서 오히려 몰아내는 것이다. 예술에 조예가 없는 가난한 사람들에게 예술의 전당을 만들어주는 것은 축복이 아닌 저주라는 것이다. 가난한 지역 개발에 그런 돈을 쓰는 것보다 그 돈을 가난한 사람들에게 직접 주는 것이 낫다. 텅 빈 흉물로 변한 지방의 공설 운동장을 보면 그의 말이 한편으로 수긍이 간다. 일본에는 차가 지나지 않는 터널이 수도 없이 많다. '사회 전체의 혁신'은 글레이저나 아서 루이스나 모두 추구하는 가치다.

"혁신은 모여 있어야 더 잘 나와요. 의미 있는 지식은 그렇게 쉽게 전파되는 게 아니거든요. 다양한 산업 분야의 여러 중소기업들이 오밀조밀 모여 있는 도시를 생각해보세요. 실리콘밸리 같

경제적 청춘

은 도시를 왜 만들죠? 모여 있어야 경쟁하고 효율이 생기기 때문이죠. 흩어지면 비효율적입니다."

4차 산업혁명 시대를 맞아 수많은 도시의 인재가 세계 노동 시장에 편입될 가능성은 더욱 커 보인다. 특히 신흥국의 도시는 글로벌 기업의 다양한 비즈니스 테스트 베드 역할을 할 것으로 보인다. 도시는 번영하기도 하지만 쇠퇴도 한다. 과거 몇몇 도시들은 교통이 편리해 운송 비용이 낮은 지역에서 번영했다. 한때 자동차로 번성했던 디트로이트를 보면 도시의 재기가 가능할지 자못 주목된다. 그래서 도시가 번영하기 위해서는 시장 조사, 우선순위 결정, 위험에 대한 분석이 필요하다. 도시화에서 발생할 수 있는 위험 요인을 기회로 활용하기 위해서는 더 치밀한 전략이 필요하다.

4차 산업혁명과 스마트 그린 도시 건설

2050년, 전 세계의 대도시들은 자국 인구의 70% 이상을 수용해야 할지도 모른다. 더 큰 도시화를 향한 움직임은 둔화할 조짐을 보이지 않을 것 같다. 제한된 자원과 공간을 생각하면 인구가 유입하는 문제에 물리적 인프라로 대응하는 전통적인 방식만으로는 해결되지 않는다. 도로와 상수도, 전기와 가스, 교육, 보건 서비스를 제공하는 데 기술을 통합하는 새로운 접근이 필요하다. 미래에는 물리적 연결보다는 가상 연결이 중요한데 고려할 요소는 어떤 게 있을까? 인간을 생각하는 도시화, 자연을 생각하는 도시화, 도시와 도시가 함께 어우러져서 살아가는 도시화, 빚지지 않고 살아가는 도시화….

이런 슬로건이 가능한지의 여부를 떠나 우선 '지속 가능한 도시화'를 추구해야 할 것이다. 낭비적인 지방 재정도 문제지만 인구의 쓸데없는 집중으로 인한 문제들도 도외시할 수 없지 않겠나. 에드워드 글레이저의 주장도 옳지만 지속 가능한 도시는 성장과 복지의 조화, 국토의 균형 발전, 도시 난개발에 따른 문제점 해소를 떠올리게 한다.

그게 아서 루이스의 '사회 전체의 변화'가 아닐까. 루이스의 말을 떠올려보면 4차 산업혁명 시대의 영웅은 '인간과 자연과 경제'의 3가지 축이 조화를 이루게 하는 인물이 아닐까. 4차 산업혁명 시대에는 빈민촌이나 환경오염, 교통 혼잡 등의 '도시병'이 없는 녹색도시 건설의 노하우를 발전시켜야 한다. 도시화를 추진하는 과정에서 자원 절약, 환경 보호 문제를 중시해야 한다. 에너지 절약을 강화하고 환경 파괴를 줄여 에너지 절약과 오염 감축에 유리한 제도를 수립해야 한다. 정보화와 기술 발전을 활용해 '스마트 그린 도시' 건설에 적극 나서야 할 것이다. 빌딩, 교통, 물류, 보안 같은 도시 행정이나 교육, 복지 인프라에 사물인터넷이 접목된 스마트 시티는 폭발적인 수요가 기대되는 분야다.

사물인터넷을 적용한 도로, 대중교통은 효율적인 교통 시스템을 구현한다. 동시에 실시간으로 변화하는 도시의 정보를 수집한다. 도시 곳곳을 움직이는 교통수단이나 도로 시스템을 통해 실시간으로 해당 지역의 도로 상황과 인구 이동 정보를 저장하고 축적하면 앞으로 빅데이터 분석으로 도시 개발과 도시가 제공하는 서비스 향상에 유용하게 활용할 수 있다.

예를 들어보자. 주거와 상업용 쓰레기통에 설치된 센서가 통이 가득차면 도시 폐기물 관리 시스템에 알려준다. 매일 아침 운전기사는 쓰레기통을 비우기 위한 최적화된 경로 정보를 받게 된다. 이러한 새로운 시스템 효율과 작업자의 생산성 향상은 엄청난 수준의 비용 절감을 발생시킨다. 선진국의 대도시 인구 증가와 신흥국의 급속한 도시화로 세계 스마트 시티 시장은 연평균 두 자리 수로 성장할 전망이다.

에드워드 글레이저는 여전히 우리를 고심하게 한다. 밀집된 높은 콘크리트 건물과 도시의 아스팔트 도로보다 더 친환경적인 것은 찾기 힘들다고 주장한다. 그는 사람들이 교외에서 '자연과 함께' 살면서 지불해야 하는 대가 중에는 환경 파괴도 들어 있다고 주장한다. 도시에서 사람들은 1인당 더 적은 면적에서 더 적은 냉난방비와 오염 물질을 배출하면서 더 건강하게 생활을 영위할 수 있다는 것이다. 그는 진정으로 환경을 보존하고자 한다면, 사람들이 자연 속으로 들어가 살지 못하게 막아야 한다고 한다. 전원생활의 목가적인 낭만을 노래하고 가르치는 것은 환경에 도움이 되기보다는 해를 끼치는 것이라는 그의 주장은 사실 아직은 급진적으로 들린다. 다만, 이 말만은 기억하자. 톨스토이의 소설 안나 카레니나의 첫 문장을 변용해보았다.

"성공하는 도시들의 모습은 제각기 다르지만, 실패하는 도시들의 모습은 모두 엇비슷하다."

성공하는 도시들의 모습은 제각기 다르지만, 실패하는 도시들의 모습은 모두 엇비슷하다. 각국 정부가 실패하는 도시의 원인을 분석하고 그 처방을 살펴봄이 더 현실적으로 다가온다. 훗날 미래를 살아가는 청춘들이 스마트 그린 사회에서 행복하게 살아갈 모습을 떠올려본다.

연결하는 힘이
번영을 이끈다

●

맹자는 "농사는 천하의 대본大本"이라고 했다. 세상이 다 변한다 해
도 인간 본연의 산업인 농사를 대체할 것은 없다는 말이다. 천하의
대본을 농사라 비유한 그는 농사 속에 인간의 영원한 지혜가 담겨
있다고 믿었다. 그래서 농부의 마음은 그에게 천심天心이다. 그런 마
음이 통해서일까 농업의 중요성을 강조한 노벨경제학자들이 상당
수 있다. 사이먼 쿠즈네츠Simon Kuznets는 "농업 발전 없이는 선진국
으로 진입하기 어렵다."라고 지적했고 군나르 뮈르달은 "장기 경제
정책의 승패는 농업 분야에 달려 있다."라고 말했다.

오스트레일리아 출신 경제학자 콜린 클라크Colin Clark는 농업을
일컬어 1차 산업이라고 정의하고 제조업은 2차 산업, 서비스업은 3
차 산업이라고 분류했다. 그 무렵 영국 출신 경제학자 윌리엄 페티

William Petty는 경제가 발전할수록 공산품과 서비스에 대한 수요가 크게 늘어나 수익 규모와 종사자가 1차 산업보다는 2차 산업, 나아가 3차 산업으로 몰린다는 '페티의 법칙Petty-Clark's law'을 발표했다. 소득이 늘어나도 1인당 식품 수요는 비례해 늘지 않거나 품목에 따라선 오히려 줄어든다. 그래서 전체적으로 인구가 늘더라도 총 소비량은 그리 크게 늘지 않는 현상이 발생한다.

그래서일까? 농업은 상대적으로 쇠퇴할 수밖에 없다는 시오도르 슐츠의 상대적 농업 쇠퇴론이 공식화되었다. 그렇다면 슐츠는 농업의 중요성을 간과한 것인가? 아니다. 그는 농업 경제학자로서 최초로 노벨경제학상을 수상한 인물이다.

> "세계의 대다수는 가난하다. 만약 가난한 사람의 경제학을 안다면 당신은 경제학의 중요한 원리에서 매우 많은 부분을 알게된다. 세계 대다수의 가난한 사람들은 농업으로 생계를 이어간다. 만약 농업을 안다면 당신은 가난한 사람의 경제학을 아는 것이다."

이 말만 들어도 슐츠의 농업에 대한 애정을 알 수 있다. 개발도상국, 농업 경제학, 교육은 슐츠에게 흥미로운 주제였다. 개발도상국의 경제 성장에 대한 연구로 1979년에 노벨경제학상을 수상한 그가 특히 관심을 가졌던 주제는 농업이다. 농업이 발전해야만 공업이 발전할 수 있다고 확신했기 때문이다. 유럽은 제1차 세계대전을 겪으며 황폐해져 농산품을 타국에서 수입해야 했다. 미국은 제1차 세계대전 이후 유럽에 농산품을 대량 수출하면서 성장 동력을 얻었다. 비록 유럽이 회복되면서 농산물 수출로 얻는 수익은 줄어들었지만 농업은 경제 안정에 중요한 요소였다.

슐츠는 미국뿐 아니라 개발도상국의 경제를 연구하면서 이를 더욱 절실히 느꼈다. 그는 농업 경영에 있어서 소홀하기 쉬운 경영 능력의 중요성을 강조했다. 그는 토지, 노동, 자본과 더불어 생산의 제4의 요소로 경영자의 경영 능력을 인적 자본으로 지칭했다. 그는 농업 내부에서 경영 능력의 차이가 경영 성과에 미치는 영향이 가장 두드러지는 분야가 낙농임을 지적하기도 했다.

> "낙농 경영은 사료 생산, 사양 관리, 도태, 개량 같은 경영주의 의사 결정을 요구하는 다수의 부문으로 구성되어 있습니다. 그런 만큼 경영자의 의사 결정은 경영 성과에 미치는 농업 내의 다른 어떤 부문보다 영향이 큽니다."

그의 이 같은 가설을 검증하기 위한 연구를 실시했고 그 결과 우유 생산비의 10% 정도가 경영주의 경영 능력에 의해 좌우되는 것으로 나타났다. 슐츠는 농업 경제학자로 출발해서 2차 대전 후 미군의 서독 점령군에 봉사하면서 서독 경제의 유래 없는 급속한 재건을 목격하고 큰 감명을 받았다. 공장, 기계, 설비 같은 물적 자본을 구성하고 거의 사라진 유령 도시를 운영하는 수단은 지식과 재건하겠다는 인간의 의지와 기술이란 것을 깨닫게 되었다. 슐츠는 이를 인간 자본의 개념으로 이해하고 이런 말을 한다.

"경제학이 물질적이라고 생각하는 견해가 팽배한 이유는, 경제학자들이 '자본이라는 물질적인 것'에 한정되어 연구한다는 관념에 얽매여 있기 때문이다."

그는 '인간 자본과 신지식의 투자관'을 전 세계 모든 국가에 적용시키고자 노력했다. 그는 기존의 토지와 자본을 중시했던 관점을 벗어나 인간이라는 요소를 부각시켰다. 물질적 요소를 중시했던 이전과는 완전히 다른 시각이다. 인간이 이룩하는 모든 발전의 근간에는 교육된 인간이 자리하고 있음을 시사한 중요한 대목이기도 하다. 1992년 노벨경제학상을 수상한 게리 베커 역시 인적 자본을 중시한다. 어쩌면 슐츠와 베커 모두 애덤 스미스Adam Smith의《국부론》을 해석하면서 국부에 동일한 인식을 했는지 모르겠다. 베커는 '현대 국가의 부를 측정할 때 외환, 금 보유액, 사회 간접 자본 등을 척도로 생각하기 쉽다고 보았다. 사실 국부의 4분의 3 정도는 인력, 기술, 브랜드 등의 '소프트 에셋soft asset'이다. 그래서 슐츠는 농업 경영 능력이 무엇보다 중요하다고 생각했는지 모르겠다. 슐츠는 개발도상국에서 공업만이 아니라 농업도 중요하며, 농업을 효율화함이 경제 발전의 중요 조건임을 강조했다.

여전히 많은 사람들이 굶주리고 있고 지구상의 절반은 농업과 무관하지 않은 삶을 살고 있음을 볼 때 그의 주장은 타당하다.

경제적 청춘

농업은 4차 산업혁명 시대의 핵심이다

우리가 생각하는 전통적인 농업은 토양에서 농작물을 재배하고 수확하는 것이다. 그동안 생산량과 경제성은 기술보다 경지 면적에 더 크게 좌우되었다. 농업은 경지 면적당 수익이 낮은 산업이었다. 이런 제약 조건 때문에 농업은 빠른 기술 발전에도 국민 경제에서 차지하는 역할이 점점 더 축소되었다. 그런 농업 분야가 정밀 농업 기술을 통해 4차 산업혁명 초기 단계에 진입하고 있다. 빅데이터, 인공지능, 로봇, 사물인터넷이 주요 기술로 이용되고 있다. 4차 산업혁명 시대의 농업에서는 '스마트 팜smart farm'이 새로운 변화를 주도하고 있다.

스마트 팜이란 정보 통신 기술을 온실·축사·과수원 등에 접목해 원격 내지는 자동으로 작물과 가축의 생육 환경을 적절하게 제어할 수 있는 농장을 말한다. 사물인터넷 같은 기술로 농작물 시설의 온도와 습도, 일조량을 측정하고 분석하는가 하면, 모바일 기기를 통해 원격 제어함으로써 농업의 생산뿐만 아니라 유통, 소비 등 다양한 영역을 효율화하고 새로운 부가가치를 창출할 수 있다. 그 결과 농업 분야 생산성의 비약적인 발전이 가능하게 되었다. 일본 최대 IT 기업에 방진복을 입고 들어가 채소를 재배하는 광경을 동영상으로 볼 수 있다. 1년 내내 수확할 수 있어 일반 농법보다 25배 생산성이 증가된다고 한다.

많이 팔린 곳에는 많은 양을, 적게 팔린 곳에는 적은 양의 채소를 출하하고 스마트폰 하나로 판매를 확인해 농산물 유통 관리를 할 수 있다. 인삼 잎에 영양을 강화해 인삼 잎까지 먹는 품종을 개발하기도 한다. 도심에서 양어장과 채소밭이 결합되어 한쪽에서 버려진 것을 다른 쪽의 자원으로 활용한다. 물고기의 배설물을 거름으로 활용하는 것이다. 결국 자원의 재활용은 비용을 절감하게 한다. 유리나 비닐, 플라스틱으로 지은 인공 구조물에서 인위적으로 재배 환경을 조절하면서 작물을 재배하는 시설 재배와 스마트 팜의 결합은 새로운 생산 혁명을 가능하게 할 것으로 기대하게 한다.

시설 재배는 기후가 강제하는 조건을 뛰어넘게 했고, 수경 재배 기술은 토양의 생산성에 더 이상 기대지 않을 수 있게 한다. ICT, 농업용 로봇, 인공지능의 결합은 토지와 기후의 제약 조건을 뛰어넘는 것은 물론 시장의 상황에 맞추어 생육 속도를 조절하는 것도 가능하게 한다. 스마트 팜은 인구 증가에 의한 식량 문제와 고령 인구 증가에 따른 노동력 부족에 대처해 식량 증가와 노동력 부족을 해결하는 획기적인 방안이다.

그동안 농업이 침체되었기 때문에 농업의 발전 가능성이 없다고 보는 시각도 있었으나 이제는 새로운 기술을 적용해 농업이 혁신을 이루어낼 가능성이 더 크다고 볼 수 있다. 전설적인 월스트리트의 투자가 짐 로저스Jim Rogers의 기대처럼 농업이 미래 산업으로 각광받는 것은 이런 혁신의 가능성 때문이다.

농업에서도 과채류는 본격적으로 4차 산업혁명 시대의 기술을 활용해 생산성 향상의 덕을 톡톡히 얻고 있다. 축산업은 어떤가? 더 정밀한 농장 관리를 위한 환경 정보를 수집해 자동으로 관리를 하고, 가축 개체별 정밀 데이터를 수집해 효율적 개체관리를 가능하게 할 수 있다. 빅데이터를 이용해 조류독감의 발생 위험성을 예측해 선제적 관리를 한다거나 축산물의 중간 유통 단계를 줄이고 생산자와 소비자를 직접 연결하는 것도 가능하다. 축산업은 인력 수급이 어렵지만 기계화 달성이 용이해 여러 축산 기계 설비를 사용할 수 있고 점점 더 자동화, 지능화가 진행되고 있다. 하지만 그동안 기계 설비에서 나오는 데이터들의 신호 전달과 데이터 체계가 규격화되지 않아 개별적 데이터의 수준에서 멈출 수밖에 없기 때문에 빅데이터화하지 못하는 면이 있었다. 바야흐로 '만드는 것'이 중요한 게 아니고 '어떻게 분석해 서로를 연결할 수 있을 것인가'를 제시하는 것이 중요한 시대이다. 빅데이터를 활용해 축산업의 체계적인 운영과 발전이 가능할 것으로 보인다.

이제 아프리카가 달라진다

서로를 연결하는 가능성의 증가는 아프리카의 가난을 극복하는 데 크게 기여하고 아프리카 농업에 대한 투자를 증가시킬 전망이다. 물론 아직 희망 사항이지만 얼마나 다행스러운 일인가? 아프리카, 식민 지배의 서러움을 안고 있는 이 검은 대륙은 여전히 기아로 어려움을 겪는 비중이 높다.

"저는 에이즈로 부모님을 잃고 이모 가족과 함께 살고 있어요. 매일 아침, 학교에 가는 대신 쥐를 잡으러 갑니다. 하루에 보통 8마리를 잡는데, 집에 돌아오면 쥐를 말려 가족과 함께 먹습니다."

짐바브웨의 한 소년이 국제 구호요원들에게 전한 말이다. 소리 없는 기아의 쓰나미는 현재 전 세계 인구의 9분의 1 수준이다. 굶주린 채 학교에 나오는 아이들, 기아로 사망하는 영유아 사망자 수는 우리의 가슴을 아프게 한다. 영양이 부족한 아이들의 하루 식비를 구호단체가 충당해줄 수도 있지만, 그 비용의 혜택도 받지 못하는 아이들은 배고픔에 괴로워한다. 이 와중에도 다수의 부유한 국가들은 아프리카가 가진 식량 자원을 빼앗아가고 있다.

2008년 '식량 위기' 이후에 부자 나라와 기업들은 아프리카 대륙의 가난한 국가 땅을 엄청나게 사들였다. 이들이 사들인 땅 넓이는 2008년에만 아프리카 농경지의 40%나 됐다. 선진국에 뒤질세라 중국도 엄청난 땅을 아프리카에서 사들였다. 이젠 가난한 나라 국민들은 불쌍한 소작농 신세로 전락해가고 있다.

아프리카에서 생산되는 식량의 대부분은 소규모 자작농들에 의해서 생산된다. 그동안 소규모 자작농이 너무 후진적이어서 번영은 요원하다고 생각했다. 아프리카 대부분의 나라들은 규모가 큰 상업형 농부들을 중점 지원했다. 이러한 기조는 디지털 소통이 강화되면서 크게 바뀔 것으로 보인다. 소규모 자작농들이 완전한 고립에서 벗어나 그들끼리 정보를 주고받기 시작했기 때문이다. 디지털 소통이 새로운 푸드 시스템을 만들고 아프리카의 농업을 가난과 후진의 상징에서 강력한 성장 엔진으로 탈바꿈시켰다.

누군가는 아프리카 푸드 시스템이 중점을 두어야 할 목표로 다음 몇 가지를 든다. 우선, '소규모 자작농의 지위 향상'이다. 자작농들이 적절한 종자와 비료로 최신 농업 기술과 접목해 생산을 획기적으로 늘릴 수 있다면 아프리카 대륙을 충분히 먹여 살릴 수 있다. '디지털 교육 프로그램의 공유 확산'은 영농법을 개선시키는 데 아주 효과적이다. 종자와 비료를 대량으로 구매하고, 영농 조합원에게 비용 절감분을 분배하며, 영농 기술에 관한 믿을 만한 정보 원천을 제공하고, 생산물을 모아 차고에 보관한 다음 공정한 가격을 협상할 수 있다.

그동안 아프리카 농장의 노동력 대부분은 여성들이 제공했다. 이제 '디지털 기술 발달'로 여성의 노동 생산성이 증가하고 그 결과 여성의 권한이 향상될 수 있다. 앞으로 생산량 못지않게 농산물의 품질이 향상될 것이고 아프리카 시골 경제의 모습은 번영할 것이다. 아프리카는 그동안 기후 변화로 인해 엄청난 아픔을 겪어왔다. 아프리카 토양이 전 세계에서 가장 황폐한 상태였다. 이제 디지털 교육을 통해 녹색 비료라고 불리는 콩과 작물로 윤작을 하고 용수를 관리해 기초적인 환경 보호 기술을 전파할 수 있다. 아프리카 토양의 건강이 회복될 날이 멀지 않아 보인다.

스마트 팜 시대의 농업은 더 이상 토지 면적이 제한 요인으로 작용하지 않는다. 필요하면 어느 나라도 아프리카 여러 나라와 협업을 할 수 있다. 미래의 농업은 점점 더 기술과 시장이 주도하게 될 것이다. 글로벌 생산 정보와 국가별 소비자의 기호를 파악하는 게 더 중요해질 것이다. 농업 분야에서는 특히 종자가 중요하며 생산 정보와 수요 예측을 제대로 할 경우 농업의 글로벌 경영이 제대로 될 것이다.

4차 산업혁명 시대, 농업에 기회 있다

한국의 농촌은 젊은이가 떠나고 노인들만 남아 아이울음 소리가 들리지 않는 곳이 많다. 전국 읍·면·동 가운데 주민등록상 단 1명의 신생아도 태어나지 않은 곳도 있다. 이미 40%가량이 붕괴 상태에 놓인 한국의 '지방 소멸'을 어떻게 더 이상 진전되지 않게 하고 현재의 추세를 역전하게 하느냐가 중요한 이슈로 등장하고 있다. '지방 소멸'이란 일본에서 시작된 개념으로, 저출산, 고령화로 인한 인구 감소와 대도시로의 인구 집중에 따라 많은 지방자치 단체가 소멸의 위험에 처해 있는 것을 말한다.

현재 우리나라 농림·어업 관련 종사자들의 4차 산업혁명에 대한 두려움은 전체 산업 평균보다 높은 수준이다. 그만큼 4차 산업혁명에 대한 이 분야 종사자들의 두려움은 더 크다. 벼농사처럼 이미 상당 부분 기계화가 이루어진 분야는 일자리 감소가 가속화될 가능성이 크다는 점에서 이해가 간다. 하지만, 4차 산업혁명으로 인한 농업 분야 전체 일자리 감소는 크지 않을 것으로 보는 시각도 있다. 수익성이 전반적으로 낮은 경우, 로봇이나 인공지능을 사용할 이유가 없기 때문이다. 그래서 우리는 4차 산업혁명의 기술이 접목되어 생산성이 크게 향상되는 농업 분야에 주목해야 한다.

4차 산업혁명의 특징 중 하나는 다양한 소비자 수요에 맞춘 소량·다품목을 빠르게 생산하는 것으로 우리 농업이 지향해왔던 생산 전략과 맞닿아 있다. 빅데이터를 통해 농업 생산뿐만 아니라 식품 안전, 환경 보호, 깨끗한 농촌 만들기 같은 가치를 일반 국민의 활동과 효과적으로 연결할 수 있다면, 새로운 성장 동력으로 멋진 먹거리와 아름다운 농촌을 마련할 수도 있다.

귀농하는 인구 또한 최근 들어 점차 늘어나고 있다. 도시화가 가속화 될 것이나, 한편에서는 귀농하려는 인구도 있고 그중에는 농업을 통해 부를 이루고자 하는 사람들도 있다. 농업의 매력은 무엇일까? 무엇보다 농업은 생명체를 키우는 데에서 생기는 정서적 교감이 큰 산업이다. 노동을 하면서 여가를 즐길 수 있는 대상과 공간이 '자연'이기에 대지의 원시적 낭만을 느낄 수 있지 않을까 생각하면 너무 감상적이고 사치스러운 것일까?

4차 산업혁명 시대에 농촌에서 농업에 로봇, 드론, 사물인터넷, 생명 공학 같은 기술을 적극적으로 받아들이고, 증가하는 여가 수요를 충족시킬 수 있는 감성적 공간을 만들어나가는 전략을 성공적으로 구사한다면 대약진이 가능할 것이다. 4차 산업혁명이 모든 농촌을 살릴지는 불분명하다. 하지만 디지털 기술이 아프리카에 무한한 가능성을 주듯 우리 농촌에서도 농민을 후원하고 그들이 잠재력을 발휘할 수 있도록 지원할 수 있으리라 본다.

4차 산업혁명 시대의 영웅 서사시

이런 기회를 만들기 위해서는 정책 변화와 투자뿐만 아니라 정책 담당자, 기업, 농경학자, 디지털 전문가들의 헌신이 필요하다. 그러나 가장 중요한 것은 이러한 변화와 적응을 구상하고 주도할 지도자다. 4차 산업혁명 시대의 지도자는 기술이 초래하는 변화에 주목하여 부정적 영향을 최소화하고 긍정적 영향을 극대화하는 자질을 갖추어야 한다. 4차 산업혁명 시대는 분권화, 자율성과 다양성, 수평적 연대와 협업이 중요시되는 반면에 단순 노동의 종말을 불러올 것으로 예상된다. 기술 그 자체도 중요하지만 이런 변화를 받아들이는 자세가 더 중요할지도 모른다. 그래서 국가는 이런 부분에 대한 교육의 여건을 조성해야 할 것이다.

'인간이 자본'이라는 슐츠의 생각은 미래에도 유효할까? 인간이 기계에 대체되는 게 아니라 인간이 기계를 창조하는 것이다. 인간이 과소평가되었다는 말이다. 그래서 그의 말은 여전히 유효해 보인다.

2,800년 전 호메로스Homeros는 당대가 요구하는 영웅관의 변화를 자신의 대표 서사시 《일리아스》와 《오디세이아》에서 노래했다. 두 작품 모두 트로이 전쟁이 배경인데, 《일리아스》는 전쟁에서 벌이는 영웅들의 영웅담을, 《오디세이아》는 전쟁 이후의 험난한 귀향길에서 벌어지는 모험담을 중심 소재로 삼았다. 두 작품에 나오는 영웅관은 다르다. 아마도 그리스의 영웅관과 지배 이데올로기의 변화를 반영하고 있을지 모르겠다. 4차 산업혁명으로 가는 여정은 오디세이아가 마주친 거친 바다를 헤쳐나가는 과정을 닮았을지도 모른다. 여러 위험이 존재하기에 새로운 경험을 하는 대신 수업료를 내야 할지 모른다. 최소한의 수업료를 지불하기 위해선 행동 이전에 생각하고 생각해야 한다. 《오디세이아》의 주인공 오디세우스는 그전의 영웅과 180도 다른 모습을 보여준다. 신중하지 않으면 에게해와 지중해에서 만나야 하는 각종 위험을 피할 수 없었기 때문이다.

왕관을 쓴 영웅은 큰 힘을 가질 수 있기에 이에 수반되는 책임 역시 클 수밖에 없다. 그 책임은 나 자신에게만 적용되는 것이 아니라, 자신에게 그런 힘을 부여한 다른 사람과의 관계에서도 적용되는 중차대한 것이다. 그래서 영웅이 되려는 자는 그 책임의 무게를 견뎌야 한다.

4차 산업혁명 시대에 우리는 생각하는 사람, 지혜롭게 움직이며 책임감으로 임무를 완수하는 영웅을 기다리고 있다. 고개를 돌려 우리 스스로를 바라보자. 우리 마음 속 작은 영웅의 모습을 그려보자. 이 세상에 나만큼 소중한 존재가 어디 있겠는가! 스스로를 응원하면서 맡은 바 책무를 다할 때 우리는 성취감을 느낀다. 때로는 삶에 지쳐 한없이 작아 보이지만, 서로에게 힘이 되어줄 수 있을 때 존재감을 갖는다. 매일 매일 변해가는 세상을 두려워 할 것은 아니다. 넘어서야 할 것은 우리 자신이고, 각자가 이 시대의 소명을 다해야 할 작은 영웅임을 명심해야 한다.

힘든 세상, 하루하루 책임감을 갖고 살아가는 청춘들이여. 그대가 바로 이 시대의 영웅이다.

SECTION V.

포용의 경제학

합창 교향곡

마지막 교향곡은 낭만주의 사조의 문을 연 작품으로 베토벤의 혁신적 성향을 대변한다. 베토벤은 청력이 완전히 상실된 상태에서 이 곡을 작곡했다. 《음악이란 무엇인가》의 저자 니콜라스 쿡은 '합창 교향곡'을 일컬어 "베토벤의 작품들은 물론 서양 음악 전체에서 가장 뛰어난 곡"이라며 찬사를 아끼지 않았다. 현재 유네스코 세계 기록 유산으로도 지정돼 있다.

프랑스 계몽주의와 칸트, 쉴러의 영향을 받은 젊은 베토벤은 일찍부터 쉴러의 시 〈기쁨에 부쳐〉에 곡을 붙일 생각을 하고 있었다. 1822년 런던 필하모닉 소사이어티의 위촉으로 본격적인 작곡에 들어갔고 1824년에 완성했다. 1824년 10월 빈에서 초연되었는데, 베토벤 자신의 감독 아래 실제적인 지휘는 미하엘 움라우프가 맡았다. 연주가 끝난 뒤 베토벤은 귓병으로 인해 박수갈채를 듣지 못하다가 독창자들이 그를 청중 쪽으로 돌려 세워주자 비로소 연주가 성공적인 것을 알았다는 유명한 일화가 있다.

오케스트라 악기들이 불협화음으로 무질서하게 하강하면, 첼로와 콘트라베이스가 이 혼돈을 도저히 못 견디겠다는 듯이 뛰어든다. 그게 '합창 교향곡'의 백미이다. '합창 교향곡'은 독창, 중창, 합창으로 이어지며 화려하게 전개된다. 모든 사람이 형제처럼 평화롭게 공존하는 아름다운 공동체를 만들자는 메시지가 오케스트라와 합창으로 장대하게 펼쳐진다.

우리는 지금 세계를 아름다운 공동체를 만들어가고 있을까? 자국우선주의와 보호무역주의로 회귀되고 있음을 볼 때 '합창 교향곡'이 우리에게 제시하는 시대 정신은 지극히 중요하다. 외국인 때문에 일자리를 잃은 자국민의 심정을 어찌 나 몰라라 할 수 있겠나. 트럼프 대통령의 당선이나 영국의 브렉시트 결정은 그 자체로 시대의 아픔을 보여주는 것일 수도 있다. 상실의 시기에 상처받은 아픔을 해결하는 데 신뢰, 평화, 사랑의 정신보다 더 아름다운 것이 있을까?

이 섹션에서는 트럼프노믹스와 브렉시트의 미래를 성찰하고 우리 사회에 만연한 지역 이기주의와 부패에 대한 경제학적 고찰을 해보자. 다함께 잘 사는 따뜻하고 투명한 사회를 지향하는 메시지를 함께 음미하고자 한다.

'합창 교향곡'이 모든 것을 잃은 베토벤의 역설적인 환희의 송가라면 이 섹션은 불안과 불확실성에서 방황하는 세계인과 우리 이웃을 위해 평화를 갈구하는 바이블 같은 장이 될 것이다.

트럼프노믹스 시대,
무엇을 준비해야 하는가

●

성공한 비즈니스맨, 베스트셀러 작가, 미디어 스타. 이 3가지 키워드를 자신의 이름 앞에 붙인 인물이 세계 최강국의 대통령이 되었다. 바로 도널드 트럼프다. 미국 우선주의를 내세우고 미국 제품을 사고 미국인을 고용하라는 기치를 건 그는 대단히 특별하게 느껴진다. 그의 대통령 취임사는 지금 대중의 눈으로 본 세상의 분노가 어디로 향해 있는지를 정조준했다.

> "오늘의 이 행사는 매우 특별한 의미가 있습니다. 오늘은 우리가 단지 행정부를 다른 사람이나 다른 정당에게 넘기는 것이 아니라, 권력을 워싱턴 D.C.에서 미국인 여러분들에게 이양하는 날입니다."

경제적 청춘

그러면서 그는 워싱턴은 번창했지만 국민들은 그 부를 나누지 못했고, 정치인들은 번영을 누렸지만 일자리는 떠났고, 공장은 문을 닫았다고 했다. 기득권 세력이 지킨 건 자기 자신들이었지, 미국 국민들이 아니었다고 목소리를 높였다. 녹슨 공장은 미국 곳곳에 묘비처럼 흩어져 있다는 말에 미국인들의 마음이 열렸을까? 많은 외국인들은 그의 말에 우려를 표명하지 않을 수 없었다. 미국 우선주의가 가져올 후폭풍에 지금 세계는 불안하다. 그는 이렇게 말했다.

"수십 년 동안 우리는 외국의 산업을 풍요롭게 하는 대가로 미국의 산업을 희생시켰습니다. 다른 나라를 지원하는 동안 우리 군대는 슬프게도 고갈됐습니다. 우리는 다른 나라 국경을 지키면서 우리 자신을 지키지 못했습니다. 수조 달러를 해외에 쓰면서 미국의 인프라는 망가지고 썩어갔습니다. 우리는 다른 나라를 부유하게 만들면서 우리나라의 부와 힘, 자신감을 상실했습니다."

어쩌면 그는 '총 맞은 것처럼' 멍든 미국 대다수 국민들의 마음을 제대로 이해하는지도 모르겠다. 경제적으로 잘 살 수 있을 것이란 꿈을 새 대통령이 재건해달라는 애원이 간절히 느껴진다. 세계의 중산층은 상당수가 몰락한 상태인 터에 그런 마음이 안 든다면 비정상적일 수 있겠다. 트럼프 당선 이후 기업 경제 심리가 개선되고 성장률 전망도 상향되었지만, 자국우선주의 정책으로 무역 마찰이 증대될 것으로 보인다. 그의 자국우선주의 정책은 대내적으로 수출품 경쟁력을 약화시키고 물가 오름세를 확대시켜 몇 차례의 금리 인상이 전망된다. 아울러 대외적으로는 주요 교역 상대국, 특히 중국과의 무역 분쟁을 일으킬 가능성이 높아 실질적인 정책 효과에 의구심을 제기하는 경제 분석가들이 늘고 있다.

그 와중에 트럼프 행정부의 통상 정책은 한국 경제에 부담으로 작용할 가능성이 상당하다. 시리아를 공습하고 북한의 목을 조르고 있는 그는 좋은 평판이 나쁜 평판보다 낫고, 나쁜 평판이 차라리 평판이 없는 것보다 낫다는 입장을 보이고 있다. 물론 그의 외교와 안보 발언은 구체성이 결여되었다고, 지나친 기우는 경계하라는 목소리도 나온다. 그래서 그의 말을 어디까지 믿어야 할지 세상은 불안해한다.

우리는 노이즈 마케팅이란 단어를 알고 있지 않나? 독일, 일본 같은 대미 무역 흑자국이 통화를 조작하고 있다거나 미 달러 강세가 지나치다는 말에 금융 시장이 춤을 추었다. 그의 말 한마디가 올라갈 것 같은 미 달러를 약세로 몰아가기도 하고 우리 원화 가치를 올라가게 하기도 한다. 논란이 장사가 된다는 생각을 잘 알고 있는 그는 크게 성공한 사업가 출신의 대통령이어서인지 이런 발언을 통해 자국의 이익을 추구하려는 것 같다. 그는 '불구가 된 미국을 어떻게 재건할 것인가?'를 모토로 자신의 정치적 비전을 제시하기도 했다. 대중의 마음을 사는 방법을 터득한 그의 노련미가 진하게 느껴지기도 하는데, 문제는 그의 발언이 인근 국가를 궁핍하게 만들 수도 있다는 것이다. 그의 신념이 담긴 말을 들으며 미국인들이 그를 어떻게 생각할지 자못 궁금해진다.

경제적 청춘

"우리는 우리의 일자리를 되찾아올 겁니다. 우리의 국경을 되찾아올 겁니다. 우리의 부를 되찾아올 겁니다. 우리의 꿈을 되찾아올 겁니다. 새로운 길, 고속도로, 다리, 공항, 터널, 철로를 전국에 걸쳐 건설할 것입니다. 미국인의 손과 노력으로 이 나라를 재건할 것입니다."

미국의 재정 확대와 인프라 투자에 세계 경제가 큰 기대를 걸고 있다. 그가 내세우는 미국 재건의 방법은 무엇일까 생각하는데 아주 단순하다. 그의 말은 수출로 먹고 사는 우리의 정신을 번쩍 들게 한다. 그의 말은 간단명료했으며, 자국우선주의를 여실히 나타냈다.

"2가지 단순한 규칙을 준수할 것입니다.
미국 제품을 사고, 미국인을 고용하는 것입니다."

환율 전쟁과 자국우선주의

경제가 안 좋은 상태에서 자국민의 소비 활동이 활발하지 않으면, 기업은 자연스럽게 해외로 눈을 돌린다. 정부는 그러한 기업을 도와주고 싶은 심정이 된다. 그 결과 각 나라는 자국에서 생산한 제품을 다른 나라에 많이 팔기 위한 전략을 쓰고 싶어진다. 소비자 입장에서는 제품의 품질이 크게 차이가 나지 않을 경우 싼 물건을 사는 것이 유리하다. 국제적으로 가격은 통화 가치를 나타내는 환율로 표시된다. 자국 통화 가치가 낮을수록 그 국가의 생산 상품이나 서비스의 가격은 싸진다. 가격 경쟁력이 생겨 해외 소비자들이 통화 가치가 떨어진 나라의 물건을 많이 사기 때문에 수출이 늘어날 가능성이 커진다는 것이다. 그래서 지금과 같이 성장과 소비가 부진한 경우, 세계는 서로 자기 나라의 물건을 많이 팔기 위한 수출 경쟁력을 유지할 목적으로 자기 나라 통화를 가급적 약세로 유지하고자 경쟁할 수 있다.

트럼프 대통령은 대선 캠페인 과정에서 중국이 수출할 때 미국보다 유리하게 위안화를 조작하고 있어, 그가 대통령에 취임하는 첫날 중국을 환율 조작국으로 지정하겠다고 공표해왔다. 물론 그런 지정은 없었으나 앞으로가 문제이다. 그는 취임 이후에 중국이 무슨 짓을 하는지, 일본이 수년간 무슨 짓을 해왔는지 보라며 이들 국가는 시장을 조작했고 우리는 얼간이처럼 이를 지켜보고 있었다고 지적했다. 그가 선임한 스티브 므누신Steven Mnuchin 재무장관은 장관 인준 과정에서 국제통화기금과 G20를 통해 환율 조작이 불공정 무역 관행으로 지목될 수 있도록 하겠다고 약속했다. 트럼프 대통령의 측근인 피터 나바로Peter Navarro 백악관 국가무역위원회NTC 위원장은 유로화 절하를 문제 삼으며 독일이 유로화 가치를 큰 폭으로 절하해 미국과 EU 회원국을 착취하고 있다고 공격했다.

미 재무부는 매년 2차례 환율보고서를 발표한다. 대미 무역흑자 200억 달러를 초과하는 대미 무역 흑자국, 경상수지 흑자가 GDP 대비 3%를 초과하는 경상 흑자국, 환율에 대한 한쪽 방향으로의 시장 개입(GDP 대비 달러 순매수 2% 초과)을 충족하는 국가는 환율 조작국으로 지정하기 때문에 우리나라를 비롯한 대미 흑자국은 미국의 눈치를 보지 않을 수 없다. 우선 환율 조작국으로 낙인찍히게 되면 미국과 양자 협의를 해야 하며 1년 후에도 개선되지 않으면 해당국 기업이 미 정부의 조달 시장 참여 금지, IMF를 통한 환율 압박 등고강도 제재를 당할 수 있다. 그래서인지 일본은 정상회담을 갖고트럼프 대통령의 환심을 사기 위한 미국 투자 확대 조치나 미국 상품 수입을 늘리는 조치를 취하려는 모습을 보였다. 중국과 우리나라도 대미 흑자를 줄이기 위한 노력을 다각도로 강구하고 있다.

우리나라는 1988년 10월에 환율 조작국으로 처음 지정된 이후 1990년 3월까지 3번 연속 지속됐다. 대만도 1988년 10월부터 이듬해 9월까지 지정됐다. 당시 미국 재무부는 한국과 대만의 경상수지흑자가 늘어나고 외환 시장이 불투명하다고 지적했다. 그 결과 양국은 환율 제도를 변경했다. 한국은 1990년 3월 '복수통화 바스켓 제도'에서 '시장평균환율제도'로 변경했고, 대만은 1989년 4월 하루환율 변동 폭을 상하 2.25%로 제한하던 '제한적 고정 환율제도'에서'변동 환율제도'로 바꿨다. 이에 미 재무부는 환율 조작의 근거가 낮아졌다면서 환율 조작국 지정을 해제했다. 환율 조작국 지정 당시,한국 원화와 대만 달러화 모두 강세 압력이 높아져 지정 직후 미 달러화 대비 원화 가치는 8.1%, 대만 달러는 14%씩 절상됐다. 그러나달러화 강세로 초반에만 강세를 보였다가 다시 약세로 전환됐다.

트럼프 대통령은 세계 경제를 한 국가의 이익이 다른 국가의 손실로 귀결되는 제로섬 게임으로 이해하고 있다. 그리고 그 핵심에 무역수지가 있다. 그는 국가별 이익과 손실을 무역수지로 평가하고 있으며 대미 무역 흑자가 높은 중국에 대해 높은 보복 관세를 부과할 수 있음을 공공연하게 주장해왔다. 트럼프 행정부의 이러한 으름장에 미국의 주요 무역 상대국들의 반발도 거세지고 있다. 트럼프 대통령이 일방적으로 환율 조작 의혹을 제기하고 있다는 것이다. 분명한 것은 세계는 난민 추방과 같은 문제를 행동으로 옮기는 세계 최강의 움직임에 불안해하고 있다는 것이다.

트럼프 행정부는 경범죄만으로도 불법 체류 이민자를 추방할 수 있도록 하는 것을 주 내용으로 하는 불법 이민 단속 정책을 발표했다. 연방법원에서 제동이 걸린 '반이민 행정 명령'의 보완책이다. 미국 내 불법 체류자에 대한 대규모 추방이 이뤄질 수 있을지 귀추가 주목된다. 세계는 미국의 한마디 한마디에 주목할 수밖에 없는 상황이다. 미 행정부 "모든 무역 협정을 재검토할 것이며 많은 협정을 갱신할 수 있을 것"이라며 "미국과 미국 노동자들에게 지속적 혜택을 줄 수 있도록 모든 무역 협정을 들여다볼 계획"이라고 밝혔다.

그러나 지금껏 값싼 불법 체류자의 노동력으로 미국 소비자들은 나름 이익을 누렸다. 값싼 중국의 상품으로 미국은 교역의 이익을 누렸다. 세상 이치가 제로섬만은 아니다. 우리는 한국 기업들이 미국에 경제적으로 중요한 전략적 파트너인 점을 부각시킬 수밖에 없고 대미 투자 확대 같은 국가적 차원의 노력을 강화할 수밖에 없다. 슬프게도 트럼프 대통령의 등장과 함께 세계는 미국 자국우선주의의 끝이 어떻게 될 것인지를 두고 좌불안석 상태에 있다 하겠다.

재량이냐 준칙이냐 그것이 문제로다

정부는 '동태적 비일관성Time Inconsistency'이라는 함정에 빠져 국민의 신뢰를 잃어버리는 우를 범해서는 안 된다는 주장을 한 경제학자가 있다. 그의 이름은 핀 키들랜드•이다. 동태적 비일관성은 개인, 기업, 정부 등 경제 주체가 세운 최적의 선택 계획이 상황 변화에 따라 뒤바뀌는 것을 일컫는 경제학 용어다. 당초 세운 계획이나 규칙이 지켜지지 않고 시간이 흐름에 따라 선호가 바뀌는 것이다. 처음에는 A보다 B를 선호하던 경제 주체가 나중에 B보다 A를 선호하는 경우 경제학에서는 동태적 비일관성 문제가 나타났다고 표현한다.

오락가락하는 정책을 실시할 경우, 정부가 특정 시점에서 도출한 최적의 정책은 장기적으로 최적이 아닐 수 있다. 사실 동태적 비일관성은 1970년대 전 세계적으로 높은 인플레이션이 나타나면서 이론적으로 연구되기 시작했다. 정책 당국이 인플레이션을 억제하지 못한 이유가 무엇인지에 대해 경제학자들이 문제 제기를 한 것이 출발이었다. 인플레이션과 실업률은 상충관계에 있는데 정부가 인플레이션을 잡기 위해 긴축 정책을 실시했다 하자. 이후 인플레이션이 억제되고 나면 정부는 경기부양책을 써서 실업률을 낮추고 싶은 유혹에 빠지게 된다. 이처럼 상황이 변함에 따라 정부의 정책

• 핀 키들랜드(Finn Kydland, 1943~) 2004년 노벨경제학상을 수상한 미국의 경제학자. 동료 학자인 에드워드 프레스콧과 함께 1970년대 말 공동 저술한 '프레스콧 - 키들랜드 페이퍼'로 세계 경제학계에서 두각을 나타내기 시작했다. 동 페이퍼는 제2차 세계 대전 이후 세계 경제학계를 주름잡았던 케인즈 이론의 한계를 극복한 것으로 유명하다. 두 사람은 이 이론으로 케인즈 학파가 설명하지 못했던 1970년대의 석유 파동 등 각종 경제 현상을 설명해 거시 경제학 분야의 새로운 지평을 열었다는 평가를 받았다.

목표가 바뀌는 게 동태적 비일관성이다. 키들랜드의 말을 직접 들어보자.

> "정부가 인플레이션을 잡기 위해 긴축 정책을 결정하더라도, 민간은 정부가 언젠가는 다시 경기부양책을 쓸 것이라고 예상한다면 종국적으로는 인플레이션을 더 자극하는 결과가 됩니다."

1980년에서 1990년대 아르헨티나가 비슷한 과오를 범했다. 1980년대 포퓰리즘을 앞세웠던 아르헨티나는 10년간 장기 불황에 빠졌다. 이후 1990년에서 1998년까지 연평균 성장률이 5~6%를 기록하는 등 회복세를 보였다. 하지만 놀랍게도 이 기간 경제 성장률은 생산성 향상 정도에 비해 오히려 훨씬 낮았다. 이보다 더 큰 폭의 성장을 누릴 수 있었음에도 불구하고 그러지 못했던 것은 정부가 정책을 자주 변경함으로써 신뢰를 상실했기 때문이었다. 아르헨티나에서는 '선거 인플레이션 사이클'이란 것이 있었다. 선거가 다가오면 남발하는 선심 정책으로 인해 발생하는 주기적인 인플레이션을 가르키는 말이다. 물론 정치인들은 자신이 당선되면 인플레이션 없는 세상을 만들겠다고 호언하지만 이를 액면 그대로 믿는 사람은 거의 없다.

키들랜드는 오락가락하는 정책보다 일관된 경제 정책과 혁신, 기술개발로 경제 성장을 이루어야 한다고 주장한다. 그는 소득세율을 낮춰 투자 심리와 근로의욕을 고취시킬 필요가 있다고 주장한다. 키들랜드에 의하면 EU 주요 국가들의 실업률이 높고 성장이 정체

경제적 청춘

된 것은 소득 분배에만 초점을 맞추다 보니 소득세율이 높아졌기 때문이라는 것이다. 그래서 그는 세율을 낮출 것과 개방적인 투자환경을 만들어 이를 장기적으로 일관성 있게 추진해야 한다고 주장했다.

하긴 1990년대 초만 하더라도 유럽에서 가장 가난한 나라 중 하나였던 아일랜드는 1990년대 말부터 세율을 낮추고 외국 투자자들에게 우호적인 환경을 만들어 현재 유럽에서 손꼽히는 부국으로 탈바꿈했다. 키들랜드는 이를 아일랜드 정부의 낮은 세율과 일관된 정책의 덕분으로 돌렸다.

그렇다면, 한번 도입된 정부 정책은 계속 유지해야 하는 걸까? 키들랜드는 그렇지는 않다고 한다. 그의 주장은 기본적으로 정부 정책이 올바른 것이라는 가정하에서 제기된 것이다. 정책 효과가 거의 없거나 오히려 국민의 후생을 감소시키는 나쁜 정책은 당연히 폐기 처분해야 한다. 그의 메시지는 재정과 금융, 그리고 산업 부문을 비롯한 정부의 경제 정책이 시간이 경과함에 따라 일관성을 가지고 집행되지 못해 경제 주체의 예측 가능성을 저해해서는 안 된다는 것이다. 경제 정책의 수립과 집행은 사전에 정한 규칙을 따라 안정적이고 예측 가능한 방식으로 운영해야 한다.

누군가는 모든 상황을 감안해 사전에 규칙을 수립하는 것이 불가능하므로 그때그때의 상황에 따라 재량을 가지고 운영하는 게 옳다고 주장할 수 있다. 재량적 경제 정책은 장기적 이익을 희생해 단기적으로 이익을 도모하는 데 쓰이기 쉽다는 단점을 지니고 있지만 정책 담당자를 온전히 신뢰할 수 있다면 재량에 따라 정책을 집행하도록 허용하는 것이 나은 것처럼 보일 수도 있다. 정부 당국자의 말을 들어보자.

> "하루하루가 급변하는 경제 상황 속에서 기존에 수립된 정책이 현 상황에도 꼭 들어맞기는 쉽지 않습니다. 재량에 의한 정책은 그때그때 경제 상황을 판단해 이에 근거하여 선택한 최선이라 할 수 있습니다. 기존 정책을 현재의 상황에 맞게 조금씩 미세 조정fine tuning해 융통성 있는 경제 정책을 펴는 것입니다."

'재량적 경제 정책'은 경제에 적신호가 온다 싶을 때 즉각적인 대처로 상황의 악화를 미연에 방지할 수 있다. 재량적 경제 정책은 상황에 알맞은 정책이기 때문에 때때로 즉각적인 효과를 추구하는 경제 주체의 입맛에 맞춰 호의적인 반응을 이끌어내기도 한다. 이 경우 동태적 비일관성은 피할 수 없다. 물론 재량적으로 정책을 집행한다는 것은 정책 집행의 동태적 일관성을 저버린다는 것이며 정책 집행이 동태적 일관성을 상실하게 되면 정책에 대한 신뢰가 깨져 당초 의도했던 효과를 거둘 수 없다. 두 마리 토끼는 잡기 어렵다.
　예를 들어 상습 범람 지역에서 농사를 짓는 농부들이 해마다 물난리를 겪으며 그때마다 정부에게 피해를 보상해달라고 요구한다. 이에 정부는 매번 이번 보상이 마지막이니 앞으로 범람의 위험이 있는 강 유역에서 농사를 짓지 말라고 당부하면서 내년부터는 보상하지 않겠다고 한다. 그런데 막상 내년이 되어 또다시 홍수가 나면, 정치적 이유로 피해를 보상하지 않을 수 없는 상황이 반복된다. 이처럼 홍수가 나더라도 보상해주지 않겠다는 정책은 동태적 일관성을 갖지 못한다. 지방 정부가 공장 유치를 위해 20년간 세금 감면을 약속한다. 그런데 일단 공장이 들어서고 나면 정부는 세금을 부과하고 싶은 유혹에 빠진다. 만약 민간 경제 주체들이 이런 정부의 행태를 미리 예상한다면 애초부터 공장이 들어오지 않는다.

키들랜드는 이런 비효율적 균형에 빠지는 것을 방지하기 위해 정부가 '재량'보다는 '준칙'을 따를 것을 권장한다. 하지만 준칙에 의한 정책이 항상 더 효율적이라고는 단언할 수 없다. 어떤 경우엔 극단으로 치닫고 있는 상황에서 앞뒤 꽉 막힌 고집이 될 수 있다. 특히나 요즘 같이 급변하는 세상에서는 탄력적 대응도 매우 중요하다. 애초에 준칙 자체가 허점 투성이라면 이러한 준칙을 밀고 나가는 것 자체가 시한폭탄을 안고 가는 것과 다름없다. 하지만 변하지 않는 진리는 정책 당국이 경제 주체에게 흔들림 없는 신뢰를 줘야 한다는 것이다. 이는 경제 전체의 안정성과 직결되는 문제이기 때문이다. '융통성과 줏대'를 겸비한 현명한 정책 당국을 국민이 바라기에 정부 정책의 실시가 무척 어렵게 느껴진다.

트럼프노믹스에 담긴 불확실성과 비일관성

트럼프 행정부 경제 정책의 3대 특징은 '일자리 창출', '기업 활동 촉진', '미국의 이익 우선'이다. 미국 다우 지수 20,000시대를 연 것을 보면 단기 시그널은 긍정적이다. 미국 경제가 재정지출 확대와 정책 기대감에 따른 투자 증가, 소비 심리 개선에 힘입어 앞으로 2~3

년 동안 성장할 것으로 예상한다. 하지만 세계는 걱정한다. 대통령의 불확실한 리더십 스타일 때문에 정책 일관성을 둘러싼 의문이 높아지고 있어 장기적으로 미국 경제의 하방 요인으로 작용할 수 있다고 평가하기도 한다. 미국에서는 많은 이들이 그에게 기대를 걸고 있다. 트럼프 대통령이 어떻게 세계에 비추어 지고 있는지보다 미국의 미래를 어떻게 바꿀지에 더 많은 관심을 두고 있다. 그 결과가 정말 올바른 것일지 아니면, 몇 년 뒤 큰 위기가 닥칠지에 대한 답은 없다. 비관론자로 유명한 경제학자 누리엘 루비니Nouriel Roubini는 트럼프 대통령의 정책은 일관성이 없기 때문에 앞으로 엄청나게 큰 어려움을 가지고 올 수 있다고 말한다. 루비니의 말을 들어보자.

"트럼프의 정책은 재정을 확대해서 경기를 부양한다는 것이고, 세금을 낮추겠다는 것입니다. 이는 장기 금리와 달러 강세를 초래할 정책입니다. 장기적으로 미국의 제조업에 큰 악영향을 미치게 됩니다."

약달러(원화강세)를 바라는 트럼프 대통령의 생각과 경제적 처방에 따른 결과가 다를 수 있다는 비일관성이 지적된다.

"그의 자국우선주의는 그만큼 국제화, 세계화, 무역 그리고 이민을 축소하게 될 것입니다. 세계 시장이 줄어들면 오히려 미국 내 일자리가 줄어들 수 있다는 점에 유의해야 합니다."

물론 향후 정책 방향에 있어서 트럼프 대통령이 대중의 신뢰를 얻기 위해 말 바꾸기를 할 것 같지는 않다. 분명 재정 확대와 세금감소 정책을 펼 것이다. 다만, 이 과정에서 미국 기업들의 경쟁력이 생산성 확대와 함께 높아질지는 두고 봐야 할 일이다. 단기 부양 정책은 미국 기업이익의 확대와 맞물리게 될 것으로 예상된다. 미국에서 출발하는 자국우선주의가 세계로 확대되는 것은 아닐까? 나아가 인플레이션의 복귀, 미국 인프라 투자 확대, 미 방위산업 성장, 에너지 산업 경쟁력 강화라는 일련의 트럼프 정책하에서 미국의 금융 규제도 완화된다.

이 과정에서 연준의 행보가 주목된다. 미 연준은 트럼프의 정책 영향을 어떻게 완충시킬지 고민할 것이다. 강한 달러의 영향을 약하게 하기 위해서 금리 인상 속도를 아주 천천히 늦출 수도 있지만, 과다한 부양 정책의 영향을 최소화하기 위해 금리의 인상 속도를 크게 올릴 수도 있어 이를 예의 주시해야 한다.

'한다면 한다'는 공포 속에서

트럼프 대통령의 정책 방향이 일관성이 없다는 비난에도 그가 후보 시절 내세웠던 공약은 하나하나 일관되게 실시되고 있다. 취임 첫날에는 연방 정부가 오바마케어Obama Care를 폐기하도록 지시하는 행정 명령에 서명했다. 낙태와 가족 계획을 행동 강령으로 채택하고 있는 조직에 대한 연방 정부의 대외 원조 금지를 재개했다. 환태평양동반자협정TPP은 죽었고 북미자유무역협정NAFTA는 위기에 처하게 됐다. 미국이 그동안 실시한 정책은 일관성 없이 무너져버렸다. 대신에 멕시코 국경에 장벽을 세우는 사업이 착수되었다.

현재까지 그가 취한 조치로 볼 때, 연방 정부의 지원을 중단함으로써 불법 이민자의 추방과 보호구역에 대한 압박 수위가 높아질 것이 자명하다. 트럼프 대통령은 국회의 동의가 필요하든 아니든 반이민 정책 아젠다를 추진하고 있다.

"특별히 새로운 법이 필요하지 않다는 것을 알면 놀라겠지요. 기존의 법 체계 안에서 우리의 정책을 실행할 수 있습니다."

그에게는 일단 미국우선주의만 있다. 내전과 인도주의적 재앙에서 탈출하는 시리아 난민이 그에게 소중한 것은 아니다. 영구적일지 잠정적일지 모르나 난민에 대한 우호적인 문은 폐쇄된다. 트럼프 대통령은 연설문에서 워싱턴의 권력 구조를 부수겠다고 약속했고, 실제로 기존의 모든 사회적·정치적 규범을 거스르고 있다. 그래도 후보 시절 말한 바를 지키려는 일관성은 시장을 질리게 하며 이어가고 있다.

키들랜드는 시간이 흘러도 신뢰받는 '정책의 일관성'을 중시했다. 우리는 미국발 글로벌 금융 위기 이후 어려움을 함께 헤쳐가자는 국제 공조의 정신으로 무장했었다. 각자도생의 시대에 정부마저 각자도생과 힘의 논리로 지배한다면 우리 역시 이를 악물고 이 세파를 헤쳐나갈 준비를 해야 한다. 문제는 미국이라는 우방에 대한 믿음이다. 세계가 미국에 보냈던 신뢰는 중요하지 않을까? 국민의 대

경제적 청춘

통합과 결속 없이 미국 내에서도 신뢰를 지속적으로 받기는 어렵다. 자신의 지지자들의 분노와 좌절감에 호소하기만 하면 오히려 국민 간의 분열을 자극할 가능성이 높다는 지적이 그래서 나온다.

지속적인 세계 평화에 대한 호소 대신 자국우선주의를 강조하는 것은 전통적인 동맹국과의 연대와 공조를 해칠 수 있다. 그동안 미국에 대한 신뢰는 하루아침에 얻어진 게 아니다. 역사의 흐름 속에서 지켜진 것이다. 미국만 어려운 게 아니라 세계가 어렵다. 하나 된 세계에서 현재와 장래에 대한 객관적인 진단과 전망으로 일관성 있는 대책을 제시하는 게 키들랜드가 제시한 신뢰받는 정부의 모습이다.

경상수지 적자보다, 재정 적자보다 더 무서운 게 '신뢰의 적자' 일지 모르겠다. 가능성은 낮겠지만 백악관에서 세계를 향한 합창의 노래가 울려 퍼지기를 기대해본다. 핀 키들랜드는 세계 경제에서 해결해야 할 가장 시급하고 어려운 문제로 '아프리카 대륙의 가난한 국가들이 어떻게 해야 획기적인 경제 성장을 이룰 수 있을지에 대한 방법을 찾는 것'이라고 말했다. 우리는 혹시 자기의 처지만을 보고 더 어려운 상대를 잊고 사는 건 아닌지 모르겠다. 청춘들 역시 자신의 처지가 어렵다고 해서 사회에 신뢰를 저버리는 행동을 해서는 안 됨을 명심해야 한다. 힘들어도 정도로 일관되게 나아가는 것이 삶의 올바른 지향점이다.

브렉시트,
아직도 끝나지 않았다

●

영국의 브렉시트 투표 결과가 나온 후 세계가 우려했던 부정적인 파급 효과는 상당 부분 예상에 못 미쳤다. 하지만 브렉시트 협상의 향방이 세계 경제에 불확실성을 더해 경기의 하방 리스크로 작용할 수 있다는 우려가 제기된다. 즉 브렉시트 협상은 앞으로의 세계 경제 전망을 어렵게 만드는 요인으로 작용할 수 있다는 시각이 일반적이다. 브렉시트 이후 영국에서 새 정권으로의 이양은 원활하게 진행됐다. 메이Theresa May 신임 총리의 정치 기반도 안정적인 것으로 평가된다.

브렉시트 결정 직후 영국이 EU라는 단일 시장에 어떻게 접근할지가 가장 중요한 사안이었다. 그런 와중에 메이 총리는 EU 탈퇴를 공식화하고 EU와 사람, 상품, 자본의 자유로운 이동을 지속해,

EU 회원국으로서 혜택을 유지하는 '소프트 브렉시트soft Brexit' 대신
완전한 분리인 '하드 브렉시트hard Brexit'를 선택했다. 소프트 브렉시
트는 EU를 탈퇴하되 '제한적'으로 이민자를 통제하고 유럽 단일 시
장권은 어느 정도 유지하는 것이다. 반대로, '하드 브렉시트'는 이민
자도 '완전히' 통제하고 유럽 단일 시장권에서도 빠지겠다는 것이
다. 메이 총리는 하드 브렉시트로, 국경에 대한 통제권 확보, EU 법
원인 유럽사법재판소로부터 독립, 세계 주요 국가나 경제 블록과의
자유무역협정 체결을 결정했다. 급격한 EU와의 단절로 인한 새로운
교역 관계가 어떻게 이뤄질지는 미지수이다. 메이 총리가 이민을 제
한하겠다는 입장은 EU 내 자유로운 노동력의 이동에 따른 이점과
의 작별을 의미한다. 영국은 앞으로 누구를, 어떠한 조건으로 영국
내 고용을 가능하게 할지 스스로 결정하게 된다.

2017년 3월, EU와 이혼하기 위한 영국의 협상 개시가 공식 선
언되었다. 2년간의 향후 탈퇴 협상 과정이 어떻게 될지 세계가 주목
하고 있다. EU 단일 시장 접근권을 확보함과 동시에 고용과 이민을
통제하겠다는 영국의 입장은 EU의 이해관계와 상충될 가능성이 높
아 영국과 EU 탈퇴 협상에 다소 진통이 따를 것으로 예상된다. 반
EU 움직임이 잦아드는 상황이라 다른 유럽 국가의 EU 탈퇴 가능성
은 미미하지만, 일부 국가의 탈퇴 지지 세력의 움직임에 우려의 목
소리도 들린다. 유럽 각국의 정권 교체 여부에 따라 각국의 EU 탈퇴
가 다시 수면 위로 부상할 가능성도 배제할 수 없다.
　　농촌 지역에 사는 다수의 보수적 성향의 백인 유권자들은 여전

히 EU에 대해 부정적이다. 유럽 각국에서 자국 우선주의가 부각되고 대중의 심리를 이용하려는 인기영합주의가 득세하고 있다. 어찌됐건 영국이 하드 브렉시트를 선언함에 따라 영미 공동 협력과 보호무역주의 흐름 확대 위험에 세계의 눈과 귀가 쏠리게 되었다.

하나의 유럽은 신기루였나

브렉시트는 세계화, 일자리 부족, 불평등 확대에 대한 일반 대중의 불만이 표면화된 사건으로 평가된다. 영국민의 '반 이민' 정서가 특히 결정적 원인이었는데 그들은 EU 결성에 따른 이민자 증가가 영국의 안전과 일자리, 복지를 위협한다고 본 것이다. 영국 일간지 〈가디언〉은 저소득·저학력층이 영국의 EU 탈퇴를 압도적으로 지지했다고 전했다. 전 세계적으로 소득 양극화와 저성장에 대한 해결책을 기대하기 힘든 가운데 발생한 이 돌발 이벤트는 우리에게 어떤 문제를 던져주고 있는가?

대중의 불만과 소외감이 표출된 사건이지만 그 해결책이 쉽게 마련되기 어려워 앞으로 세계 경제의 불확실성이 지속되고 저성장이란 만성병을 끙끙 앓을 수 있어 심히 두렵다는 것이다. 트럼프 대통령은 메이 총리에게 "로널드 레이건Ronald Reagan 미국 대통령과 마거릿 대처Margaret Thatcher 총리가 누렸던 긴밀한 관계를 고대한다."라며 메이 총리에게 호감을 표시했다. 공화당의 레이건 대통령은 1980년대 영국 보수당의 대처 총리와 신자유주의 정책 노선을 같이했다. 동시에 정치·경제적으로 각별한 관계를 맺었다. 트럼프는 브렉시트에 대해서도 높이 평가했다. 그는 영국의 EU 단일 시장 이탈은 현명한 결정이며 브렉시트는 결국 위대한 결정이 될 것이라고 말했다. 영국 내에서도 '브렉시트가 기회가 될지 위기가 될지' 예측할 수 없는 탓에 기대와 우려가 공존하고 있는 상황에, 트럼프 대통령이 브렉시트를 성공으로 만들 것이라고 주장하는 메이 총리에게 힘을 실어준 것이다.

이제 과거를 회상하며 하나 된 유럽의 꿈을 상기해보자. 제2차 세계대전을 경험한 유럽은 '하나의 유럽'을 만들어 물리적 충돌을 방지하겠다는 구상을 한다. 유럽 내 국가 간 경제 활동이 활발하게 이루어진다면 전쟁이 발생할 가능성이 낮아진다는 생각에서 '경제 통합'이 진행되었다. 경제 통합이란 공동의 경제적 이해를 가진 다수의 국가들이 공동의 이익을 위해 결성한 지역적 경제 통합체를 말한다. 유럽 석탄·철강 공동체, 유럽 경제 공동체를 거쳐 통화 가치를 일정 수준으로 고정시키는 유럽 통화연맹이 1999년에 만들어졌다. 나아가 2002년 공동 통화인 유로화가 도입되어 유로존이 탄생했다.
영국은 EU의 회원이었으나 통화 동맹에는 가입하지 않고 파운드화를 사용하는 것을 고집했다. 유로존 일원이 되어 자국 통화에 대한 통제권을 잃어버릴 수 있다는 두려움이 컸다. 유로존에 가입한 다른 유럽 국가들 사이에는 EU 회원인 영국처럼 관세가 면제되었을 뿐만 아니라 같은 통화를 사용함으로써 금융거래 장벽도 낮춰지는 다른 이점도 향유하게 되는 듯했다.

공동의 통화를 사용하는 최적의 통화 이론

이 시점에서 로버트 먼델* 컬럼비아대학교 교수를 불러, 각기 상이한 나라들이 공동의 통화를 사용하는 조건에 대해 들어보자.

"1961년 내가 처음 제시한 '최적통화지역OCA: Optimal Currency Area' 이론은 왜 세계 다수 국가들이 각자의 통화와 변동 환율제를 사용하는지, '어떠한 지역들이 통화를 같이 써도 좋은지'를 설명해 줍니다. 고정 환율제도 사용을 설명하는 이론이죠. 유로와 같은 통화 동맹을 이루기 위해서는 편익과 비용을 제대로 감안해야 합니다. 그래야 적합한 통화 동맹 지역과 수준이 산정되지요."

그렇다면 왜 세계 각국은 하나의 통화를 사용하지 않을까? 쉽게 알아보기 위해 한국, 미국, 일본, 유럽이 같은 통화를 사용하고 있다고 가정해보자. 만약 세계 소비자들의 선호가 변해 한국 상품보다 일본 상품의 수요가 증가하는 상황이 발생한다면, 한국은 상품 판매에 있어서 적자를, 일본은 상품 판매에 있어서 흑자를 보게 된다. 양국가 간의 제품에 있어 질적인 차이가 크지 않고 가격 상승에 대한 소비자의 반응 정도가 크다고 가정해보자. 상품 수요 변화로 한국에

● 로버트 먼델(Robert Alexander Mundell, 1932~) 캐나다 출신의 컬럼비아대학교 경제학 교수. 1960년대 캐나다가 변동 환율로 바뀌면서 변동 환율제에 대해 연구하게 됐다. 1962년 마르쿠스 플레밍과 함께 먼델-플레밍 모델을 고안했다. EU 단일 통화의 이론적 기초 제공, 자본 및 무역 자유화를 위한 국제통화기금(IMF), 세계무역기구(WTO) 같은 국제 경제 질서를 구축하는 데 공헌했다. 1999년 노벨경제학상을 수상했다.

경제적 청춘

서는 실업이, 일본에서는 물가상승이 발생할 때, 균형으로 돌아가기 위해서는 일본 상품의 가격 상승이 용인되어 일본의 교역 조건이 악화되어야 한다. 그래야 증가했던 일본 제품의 판매량이 다시 감소하게 될 수 있다. 아니면 한국의 임금과 제품 가격이 상대적으로 하락해 판매가 증가해야 하는데, 이 경우 자칫 근로자의 후생이 감소하는 문제가 발생해 사회 내 반발이 심각할 수 있다. 여기서 우리는 균형으로 돌아가는 과정에서 흑자 국가이든 적자 국가이든 양국이 모두 피해를 보게 될 수 있음을 알 수 있다.

이 경우 먼델은 당연히 최적통화지역 이론에 입각해 '최적 상태'가 아니라고 판단한다. 세계 여러 국가들이 하나의 통화를 쓰지 않는 이유이다. 서로 다른 국가끼리는 각자의 통화를 사용하면서 변동 환율제를 채택해 균형 조정 과정에서 최적 상태를 도모하려고 함이 일반적이게 된다.

다른 문제를 생각해보자. 한 국가 내에서의 각각의 지역은 동일 통화를 사용한다. 이들 지역 간에는 환율 조정을 통한 최적 상태 도달이 불가능하다. 이러한 경우 '변동 환율' 이외의 대안을 생각해야 한다. 한 국가 내에서의 경제의 최적 상태 도달에 대한 로버트 먼델의 이야기를 다시 들어보자.

"한 국가나 같은 통화를 사용하는 경제 공동체의 경우 지역 간 자유로운 노동 이동이 보장되어야 합니다. 한국을 예로 들어보죠. 경기도에서 상품 수요가 증가해 경기도는 흑자를 충청도는 적자를 기록하고 있다 합시다. 경기도는 상품 가격 상승 압력을 받고 있고 충청도는 실업 발생 우려가 있습니다. 충청도에서 일자리를 잃은 근로자가 경기도로 이동한다면 어떨까요? 충청도는 실업 문제가 해결되고, 경기도는 노동 공급 증가로 인해 임금하락이 발생해 상품 가격을 낮출 수 있는 여지가 생기게 됩니다. 마찬가지로 상품 가격이나 임금이 신축적으로 움직일 경우에도 균형상태에 도달할 수도 있겠네요.

음... 유로존의 한계로 지적되는 재정 통합의 문제도 생각해보죠. 실업이 발생한 지역이 재정지출을 모두 부담하는 것은 오히려 악영향을 초래할 수 있습니다. 한 국가 내에서 같은 통화를 쓰는 어느 지역이 재정 이전을 통해 경제적 어려움에 처한 다른 지역을 도울 수 있다면 어떨까요. 같은 국가이기에 미래의 세금 인상 부담도 나눠 가질 것이기에 뭐 그다지 반발은 없어 보입니다. 마찬가지로 국가가 다른데 같은 통화를 쓰는 지역권이라면 통합재정을 운영해 세입·지출을 공유해야 최적통화지역 달성이 가능하게 되겠지요."

경기도와 충청도가 같은 통화를 공유할 수 있는 이유는 노동 이동이 자유롭고 재정을 공유하기 때문이다. 이와 달리, 한국과 일본이 같은 통화를 쓰지 않는 이유는 노동 이동이 제한적이고 재정을 공유하지 않기 때문이다. 한국과 일본이 같은 통화를 공유한다면 최적통화지역 달성이 불가능하다. 유로존을 구성하는 국가들은 먼델이 말하는 최적 통화지역의 조건을 충족시키고 있나? 유로존 국가

　　　　　　　　　　　　경제적 청춘

내 노동 이동은 완전히 자유롭지 않고 제한적이며, 경직적인 상품 가격과 임금 체계를 가졌다. 또한 개별 국가들은 각자의 재정을 운용하고 있다.

먼델은 각국이 서로 다른 경제 수준일 경우 경제에 충격이 가해졌을 때 어려움의 처지는 유사하다고 할 수 없음을 강조한다. 유로존은 결국 최적통화지역을 달성할 수 없는 구조이고 재정 통합을 위한 노력을 해야 한다는 해법이 그래서 나온다. 사실 유럽 통합은 경제적 이득보다는 정치적인 목적으로 진행되었기에 태생적으로 한계가 있다.

로버트 먼델에게서는 최적의 조건을 따지는 전형적인 경제학자의 향기가 난다. 비용과 편익을 명확히 구분하고 비용보다 편익이 클 때 경제 통합이 가능하다는 그는 그리스의 유로존 탈퇴Grexit 가능성이나 통화 동맹 탈퇴는 아니지만, 브렉시트의 현실화를 보면서 어떤 느낌을 받을까? 그가 안타까움을 금치 못할 것은 자명하다. 이제 우리는 통화 동맹의 득실을 따져보기로 하자.

경제 통합과 통화 동맹의 득실

통화 동맹으로 어떤 편익을 누릴 수 있을까? 물가 안정이다. 단일 국가로 존재할 때에는 각종 외부요소에 의해서 물가상승이 일어나면, 경제 통합이 이루어졌을 때보다 훨씬 더 심한 변동이 일어난다. 유로존 내 어느 한 국가의 물가가 상승하면 많은 사람들이 다른 국가의 동일 상품을 사용하거나 이주해 싼 물건을 고를 수 있어 물가안정에 기여할 수 있다. 단일 통화 사용은 환율 리스크를 제거해 상품 거래를 더욱 활발하게 할 수 있다. 무역 상대국의 정치, 경제적 불안으로 상대국의 화폐 가치가 크게 하락될 위험이 있다고 하자. 이 경우 해당 화폐를 거래 수단으로 받아들이게 되면 화폐 가치 하락 위험에 대한 거래 비용이 발생한다. 환율 수수료로 지불하는 비용도 거래 비용으로 만만치 않다. 같은 통화를 사용하면 이런 비용이 모두 사라지고 하나 된 시장화가 가속이 되고 세계 무역에서도 경쟁력을 확보할 수 있다.

공용화폐의 사용은 해당 통화권 국가 간의 상호투자를 늘리는 데 기여한다. 유로존 역내 '해외 직접 투자'의 총량은 유로존 설립 이전에 비해 실증적으로 큰 폭으로 증가했다. 유로존 내에서 상호투자가 증가할 경우 이전에 비해 회원국 각각의 대외 경쟁력은 증가한다. 반면 비용은 통화 동맹 국가의 통화 및 외환 정책 상실로 그리스처럼 재정 위기에 직면하게 되면 거시 경제의 안정성이 위협된다. 당연히 화폐주조권도 상실된다. 이것이 현재 유로존에 닥친 위험이다.

잘못된 만남 뒤에 남은 후회

유로화의 아버지인 로버트 먼델의 마음은 요즘 착잡할 것 같다. 그리스 국민의 상당수는 독일에 의한 그리스의 식민지화를 주장한다. 젊은이들의 급진화는 청년 실업, 기득권층, 불공정한 통화체제에 대

경제적 청춘

한 증오심의 표현이다. 일자리를 찾는 젊은이들의 자발적 망명이 넘친다. 일자리 부족뿐만 아니라 저임금, 부패, 기득권 혐오 같은 이유로도 출국을 선택한다. 그나마 세계 민주주의의 역사가 시작된 고대 그리스의 정치적 심장부에 경제에 도움이 되어주려는지 관광객들이 몰려드는 것은 다행이다.

그리스가 유럽 경제에서 차지하는 비중은 2%다. 그 2%로 세계는 몸살을 앓았고 앓을 여지가 여전히 있다. 세계화된 현실에서 우리는 어디로 가야하나? 자국 이익을 우선시하는 정치인들이 요즘 따라 유난히 득세하는 현실에서 세계 경제는 지도에도 없는 길을 가야할지도 모른다. 그리스 곳곳의 담벼락에 쓰여 진 'Eat the Rich(부자를 잡아먹자)'란 글귀는 가공할 만한 청년 실업률 숫자와 함께 우리로 하여금 제대로 되지 못한 경제 통합이 얼마나 무서운 결과를 초래할 수 있는지 공포를 느끼게 한다.

글로벌 금융 위기 이후 저성장이 장기화되고 실업 문제가 여전한 가운데 유럽에서는 난민 문제가 부각되고 있다. 노동 이동 가능성을 중심으로 통화통합의 기반이 약화되는 상황에서 유로존의 결속력은 무엇보다도 경기 회복을 통한 실업난 해소에 의해 좌우될 전망이다. 그리스를 두고 독일의 과감한 지원론이 등장하는 것은 유로존 경제 통합의 혜택이 골고루 배분된 것은 아니라는 주장에서 나온다. 독일 내에서도 비주류 경제학자들은 독일 경제에 관해 3가지 환상이 있다고 말한다. 그들의 주장을 한번 들어보자.

"지금까지 해온 대로 해도 독일 경제가 잘 될 거라는 낙관론을 경계해야 합니다. 또 독일 경제에 유로존이 중요하지 않다는 망령은 정말 날려버려야 합니다. 독일은 유로존으로부터 많은 혜택을 받았습니다. 동일한 통화를 사용해 가격 경쟁력이 있었던 겁니다. 그래서 유로를 살리느라 독일 납세자들이 희생자가 됐다는 인식에 동의하지 않습니다. 모두 실상과 다른 오해입니다."

다시 영국으로 돌아가보자. 유로존에 들어가지 않아 브렉시트의 충격이 작은 것은 그나마 다행이다. 브렉시트 결정에도 불구하고 영국 실업률은 유지 상태다. 'BBC'와 〈가디언〉 등 현지 언론들은 당초 우려와 달리 브렉시트가 영국 경제에 별다른 영향을 미치지 않고 있는 것으로 보인다고 분석했다. 하지만 브렉시트에 대한 불확실성은 여전하다. EU 회원국들과 본격적인 협상이 개시되면 더욱 구체적인 리스크 요인들이 실체를 드러낼 전망이다. 주요 기업들이 장단기 투자 계획을 보류하고 보수적인 경영 전략을 취하는 움직임이 간파되고 있다.
영국과 EU 회원국의 협상이 매끄럽게 진행되지 않을 경우 국제 교역과 투자를 둘러싼 리스크가 크게 고조될 수 있다는 분석도 있다. 해외 자본의 영국 투자가 대폭 축소될 경우 성장률에 작지 않은 타격을 가할 수도 있다. 영국 파운드화의 가치와 국제 교역, 고용 등 거시경제 전반에 걸친 사안들이 상당 기간 기업 신뢰에 영향을 미칠 것으로 보인다.

한편, 브렉시트는 유럽인들의 정서에 미치는 영향은 크겠지만 그것이 무역 축소 등으로 이어져 기업의 실적에 큰 영향을 미치리라고 보는 것은 과도하다는 상반된 주장도 있다. 영국이 어떠한 형태로 남아 있든 EU와 영국, 그리고 영국과 여타 세계와의 교류와 교역은 그다지 줄지 않을 것이라는 낙관론이다. 이 경우 앞으로도 다른 실질적 경제 변수가 돌출하지 않는 한 브렉시트가 주식 시장이나 금융 시장에 미치는 영향은 제한적일 것이라고 생각한다. 물론 우리는 영국의 실질적인 EU 탈퇴 전까지 협상이 매끄럽게 합의를 이끌어내지 못할 경우 사업 차질과 새로운 관세 부과 등 최악의 시나리오가 가시화될 수 있다는 점도 주시해야 한다.

자국중심주의, 보호무역주의, 자기민족주의를 앞세운 극우 정당들의 득세와 여러 국가의 정치 이벤트 결과가 회원국들의 EU 탈퇴 등 자국중심주의적 결과로 이어지면 문제다. 세계의 보호무역주의는 강화되고 무역은 축소되는 결과를 낳을 수 있기 때문이다. 유럽의 정치 지형이 정말 '자유로부터의 도피'로 이어진다면 그건 전후 하나 된 유럽을 부르짖던 합창의 목소리와 결별이지 않나. 브렉시트 협상은 처벌도 복수극도 아니어야 함을 명심해야 한다. 앞으로의 협상은 유럽을 붕괴시키지 않고 유럽이 재건하는 방향으로 진행돼야 한다. 김건모의 '잘못된 만남'은 잊고 '손에 손잡고'를 외쳐보자.

브렉시트를 바라보는 영국의 젊은이들은 어떨까? 혹시 무지한 어른들로 인해 자신들의 미래가 결정되었다고 하소연하지는 않을까? 유럽의 젊은 세대들은 각 나라의 국민이라는 감각이 희박하다. EU 회원으로 누릴 것을 다 누린 윗세대에 대한 청춘의 분노가 여전하다면 큰 걱정이다. 만약 그게 사실이라면, 자국 청춘들의 미래를 생각하지 않은 다수결의 결정에 아쉬움이 남는 대목일 수도 있다.

케이크를 공평하게
나눠주는 방법

네덜란드의 스키폴 공항 남자 화장실 소변기의 중앙에는 검정색 파리가 붙어 있다. 정조준 연습을 하라고 하는 것인지 모르겠으나 효과가 있었다. 남자 화장실의 청결을 유지하기 위한 방법으로 당신은 또 다른 어떤 제도(메커니즘)를 상상할 수 있나? 우리는 많은 제도 속에 살고 있다. 현행 대학입시, 정당 공천, 교통법규를 바라보며 과연 이러한 것들이 만족할 만한 목표를 달성하는 제도인지 누구나 한 번쯤은 반문해볼 수 있다.

이처럼 제도가 목표를 달성하기 위해 최적으로 설계되어 있는지 궁금해하는 것이 '메커니즘 디자인(제도 설계) 이론'의 첫 출발이다. '비용은 적게, 효용은 크게' 제도를 설계해나가야 하는 것은 어쩌면 당연하다. 공익을 추구하는 사안일 경우 사익에 의해 그 취지가 왜곡된다면 정말 잘못된 제도 설계다. 그런데 많은 경우 우리는 현실에서 목표를 충족시키는 제도가 제대로 마련되지 못하는 것을 발견한다. 그건 아마도 일차적으로 정보의 정확한 파악이 어렵기 때문에 발생할 수 있다.

물론 지혜로운 솔로몬 왕처럼 제대로 된 판단을 한다면 문제가 없을 수도 있다. 재판정에서 한 아이가 자기 아이라고 서로 우기는 2명의 여자가 다투고 있다. 이때 왕 중의 왕 솔로몬은 어느 쪽이 진짜 어머니인지를 판단하기 위해 명령을 내린다.

"칼로 아이를 두 동강 내서 반씩 가지는 게 좋겠다."

한 여성은 그러자고 한 반면, 다른 여성은 그렇게 할 바에야 아이를 그냥 저 여자에게 주라고 애원한다. 이를 본 솔로몬은 진짜 어머니라면 자신의 아이를 죽게 내버려둘 리가 없다며, 아이를 양보하려 한 여성을 진짜 어머니라고 판결을 내린다. 그러나 우리는 이런 솔로몬만큼 세상을 바라보는 정확한 지혜를 늘 갖추고 있다고 할 수 없다.

정보가 부족한 상황에서 제대로 된 메커니즘 디자인을 논하기 위해 '칼로 자르는 다른 이야기'를 비유로 들어보자. 여기 항상 공평하게 나눠 갖기를 원하는 쌍둥이 두 아들이 있다고 하자. 한 아들에게 케이크를 반으로 자르도록 하고, 반으로 잘려진 케이크 중 하나를 다른 아들이 고르도록 규칙을 정하자. 케이크를 자르는 아들은 자신이 손해를 보지 않기 위해서 정확하게 자를 수밖에 없다. 다른

경제적 청춘

아들은 자신이 직접 케이크를 자르지 않더라도 선택권이 있기 때문에 불만이 없다. 그 결과 두 아들 모두 불만 없이 제 몫을 가져간다.

솔로몬에 버금가는 지혜로운 의사 결정 아닌가? 사실 어머니가 직접 공정하게 케이크를 자를 수도 있다. 문제는 해당 작업이 케이크 나누기처럼 간단하지 않을 때 어머니는 고심을 하게 된다. 예를 들어 어머니 몫으로 샀지만 두 아들이 평소 관리하던 목장을 어머니가 나이 들어 나누어준다고 하자. 정보에 어두운 어머니는 어떻게 나누는 것이 가장 좋은지 아들 둘의 의사를 존중할 수밖에 없다. 어머니가 두 아들만큼 정보를 가지고 있지 않다면 두 아들이 목장을 분할하는 행위가 더 합리적이다.

"정확한 의사를 표현해주세요."

자유 시장 경제는 효율적이지만 부작용도 일으킨다. 빈부 격차 증가가 대표적이다. 이를 보완하기 위해서는 적절한 규제가 필요하다. 그러나 규제를 실제로 도입하기란 쉽지 않다. 이해 당사자 간 충돌이 생길 수 있기 때문이다. 통상적으로 시장이 정부보다 경제에 밝다고 할 수 있지만 시장이 제대로 기능을 수행하지도 시장 참여 주체가 정확한 정보를 표출하지 않는다면 어떻게 해야 할까? 정부가 어떤 제도나 규제를 만들 때 개별 시장 주체가 자기의 의사를 제대로 표출하도록 유도하는 메커니즘을 설계해야 한다. 그렇게만 된다면 손에 피가 아니라 크림도 안 묻히고 케이크를 정확하게 배분할 수 있다. 정보를 제대로 알기 위해 정부는 시장에 요청한다.

"국민 여러분, 당신의 목소리를 정확히, 왜곡되지 않게 진심을 담아 전해주세요."

2007년 스웨덴 왕립 과학원은 10월 15일, 레오니트 후르비츠 Leonid Hurwicz, 에릭 매스킨*, 로저 마이어슨 Roger Myerson을 노벨경제학상 공동 수상자로 선정했다. 이들은 시장 정보가 충분하게 공유되고 완전 경쟁적이라는 비현실성을 극복하고자 다양한 연구를 했다. 마침내 노벨상으로 정부가 불완전한 시장에서 어떻게 제도를 만들어가야 하는지에 관한 그들의 메커니즘 디자인에 대한 공로를 인정받게 된 것이다.

이 이론이 성공하려면 2가지 전제 조건이 필요하다. 우선 경제 주체들이 반드시 게임에 참가해야 한다. 다음으로 그들이 가진 정보를 제대로 제공하도록 하는 '유인 incentive' 체계를 정부가 마련해야 한다. 정부가 정책을 수립하고 실행할 때 아무리 의도가 좋더라도 어떤 사람들은 자신의 이익을 최우선시해서 왜곡된 정보를 제공할 수 있다. 그래서 당초 의도했던 정책 효과가 달성되지 않게 된다. 공익을 위해 시장이 제 기능을 하지 못할 경우 사적인 인센티브를 제공해 제도를 보완함으로써 완전 경쟁 시장을 가정하는 시장 경제 이론의 비현실성을 극복하자는 것이 메커니즘 디자인의 이론적 취지다.

● 에릭 매스킨(Eric Maskin, 1950~) 미국의 경제학자. 게임 이론의 대가다. 메커니즘 디자인 이론을 발전시킨 공로로 2007년 노벨경제학상을 수상했다. 환경 보호나 양질의 의료 서비스 제공을 위해서는 사회가 시장에만 의존해서는 안 된다고 보았다. 정책 수준의 적절한 선택을 위해서는 정책 수요자의 의사를 진실하게 반영하는 제도 설계가 중요하다고 주장한다.

경제적 청춘

이제 메커니즘 디자인을 통해 진실 게임을 벌여보자. 여기서 우리는 대표 선수로 에릭 매스킨을 선택해 그의 주장에 귀를 기울여보기로 하자. 그는 어떻게 하면 효율적인 규제를 만들고, 이를 사회에 적용할지 평생 연구해온 사람이다. 에릭 매스킨은 자본주의와 공산주의의 가장 큰 차이점이 인센티브 문제라고 지적했다. 자본주의 시스템에서는 자신의 행동에 대한 보상이 철저하게 주어지기 때문에 열심히 일을 할 인센티브가 있다. 반면에 공산주의 체제에서는 자신이 번 것을 자신이 가져갈 수 없어 열심히 일할 유인이 없다. 인센티브 시스템의 차이가 궁극적으로 자본주의와 공산주의 간의 생산력과 경제력의 격차를 가져왔다는 주장이다.

자본주의 경제의 발전과 효율적인 인센티브 시스템의 구축은 동전의 양면이다. 정부가 경제 정책을 수립하고 기업을 운용하는 근간도 인센티브를 극대화하는 보상 시스템을 구축하는 것이다. 그는 행복이란 스스로 결정을 내리는 것이라고 했는데 정부가 여러 대안 중에서 최적의 제도를 선택하는 것이 국민들을 위해서 최고의 선물을 주는 것이란 생각이 든다. 그는 시장을 완전히 신뢰한 것은 아니다.

"모든 사람들이 자기 이익에만 관심을 가지면 선善이 올까요? 글쎄요. 시장이 그렇게 완벽하지 않은 이상 그렇지 못하겠죠. 우리가 처한 작금의 현실을 보세요. 우리의 모습을 보면 시장의 완벽성에 대해 쉽사리 그렇다고 말하긴 어렵잖아요."

그는 애덤 스미스에 완전히 동의하지는 않는다.

"나는 특정한 목적을 달성하기 위해 가장 효율적인 경제 제도를 디자인하는 데 관심이 있어요. 애덤 스미스가 말한 자유 시장 경제는 사유재산 영역에서는 잘 작동하겠죠. 그러나 공공 이익에 관련된 부분에서는 제 기능을 하지 못할 수 있습니다. 따라서 공익 분야가 제대로 작동하려면 적절한 메커니즘을 디자인해야 합니다. 우리는 우리의 경제 활동을 지배하는 기구나 게임의 법칙을 담은 제도를 제대로 설계해야 합니다. 그 속에 진실을 담아야지요. 정책이나 사회 제도가 시행될 때 그 취지가 제대로 반영되지 못하는 경우가 종종 발생합니다. 이러한 제약 하에서 사회적으로 가장 바람직한 목표를 달성할 수 있는 절차에 대해 연구하는 분야가 메커니즘 디자인 이론입니다."

그에게서 불완전한 세상과 자신의 이익을 위해 진심을 말하지 않는 자를 간파하려는 노력이 엿보인다. 지혜로운 솔로몬의 향기와 진실을 파헤치려는 명탐정 코난의 향기가 동시에 느껴진다. 하긴 정부의 역할이 강조될수록 메커니즘 디자인 이론의 중요성은 강조될 수밖에 없다. 이 이론은 시장에서의 각종 거래와 규제, 전파 경매제도, 투표 같은 행위가 효율적인지를 분석하는 데 사용될 뿐 아니라 정치학에서도 유용한 도구로 이용되고 있다. 적용 분야가 다양한 만큼 발전 가능성이 무궁무진한 이론으로 회자된다.

경제적 청춘

왜 인센티브가 중요한가

우리는 사람들이 그 필요성을 인식하면서도 어떤 시설이 들어섰을 때 끼치는 여러 가지 위해적인 요소로 인해 '우리 지역에는 절대 안 돼Not In My Back Yard'라고 소리치는 님비 현상에 익숙하다. 하긴 유해 물질로 인한 환경오염과 인체의 부정적인 영향, 재산 가치의 하락, 지역 발전의 후퇴가 발생한다면 누가 민감해지지 않겠나? 주변에 쓰레기 소각장, 공동묘지, 방사능 폐기장, 송전탑, 유류저장소 등과 같은 혐오 시설이 들어오면 당신은 쌍수를 들고 환영할 것인가?

그렇기 때문에 많은 국가들은 님비 현상을 극복하기 위해서 시설물에 대한 안전성, 친환경성과 같은 이슈를 부각하는 대책을 마련해 주민들에게 적극적으로 홍보한다. 해당 시설에 대해 주민들이 가지고 있는 부정적인 인식을 개선하도록 대화와 타협의 묘책을 강구하려고 한다. 우리 역사에도 비슷한 사례가 얼마든지 있다.

2003년 정부는 방사능 폐기물 처리장(방폐장)을 부안에 설치할 의도였지만 지역주민들의 극심한 반대로 이 계획은 결국 무산되었다. 정부는 2004년 말에 이르러 사용 후 핵연료와 일부 방사성폐기물 분리 처분, 부지선정위원회 운영, 유치 지역에 대한 지원 보장을 내용으로 하는 특별법을 제정하는 정책을 발표했다. 그 결과 경주, 군산, 포항, 영덕이 최종적으로 유치 신청을 했고, 2005년 11월 실시된 주민 투표에서 경북 경주가 주민 투표율 70.8%에, 89.5%의 찬성률을 기록해 다른 지역을 제치고 방폐장 부지로 최종 선정되었다.

부안 주민은 방폐장 유치를 적극적으로 반대했는데, 경주에서는 대부분의 주민이 찬성했다. 왜 그랬을까? 2003년 정부의 제도와 2005년 제도가 달랐기 때문이다. 방폐장이 들어와서 일자리가 생겼을 것이라고 애석해하는 부안 주민들은 왜 반대의 목소리를 더 높였을까? 누군가는 방폐장 유치를 반대하면 중앙 정부의 지원이 늘어날 가능성이 있으므로 일단 반대를 한 것이라고 한다. 부안이 단독 유치 대상이었을 때 지역주민들은 진실을 말하지 않았다.

반면에 경쟁적인 시스템하에서 경주와 군산 지역 주민들은 진실을 토로하게 되었다. 여기서 우리는 정보의 비대칭 해소 노력과 바람직한 사회제도와 규칙을 설정하는 데 있어서 인센티브가 얼마나 중요한지를 알 수 있다. 지역 개발 사업과 관련해 갈등을 해결하는 수준은 개별 사업 자체의 문제에만 국한되지 않는다. 갈등 당사자이자 사업주체인 정부가 어떻게 대처하느냐에 따라 그 결과가 상이하게 나타난다는 것을 명심해야 한다.

님비 현상 발생의 상당수는 주민들의 원천적 반대 때문이다. 국민 생활 수준의 향상에 비례해 급격히 높아진 쾌적한 환경 욕구, 위험 시설에 대한 잠재적 공포감, 혐오 시설 입지에 따른 인근 토지와 주택 가격 하락 등이 '님비 현상'의 주요 원인으로 꼽힌다. 여기에 덧붙여 관계 당국의 충분한 홍보와 여론 수렴 부족, 계획 과정에서의 주민 참여 배제 등으로 주민들의 불신감이 커지면 혐오 시설에 대한 원천적 반대로 불거질 가능성이 높은 것으로 분석된다.

님비 현상을 극복한 모범 사례가 우리에게도 있다. 강원도 홍천은 친환경 자원으로 전기를 생산·판매해 온실가스와 마을 주민의 전기요금을 줄이고 일자리를 늘리는 효과를 보고 있다. 홍천군 일대에서 수집된 가축 분뇨와 음식물 쓰레기에서 발생한 가스를 도시가스로 활용하는 바이오가스화 시설, 하수·분뇨처리 찌꺼기 등을 비료로 가공하는 시설, 태양광 시설 등이 설치돼 있다. 한때 주민 반대도 있었지만 지금은 '님비' 시설이 '핌피Please in my front yard' 시설로 전환된 성공적 사례로 꼽힌다. 처음에 악취로 주민 반대가 심했으나 저렴한 난방비와 생활 환경 개선으로 그 혜택에 주민이 만족하게 된 것이다. 이 모두 유인 제도의 중요성을 말해준다.

금전적 보상보다 때로는 신뢰가 중요하다

정부가 어떤 정책이나 제도를 실시할 때 주민들의 주관적인 편익이 다른 경우가 허다하다. 그래서 실제로 사회 구성원들이 합의를 통해서 제대로 된 제도를 만들기는 무척이나 어렵다. 누군가는 그런 제도가 자신이 생각하는 편익에 비해 고비용이라고 주장해 무산시키려고 할 수 있다. 누군가는 자신의 이익을 위해 편익을 줄여 이야기함으로써 정보를 왜곡할 수도 있다.

어느 동네에 주민이 6명이 살고 있는데 골목에 가로등을 설치하는 비용이 100만 원 든다고 하자. 가로등에서 6명의 주민이 얻는 효용이 다 다르고 구청이 이를 제대로 알지 못한다고 하자. 구청이 최종 부담액을 결정하기 위해 주민이 부담할 용의가 있는 금액을 각각 써내라고 했을 때 주민들이 가로등에 대한 평가 가치를 사실대로 밝힌다면 문제는 간단해 지지만, 현실은 그렇지 않을 수 있다. 주민들의 평가 가치를 제대로 파악하는 것이 메커니즘 디자인의 역할인데, 이게 말처럼 쉽지만은 않다. 그래서 여러 수학적 모형과 방안들이 등장하고 있다. 실행 과정의 어려움으로 주민 모두 획일적으로 부담하게 된다면 누군가는 불만이 생길 수밖에 없게 되기에 최적의 메커니즘 디자인이 필요하다.

경제학에서 비용 편익을 따지는 건 중요하다. 그런데 정책이란 게 꼭 그런 것만으로 결정되지 않을 수도 있다. 핀란드 남서부에 위치한 한적한 시골 마을 에우라요키에서 차로 15분 정도 더 들어가면 파란 하늘과 바다, 호수, 강이 어우러진 올킬루오토 섬을 만난다. 이 섬에서는 핀란드에서 발전 용량이 가장 큰 원자력 발전 올킬루오토 1, 2호기를 가동하고 있다. 전 세계 에너지 업계의 관심이 이 작은 섬으로 쏠린 것은 세계 최초로 고준위 방사능폐기물 영구처분 시설 착공 때문이다. 핀란드 정부가 1983년 고준위 방폐장 계획을 수립한 후 2001년 올킬루오토 섬을 최종 부지로 선정했다. 2015년 11월 건설 허가가 났으니 계획 수립부터 건설 허가까지 32년이나 걸린 셈이다. 방폐장 운영 기간은 2020~2120년까지 100년이다.

이 시설이 이곳에 들어서게 된 것은 돈이 아니라 주민들의 정부 정책에 대한 높은 신뢰와 함께 긍정적인 여론 때문이다. 이 섬의 분위기는 '님비 현상'이 일반적인 우리나라와는 사뭇 다르다. 정부의 청문회와 언론 등을 통해 모든 정보가 투명하게 공개되고 있어 불안감은 없다는 게 주민들의 의견이다. 정부가 지역사회에 금전적인 보상을 해준다고 했으면 정부를 신뢰하지 못했을 것이라는 어느

경제적 청춘

주민의 말을 들어보면 님비 현상을 방지하는 데 가장 중요한 것은 꼭 돈만은 아니라는 생각도 든다. 위험성이 있는데 돈으로 해결하려는 자체는 이상한 일이라는 어느 주민의 지적은 경청할 만하다. 메커니즘 디자인을 생각하며 만약 개인뿐만 아니라 정부기관도 정책 목표 달성을 위해 정보를 왜곡할 수 있다면 어떻게 될지도 고려해볼 수 있겠다.

경제가 정치에 종속되면서 경제적 효율성을 중시하는 것이 실종되고 모든 것을 표로 계산하는 경우도 허다하다. 정치는 경제와 달리 정권 장악이냐 아니냐의 제로섬 게임이기에 정치인들은 진실을 저 멀리 강가에 두고 딴청을 부릴 가능성이 높다. 양보와 타협으로 비 제로섬 게임을 할 수 있는 경제적 사안을 두고, 자신의 간도 쓸개도 다 버리고 제로섬이란 정치적 셈법에 몰두할 때 사회는 비극으로 향할 수 있다. 비 제로섬 문제를 제로섬으로 옮기려고 결탁하는 정치적 셈법은 메커니즘 디자인을 망치는 길이고 국가를 후퇴하게 하는 길이다. 자신에게 최대한 이익을 취하려는 인간의 합리적 속성을 살리면서도 사회의 공공선을 높이기 위한 길을 찾아가는 것. 그것이 메커니즘 디자인의 정신이다. 그게 '공유지의 비극'을 막는 길이다.

적절한 정부 규제는 여전히 중요하다

'제도 설계 이론'을 바탕으로 2008년의 금융 위기를 분석하면 이는 적절한 규제에 실패한 결과 때문이다. 만약 금융 위기가 닥친다면 언제쯤이고, 어떤 분야에서일지 매스킨에게 물어보자.

"지난번 금융 위기는 주택 담보 대출 시장에서 시작된 위기가 전체 금융 시스템으로 빠르게 확산됐기 때문에 일어난 것입니다. 그리고 확산이 일어난 이유는 바로 이익을 늘리기 위해 돈을 빌려 투자하는 행위인 레버리지leverage 때문이었습니다. 하나의 은행에 문제가 생기면 그 은행에 대출을 해준 모든 은행들에도 역시 문제가 발생하게 됩니다. 은행들에 돈을 빌려준 사람들도 마찬가지로 곤경에 빠지게 됩니다. 만일 레버리지를 일정 수준 이하로 막을 수 있는 적절한 규제가 있었다면, 버블이 터진다고 하더라도 모두가 망하지는 않았을 겁니다. 다음 버블이 언제 어디서 터질지 현재는 예측할 수 없습니다. 그러나 어떻게 연쇄 붕괴를 막을 수 있을지는 예측할 수 있습니다. 레버리지를 규제하면 됩니다."

증권사에 레버리지 비율 제한 규제가 도입, 시행되었다. 과도한 수준의 차입에 의존한 자금 운용을 막자는 취지다. 증권업계는 제도 취지에는 공감하지만 이러한 규제로 영업에 차질이 빚어질 것이라고 생각한다. 금융 고객들은 증권사들이 개미들에게 상품 구입을 강요하고 자신들의 이익만 챙기려는데, 금융 당국이 이와 같은 제도를 시행하는 것을 환영한다고 생각한다.

우리는 모든 것이 완전한 세상에서 살 수 없다. 시장이냐 정부냐는 해묵은 논쟁을 접고, 시장이 가진 인센티브를 존중하되 과도한 인센티브에 몰두하는 시장을 적절히 규제함이 타당하지 않을까. 시장 실패를 방지하고 정부가 최적의 선택을 하는 메커니즘을 설계하는 것 역시 다수의 행복을 위해서 중요하다. 시장과 정부가 함께 조화될 때 제대로 된 역할로 사회 후생을 위해 기여할 때 불협화음이 줄어들고 합창의 메아리가 울려 퍼질 수 있다.

투명함이
우리에게 주는 혜택

●

미국 로스엔젤레스 공항에서 총격전이 벌어졌다. 범인은 공항 보안 요원을 상대로 살인 행각을 벌였다. 그는 반자동 AR-15 소총과 탄창을 3개나 소지하고 있었는데, 공항 검색 요원 중 1명을 죽이고 10명을 다치게 했다. 몇 년 전 실제 상황이었던 이야기다. 우리는 조승희라는 대학생 범죄자가 숭고한 대학생들의 목숨을 앗아간 무시무시한 버지니아텍 사태를 분명히 기억하고 있다. 총기 사고는 미국에서 흔한 일이기에 총기에 대한 규제를 두고 미국 사회는 언제나 논란을 벌인다. 무고한 시민들이 죽는 일이 다반사인데도 미국은 총기 소지 규제에 왜 소극적인지에 대한 논란을 벌일 수 있다.

정부는 사회 경제 질서를 바로 잡기 위해 기업이나 개인에게 특정 활동이나 행위를 제한하거나 금지한다. 이것이 규제의 본질이다.

이로 인해 기업과 개인의 자유로운 의사 결정과 행동에 제약과 통제가 가해진다. 그런 규제를 할 때 사람들은 저마다 찬반 논쟁을 하게 된다. 그렇다면 우리가 규제를 할 때 어떤 기준을 가져야 하나?

정부 규제에 관해서는 폴 새뮤얼슨Paul Samuelson이 서로 상충될 수 있는 2가지 기준으로 이를 설명하고자 했다. 하나는 효율성이고 하나는 공정성이다. 다시 말해서 독점이나 외부 비경제에 의한 자원 배분의 비효율성을 극복하고 소득 분배의 불공평한 문제를 해결하는 데 정당성을 둔 것이다.

공직자 등의 비리를 규제하는 강화된 반부패법으로 첫 제안자인 김영란 전 국민권익위원회 위원장의 이름을 딴 일명 '김영란 법(부정 청탁 및 금품 수수 등의 금지에 관한 법률)'이 2016년 9월 28일 첫 시행되었다. 김영란 법의 핵심은 직무 관련성이나 대가성을 따지지 않고 공직자의 금품 수수를 처벌할 수 있게 했다는 데 있다. 이는 기존의 형법상 뇌물죄보다 한층 강화된 것으로, 그동안에는 '스폰서 검사'나 '벤츠 여검사' 사건에서처럼 공직자가 금품 수수를 했더라도 공직자의 직무와 상관이 없다며 무죄 판결로 이어지는 경우가 많았다. 직무와 관련이 있는 사람으로부터 일정 금액을 넘는 식사 대접을 받으면 과태료를 물게 된다. 단체로 식사 대접을 받았을 경우 1인당 접대 비용은 n분의 1로 상한 여부를 따진다. 기존에는 부정청탁의 대가로 금품이 오갔을 경우에만 뇌물수수, 배임수재 등으로 처벌했으나 김영란 법은 돈이 오가지 않는 부정청탁도 처벌 대상으로 규정했다.

이 법이 국회에 통과가 된 이후에도 강한 찬반 논란이 일었다. 이 법으로 인해 식사 대접, 명절 선물 등이 위축되어 내수 경기를 위축시킬 수 있다는 반발과 '부패 척결'이라는 법 취지를 지켜야 한다는 찬성 여론이 팽팽하게 맞섰다. 내수가 좋지 않은 상황에서 음식점이나 택배 업체는 물론 명절 때 선물을 공급하는 농수축산물 유통 업계는 큰 타격을 받을 수밖에 없고 이것은 고스란히 서민의 피해로 돌아간다는 반대 논리도 상당한 공감을 얻었다. 권한을 갖고 있는 사람으로부터 로비를 통해 이익 근절이라는 김영란 법의 취지 목적은 좋지만, 적용 범위와 액수 등을 획일적으로 적용할 경우에는 정상적인 경제 행위까지 위축시킬 수 있다는 염려가 제기되었다.

여러 우여곡절 끝에 법이 합헌으로 결정되어 시행되었다. 제도 시행 이후에는 법 해석의 모호성, 경기 위축의 한 원인으로 지목되어 논란이 계속되기도 한다. 어찌 했건 이 법을 통해서 더 투명하고 공정한 사회를 이루도록 사회 구성원들의 노력이 요구된다고 하겠다. 수완과 친분으로 경영을 하던 사람보다는 실력으로 성공해야 하는 시기가 도래했다. 공무원 찾아다니고, 사람 만나서 친분이나 쌓으면서 영업하고 물건 개발에는 투자하지 않는 회사가 잘되는 세상은 다시 오지 않아야 한다. 그런 것과 관계없이 뚝심으로 제품 자체의 품질 향상과 경쟁력 제고를 위해 몰두하는 회사가 성공해야 한다는 사회 분위기를 조성해야 하는데 누가 반감을 가질 수 있겠나! 다만 제도 시행에 따라 어려움을 겪게 된 경제 분야에 대해서 사회적 공감대와 합의를 거쳐 나름 제도를 탄력적으로 운영할 필요는 있다고 본다.

경제적 청춘

독점 기업은 항상 규제의 대상이어야 할까

김영란 법을 생각하면 한 노벨경제학자가 떠오른다. 그의 이름은 1982년에 노벨경제학상을 수상한 조지 스티글러*이다. 그는 정부의 규제를 분석 대상으로 하는 '규제 경제학'의 창시자로 불린다. 스티글러는 1960년대 초부터 규제 정책에 대한 연구를 시작했고, 1971년 〈경제 규제의 이론〉이란 논문을 발표했다. 사실 좀 더 시간을 거슬러 올라가면 그는 1950년대 초까지만 해도 독점력을 가진 기업을 규제하고 담합한 기업들을 처벌해야 한다고 생각했다. 그러나 나중에 그런 기업 철학을 바꾸었다. 대기업 예찬론자였던 슘페터와 법 경제학을 창시한 시카고대학교의 아론 디렉터Aaron Director의 영향도 그의 생각을 바꾸는 데 일부 작용했다. 더욱 중요했던 것은 스티글러 스스로가 연구한 대기업에 대한 계량적 통계적 분석 결과 때문이었다.

그는 경제력이 집중됐다고 해도 독점적 행동이 발생하는 것이 아니라, 질 좋고 값싸게 상품을 공급할 수 있다는 사실을 발견했다. 시장 지배적 기업이라고 해도 잠재적으로는 경쟁 상황에 처한 것처럼 행동할 수 있어 독점 금지 조치는 불필요하고 오히려 독점에 대한 규제를 가할 경우 자칫 경제에 피해를 줄 뿐이라고 주장했다. 스티글러의 사상이 추구하는 최고의 가치는 무엇일까? 흥미롭게도 그

● 조지 스티글러(George Stigler, 1911~1991) 미국의 경제학자. 1982년에 노벨경제학상을 수상했다. 1971년에 규제 포획 이론을 발표했다. 여기서 이익단체나 다른 정치적 참여자들은 정부의 규제적, 강제적 권력을 이용해 자신들에게 이익이 되도록 법과 규정을 바꿀 거라고 주장한다.

는 경제적 자유보다도 효율성을 중시했다.

그는 이런 생각을 기초로 1930년대 이후 미시 경제학적 지식 세계를 지배한 에드워드 챔벌린Edward Chamberin과 같은 좌파 사상가와 싸웠다. 시장 경제의 경쟁 조건은 불완전하고 독점적이기 때문에 정부가 대기업의 독점적 성향을 막기 위해 앞장서야 한다는 주장에 반대표를 던진 것이다. 전기요금에 대한 규제, 최소 임금제나 임대료 규제 등 그 어떤 것도 규제 목적을 달성하기는 고사하고 오히려 문제를 더욱 키운다고 주장하면서 규제의 치명적 위험성과 시장의 우월성을 주장한 그에게서 자유주의 지상을 부르짖는 반규제 경제학자의 향기가 느껴진다.

그는 그런 노력으로 한때 강렬했던 규제에 대한 열광을 식히고 반규제론자로 거듭나게 된다. 이쯤에서 스티글러의 반규제지상주의에 반대표를 던지는 여론도 많을 수 있겠다. 서민을 위한 임대료 상한제의 효과에 대해서 우리나라에서도 의견이 갈린다. 그가 계량 분석을 통해 밝힌 것은 규제는 시장 경제의 결과를 개선해 보편적 이익을 증진하는 것이 아니라 파괴할 뿐이라는 것이다. 부를 재분배하고 공동체에 비효율을 떠넘기는 것이 규제라고 본 그는 너무 과격한 시장주의자일 뿐일까? 그는 규제의 원인을 부의 재분배를 위해 정부로부터 편익을 얻기 위한 이익 단체 간 치열한 경쟁에서 인식했다. 그는 이런 경쟁을 비생산적이고 낭비적이라고 비난했다. 모든 규제가 나쁘다고 할 수 없는 상황에서 도대체 그는 왜 이런 생각을 가지게 되었을까?

누가 누구를 포획했다는 말인가

그는 규제의 '포획 이론capture theory'으로 명명되는 독특한 모형을 제시했다. 도대체 누가 누구를 포획한다는 것일까? 그의 포획 이론은 일반인의 상식적인 생각과 다르다. 포획을 당하는 주체는 규제자인 정부다. 포획을 하는 주체는 피규제자인 기업이나 이익 집단이다. 누구는 피규제자가 규제자를 포획한다는 말에 상식적으로 이해가 안 된다고 생각할 수도 있다. 일반적으로는 경찰이 범죄자를 포획하듯이 규제 권한을 가진 규제자가 피규제자를 포획하는 것이 이치에 맞기 때문이다. 그런데 왜 반대의 현상이 발생하게 되는 것일까?

정부의 각종 규제는 공익을 위해 만들어지며, 규제 권한을 부여받은 규제 기관이 규제 업무를 수행한다. 규제 기관은 피규제자가 없으면 조직과 인력이 유지될 수 없다. 그리고 피규제자는 일반 개인이 아니라 기업이나 특정 이익 집단인 경우가 많다. 피규제 기관은 자신의 이익을 위해 규제 기관에 로비를 할 수밖에 없고, 규제 기관은 피규제자를 보호하고 그들과 협력하는 곳으로 바뀌게 될 수 있다. 이로 인해 일반 개인의 이익은 무시되고 박탈감이나 상실감을 느낄 수 있고 사회를 부조리한 곳으로 인식하게 된다. 그래서 규제 정책이 실제로는 공공의 이익에 도움이 되지 않는 경우가 많다고 느낀다. 이에 대해 스티글러의 규제 회의론을 들어보자.

"규제 정책의 도입이 공공의 이익을 보호해야 한다는 대중의 요구에 합치할까요? 환상일 뿐입니다. 소비자를 위해 가격과 투자 정책을 규제하는 기관들이 본래 목적과 달리 생산자를 위해 활동하는 경우가 허다해요. 이는 포획 현상에서 연유하는 것으로 보면 됩니다. 포획 현상은 정부 실패의 한 단면이죠. 한국에서 발생했던 저축은행 사태를 보세요. 금융감독원은 금융감독권을 가지고 저축은행의 부실과 비리를 철저히 단속해야 마땅한데, 그 실태를 보세요. 금융감독원은 저축은행의 부실을 사전에 인지했음에도 방치했고, 전직 금융감독원 인사들은 여러 불법적 행위에 가담했잖아요. 금융기관 감사는 금융감독원 출신이 맡는 것이 관행으로 되어 있죠. 피규제자인 저축은행은 감사직을 미끼로 금융감독원 인사들을 포획할 수 있습니다. 그 결과 저축은행에 감사들은 저축은행 비리를 앞장서서 덮어주는 선봉장으로 전락해버리게 되는 것입니다.

아니, 한국에서 보도되는 기사를 보세요. 모 저축은행의 경우, 임직원들이 영업 정지 전날 밤 친인척과 VIP에게만 예금을 인출해주었잖아요. 당시 그 저축은행에는 금감원의 감독관이 3명이나 파견돼 있었어요. 하지만 그들은 고객 예금을 무단으로 송금하는 것을 금지한다는 공문만 보냈을 뿐 사실상 특혜 예금 인출을 방관했어요."

이쯤에서 피규제 기관에 포획된 규제 기관은 차라리 존재하지 않는 것이 국민에게 더 도움이 될지도 모른다는 생각을 할 수 있겠다. 그렇다면 스티글러의 생각은 어떨까?

"포획 현상이 일어난다고 해서 모든 규제 기관을 없애면 더 큰 문제가 발생할 수도 있어요. 중요한 것은 규제 기관을 외부의 영향으로부터 차단할 시스템을 갖추는 것으로, 규제 기관 내부의 자정 노력이 필요하다는 것이죠. 그게 제 이론의 본질입니다. 규제 기관들이 포획 현상에서 벗어나 공익에 봉사하는 본연의 목적에 충실하게 되어야 합니다."

그럼 이쯤에서 역사적 포획 이론의 사례를 한번 들어보자. 경쟁에 직면한 양초업자들이 고통을 겪고 있기 때문에 이를 막기 위해 정부가 나서서 태양을 가리도록 하는 규제를 도입하면, 양초업자들이 살아날 수 있다는 주장이 19세기 프랑스에 있었다. 당시 자유주의자들은 보호주의자들이 내놓는 대책이 얼마나 탐욕스럽고 무의미한 주장인지를 신랄하게 비난했다. 그중 포획 이론을 내세운 양초업자들의 주장 한 대목을 보자.

"태양의 자연광을 차단해 인공 조명에 대한 수요를 창출하게 되면 프랑스에서 수많은 산업이 발달하게 될 것입니다. 양초 산업이 살면 유지油脂를 제공하는 소와 양이 더 많이 필요할 것입니다. 따라서 목장, 육류, 모직, 가죽, 비료를 비롯한 농업 자원이 늘어날 것입니다. 항해업도 마찬가지입니다. 수천 척의 배들이 고래를 잡으러 떠날 것이고, 머지않아 우리는 프랑스의 명예를 지킬 수 있고 청원인들의 애국적 자존심에 부응할 수 있는 해군을 갖게 될 것입니다.
파리의 상점들은 또 어떻겠습니까? 샹들리에, 램프, 천정 등, 촛대의 금장식, 구리, 크리스털이 넓은 상점에서 반짝일 것입니다. 이런 점들을 생각하신다면 우리 조명업자들의 청원으로 생활 조건이 개선되지 않는 프랑스 국민은 단 한 사람도 없을 것이라는 점을 확신할 수 있을 것입니다.

따라서 이 불공정한 상황을 시정할 법을 하나 만들어주시기 바랍니다. 우리의 탄원은 우리 국민 모두가 낮에는 모든 창문들과 모든 틈새들을 막고 커튼을 쳐서 햇빛이 집안으로 들어오지 못하도록 명하는 법률을 제정해주십사 하는 것입니다. 부디 햇빛을 차단할 수 있는 법을 제정해주시기를 바랍니다.”

부당한 이익 추구 행위와 일그러진 사회의 자화상

태양광을 가려달라는 어처구니없는 주장을 하는 양초업자들은 ‘규제 포획’을 시도한다. 경제 주체들이 자기의 이익을 위해 비생산적인 활동에 경쟁적으로 자원을 낭비하는 현상을 흔히 경제학에서 ‘지대 추구 행위’라고 한다. 로비, 약탈, 방어 등이 만연해 경제력 낭비 현상이 사회 도처에 만연하게 되는 것이다. 여기서 말하는 ‘지대rent’란 한 사회 안에서 누구에게도 귀속되지 않은 이권을 뜻한다. 아무리 정직하게 노력해도 성공하지 못한다는 인식은 기존 기득권자에게는 자신의 이익을 놓치지 않으려는 경쟁적인 지대 추구 행위로 나타난다. 그러나 이러한 행위는 다른 계층의 사람들에게는 좌절을 느끼게 한다.

경제적 청춘

지대 추구 행위는 고든 털럭Gordon Tullock의 논문에서 비롯되었다. 특정 경제 주체가 면허 취득 등을 통해 독과점적 지위를 얻게 되면 별다른 노력 없이 차액 지대와 같은 초과 소득을 얻을 수 있다. 각 경제 주체들이 이와 같은 지대를 얻기 위해 정부를 상대로 경쟁을 벌이는 지대 추구 행위를 도처에서 발견한다. 결국 지대 추구 행위는 '규제의 포획 이론'과 상응되는 말이다. 툴록 논문에서 독점이나 관세부과에서 발생되는 생산자의 이윤은 그냥 주어지는 것이 아니라 기업들의 치열한 노력과 경쟁에 의해 얻어지는 것이라 또 다른 형태의 사회적 비용을 유발한다고 주장했다. 그런 사회적 비용은 독점을 만들거나 적당한 관세 부과를 위해 기업들이 정부를 상대로 치열한 로비를 하면서 지불하는 유·무형의 여러 가지 자원 손실을 의미한다.

이러한 지대 추구 행위는 후진국뿐만 아니라 선진국에서도 다양한 형태로 존재한다. 우리나라의 경우에도 과거 정부 주도의 고도성장 과정을 거치면서 독점 혹은 관세 유지와 관련되어 나타난 정경유착에 의해 기업들의 지대 추구 행위가 광범위하게 존재했다. 김영란 법은 로비스트들의 규제 포획과 지대 추구 행위를 근절하려는 취지에서는 매우 바람직하다.

문제는 앞으로 이 법을 통해 큰 부작용 없이 그러한 행위를 근절시켜야 하는 데 있다. 누군가는 선과 악, 흑백논리가 아닌 현실적으로 적용 가능한가의 측면에서 이 법을 바라본다. 누군가는 장기적 관점에서 더 나은 사회를 건설하자며 이 법을 바라본다. 공식적인 한국의 OECD 부패 인식 지수는 매우 낮다. 국민들은 공직자와 정치인의 부정부패가 반드시 척결되어야 한다고 본다. 스티글러는 규제 포획 이론을 주장한 자유주의자다. 그러나 김영란 법은 포획 이론을 주장한 스티글러의 취지를 살리면서도 규제를 도입함으로써 자유주의의 한계를 인정한 법이다.

그 법이 우리 사회의 정화 노력에 일조해 사회적 자본인 신뢰를 한 단계 끌어올리기를 바란다. 초반 과도기에는 이런저런 시행착오들이 있을 수밖에 없다. 꽤 많은 어려움을 거치겠지만, 그러한 과정이 부정부패가 없고 투명한 나라를 만들기 위한 길목이라는 관점에서 이 법을 바라보자. 마음에 안 드는 구석들이 있어도 조금씩 손질해나가면 잘 정착되어서 순기능을 할 것으로 생각된다. 제도 시행에 따른 불협화음을 최소화하고 제도 시행의 의의에 한 목소리를 내어 국가의 격을 제고해나가야 할 시점이다.

이 땅의 젊은이들은 사회에 만연한 부패를 보며 불신, 분노, 체념의 반응을 보인다. 그들은 기득권 세력이 형성한 '그들만의 리그'에 지쳐버렸다. 있는 집 자식과 그렇지 못한 자신과의 괴리를 체감하며 괴로워한다. 새로 사업을 하려는 젊은이들은 대기업이나 기득권층의 두터운 학연, 지연을 어떻게 넘어설 수 있을까 하는 고민에 밤을 지새우기도 한다. '연줄'이 아닌 '실력'으로 승부를 거는 사회를 만들기 위해서라도 이 법의 성공적인 시행 결과를 기원해야 할 것이다.

경제적 청춘

흔들리는 세상에서
나를 지켜주는 힘

벽에 걸린 정물화의 바구니에 사과가 담겨 있다. 우연히 라디오에서 흘러나오는 클래식을 듣고 있는데 시청자 엽서의 사연들이 애절하다. 저마다 아픔을 안고 사는 시대에서, 마음은 그렇지 않은데 행동 때문에 오해를 받는다는 한 애청자의 이야기가 심금을 울린다. 쪼들리는 살림살이에서 마트에 가서 사과 하나 집어 들기가 겁난다는 그 주부는 고향에 계신 부모에게 용돈을 제대로 보내지 못해 죄송하다는 마음을 전하며 울먹인다. 남편이 비정규직 근로자인데 이번에 정규직이 되어 고용 불안이 줄어들었으면 한다는 그녀의 작은 소망이 이루어지기를 바란다.

각자도생의 시대에 세상을 바라보는 프레임이 다르듯, 경제를 바라보는 프레임도 다를 수 있다. 문제는 자신이 발을 딛고 있는 나라의 사정은 생각하지 않고 이룰 수 없는 이상향만 추구하는 것이다. 가질 수 없는 '엘리제를 위하여'가 아닌 내게 꼭 맞는 '엘리제를 위하여' 피아노 연주를 들려주는 것이 제대로 경제를 바라보는 시각이다. 그게 상처받기 쉬운 세상에서 살아가는 방법이다. 자신이 딛고 있는 현실을 제대로 이해하고 살아가자는 이야기이다.

꿈이 큰 것도 좋겠지만 자신의 꿈이 무엇인지 그런 꿈을 위해 어떤 노력을 해야 하는지를 제대로 생각해보는 교육이 어려서부터 필요하리라. 다들 대학 간다고, 다들 대기업이나 공무원한다고, 그다지 행복할 것 같지도 않은 남의 꿈을 좇아가는 것보다 남과 다른 내게 꼭 맞는 길을 선택하는 것이 진정한 경제적 청춘 아닐까? 설사 그게 부자의 길이 아니면 어떠리.

라디오에서 흘러나오는 음악을 듣다가 나도 모르게 눈을 조용히 감고 베토벤이 사랑했던 쉴러의 '환희의 송가' 한 대목을 생각해본다.

태양이 수많은 별들 위를 움직이듯이
광활한 하늘의 궤도를 즐겁게 날듯이
형제여 길을 달려라
영웅이 승리의 길을 달리듯이

모든 사람들은 서로 포옹하라
온 누리를 위한 입맞춤을!

사랑하는 마음이 승리를 이끈다는 그의 메시지가 분열된 사회를 극복하고 통합과 화해의 정신으로 새 시대를 건설하는 데 밑거름이 되었으면 좋겠다.

우리가 경제학을 바라보며 느끼는 것은 무엇일까? 철학이 없는 경제학은 오만과 편견으로 가득한 것으로 느껴질지 모르겠다. 그러나 어느 날 문득 철학이 있는 경제학을 알게 된다면 우리는 자신을 사랑하는 마음과 남을 사랑하는 마음을 함께 갖추게 될 것이다. 그게 아름다운 경제학의 정신이다.

경제학의 아버지 애덤 스미스는《도덕 감정론》에서는 이타적 인간을 이야기했고,《국부론》에서는 자기애적 인간을 이야기했다. 누군가는 둘의 차이를 보며 마치 이것이 애덤 스미스의 모순이라고 생각하지만 자기를 사랑하는 마음과 남을 사랑하는 마음은 공존할 수 있다. 경제적 청춘은 그런 공존의 가치를 추구해야 한다. 그래야 나에게 고맙고, 세상에도 고마운 사람이 되는 것이다. 그래야 나 스스로를 진정 사랑하게 되고 타인을 이해하게 되고 더 좋은 사회를 만드는 밑거름이 되는 것이다. 가끔 자신을 홀대한 것에 대해, 타인과 스스로를 잘못 이해한 것에 대해 진심으로 사과해야 하는 이유이다.

'사과' 이야기가 나오니 먹는 사과가 생각난다. 세상에는 여러 사과에 관한 이야기가 있다. 누군가는 로빈 후드가 화살로 맞춘 사과를 떠올릴지 모르겠으나, 아쉽게도 그건 인류 역사에 남을 '3개의 사과'에는 포함되지 않는다.

첫 번째 사과, 이브의 사과이다. 이브의 사과는 선악과의 상징이자 인류의 운명을 바꾼 결정체이다. 이브가 아담에게 사과를 건네지 않았다면 인류의 역사는 있을 수 없었다. 시간도 탄생도 죽음도 없는 에덴 동산의 낙원을 누군가는 그리워하며 살고 있을지 모르겠다.

하지만 내가 밟고 있는 이곳을 천국이라 생각하며 살아야 할 이유가 우리에겐 있다. 내 곁에 있는 사랑하는 사람을 보며 그를 위해 기도할 수 있는 '나'는 무수한 세월을 견뎌온 자들이 만든 소중한 역사의 산물이기 때문이다. 그래서 나에게 고맙다고 인사해야 하는 것이다. 태어나 우리는 노동을 하는 '운명'에 처하게 되고 딸린 식구를 부양하면서 때로는 곤혹 아닌 곤혹을 치르고 있다고 생각하기도 한다. 누구에게는 가혹할 수 있고 누구에게는 그렇지 않을 수도 있겠지만 인류는 수많은 어려움을 극복하고 오늘에 이르렀다.

그리고 다시 인류가 마주한 지금 이 운명을 개척하는 청춘이 많아지도록 사회 유동성을 증가시키는 것이 국가가 할 일이다. 그래야 사람들이 '희망사망'이 아닌 '희망의 찬가'를 부를 것이고 삶은 스스로 개척하는 것이라는 생각을 가진 경제적 청춘이 늘게 된다. 그것이 저 평화스러운 '전원'에서 승자독식이 아닌 공생하며 평화로운 삶을 사는 데 기여할 수 있는 길이다.

이 대목에서 두 번째 사과는 뉴턴의 사과이다. 뉴턴이 고향집 정원의 사과나무에서 사과가 떨어지는 것을 보고 만유인력의 법칙을 깨달았다는 이야기는 유명하다. 뉴턴 이전에도 사과가 아래로 떨어지는 현상을 지구의 인력 때문으로 생각한 과학자들은 있었다.

다만 뉴턴은 하늘이든 땅이든 동일한 만유인력과 운동 법칙에 의해 움직인다는 패러다임을 확립했다.

뉴턴의 업적은 기나긴 연구를 통해 확립된 것이다. 이러한 발견이 떨어지는 사과에서 영감을 얻어 단박에 나올 수 있는 성격의 것이 아닌데도 후대의 사람들이 '그의 성실성보다 천재성'을 강조하다 보니 사과 이야기가 다소 부풀려졌다.

천재는 1%의 영감과 99%의 땀으로 이루어진다고 하면, 누군가 노력해도 안 되는 사례를 들먹이며 반박할지 모르겠다. 자본주의에서 보상의 원리가 제대로 작동하지 않는 것은 슬픈 일이다. 뉴턴의 천재성은 그냥 발휘된 것은 아니다. 그러니 이 말만은 명심하자. 기회를 인내하고 기다리고 노력하는 사람에게, 행동하는 사람에게, 원하고 찾는 사람에게, 기회는 주어진다. 비록 노력한 만큼의 성과를 거두지 못하더라도 지금보다는 더 나은 기회 속에서, 희망이 샘솟는 세상 속에서, 발전하고 성숙한 사회 속에서 청춘들이 행복해하는 모습을 꼭 보게 될 것이라 믿는다. 청춘들이 뉴턴의 사과처럼 끌리는 일을 빨리 발견해 열정을 불살랐으면 좋겠다. 한 번 뿐인 인생을 가치 있게 사는 것이 얼마나 멋진 일인가?

마지막 사과는 세잔의 사과이다. 세잔의 어린 시절 친구였던 세계적인 문호 에밀 졸라는 학교생활이 원만치 못해 다른 친구들로부터 따돌림의 대상이었다. 그런 에밀 졸라를 세잔만은 늘 따뜻하게 위로하고 친구가 되어주었다. 졸라는 고마움의 표시로 세잔의 손에 사과를 쥐어주었는데, 이를 계기로 둘은 더욱 친한 친구가 되었다.

세잔은 사과를 좋아하게 되었으며 자기 그림 속에 사과를 가장 중요한 위치에 그리게 되었다. 프랑스의 화가이자 평론가인 모리스 드니는 세잔의 사과에 대해서 이렇게 말한다.

"평범한 화가의 사과는 먹고 싶지만 세잔의 사과는 껍질을 깎고 싶지 않다. 잘 그리기만 한 사과는 군침을 돌게 하지만 세잔의 사과는 마음에 말을 건넨다."

세잔의 사과는 기존의 개념을 깨뜨리고 새로운 사조를 여는 위대한 창조 행위였다. 세잔은 사과로 예술의 도시 프랑스 파리를 정복하고 싶었는지 모르겠다. 기존 시스템이 해체될 수밖에 없었던 시기에 새로운 패러다임, 사고방식으로 사물을 보는 무엇인가가 요구되었을 때 세잔의 사과는 의미를 더한다. 아마 애플의 혁신적 모습은 이런 세잔의 모습을 닮은 게 아닌가 생각한다. 각기 다른 세잔의 사과의 모습에서 창조적 파괴의 향기가 난다. 4차 산업혁명 시대 '영웅'의 모습이 상기된다.

타성에 젖은 모습으로는 진보가 없다. 매너리즘에 빠진 청춘들로 가득 찬 사회는 노쇠한 사회다. 활기찬 사고로 기존의 틀을 과감히 부수는 것이 경제적으로 가치 있다는 것은 사회나 개인이게나 마찬가지다. 거창한 영웅이 아니라도 괜찮다. 그런 생각을 가진 작은 영웅들이 많을수록 활기찬 세상이 되는 것이고 그게 바른 경제적 청춘의 자화상이다. 그 시작은 스스로의 닫힌 사고를 열고 안정만을 제일로 생각하는 사회적 가치를 몸소 부수는 데서 출발한다.

벽에 걸린 베토벤 사진을 바라본다. 제 몸 하나 건사하기도 바쁜 흔들리는 세상에서 그의 '합창 교향곡'을 함께 음미하자는 이야기가 사치일지는 모르겠다. 하지만 이 위대한 작곡가는 당시 최악의 조건에서 청력을 상실한 채 하숙집을 전전하며 사람들에게 생명과 환희를 불어넣는 불멸의 작품을 남겼다. 베토벤의 '운명'을 들으면서 그가 가장 평범한 환경에서도 극적인 상상력을 동원해낸 원동력이 뭔지를 상상해보자. 그건 극히 평범한 일상을 살면서도 세상을 온전한 마음으로 받아들였기 때문이 아닐까?

세상을 어떻게 바라보는가는 각자의 자유다. 하지만 세상은 '흑'과 '백' 둘로 갈라져 있는 게 아니다. 온전하지 못한 인간이 각자 서 있는 자리에서 자신의 프레임으로 굴곡지게 볼 뿐이다. 지나친 이분법이 아니라 온전하게 세상을 바라보는 것이 흔들리는 세상에서 나를 지탱하는 힘이리라.

무대 위에 아무도 없다. 적막이 흐른다. 누군가는 이 순간 너무 외롭다고 생각할 수 있다. 그래도 투정하지 마라. '합창 교향곡'을 초연한 후 열광하는 청중들의 환호를 들을 수 없었던 베토벤은 계속하여 오케스트라를 향해 서 있었다. 알토 솔리스트가 베토벤을 청중을 향해 돌려 세웠다. 그리하여 더욱 큰 갈채가 쏟아질 때 베토벤은 말없이 고개만 숙였다. 이 모습에 많은 부인들이 눈물을 흘렸다. 이후 베토벤의 병세는 현저하게 악화되어 폐렴까지 겹쳐지고 1827년에는 유언장을 쓴다.

베토벤이 죽기 몇 주 전, 그를 흠모해왔던 슈베르트가 용기를 내어 방문한다. 1827년 3월 26일, 천둥이 요란하게 치던 어느 날 오른손 주먹을 불끈 쥔 채 번갯불에 비쳐 환해진 방안을 노려보면서 거인은 숨을 거둔다. 베토벤의 영구 행렬 뒤에는 슈베르트의 모습도 보였다. 그는 눈물에 젖어 있었는데, 그 슬픔은 아마 다른 누구보다도 컸을 것이다. 그로부터 2년이 지나지 않은 1828년 11월 19일, 슈베르트는 굶주림으로 세상을 떠났다. 평생 가난하게 살다간 슈베르트는 종이가 없어 작곡도 못했던 비참한 삶을 살았다. 슈베르트는 베토벤과 같은 식당에서 식사를 할 때도 다가가지 못하고 멀리서 바라만 보았다. 베토벤과 친분을 맺게 된 후 베토벤은 그에게 많은 충고와 격려를 해주었다. 그리고 베토벤이 죽은 다음해에 죽었고, 그의 소원대로 베토벤 옆에 묻혔다.

'성문 앞 우물가에 서 있는 보리수.
나는 그 그늘 아래 단 꿈을 꾸었네.'

이 세상에 이방인으로 잠시 머물렀던 두 거장은 경제적 가치로 따질 수 없는 무한대의 사랑과 아름다움을 남기고 떠났다. 경제적으로 풍족하지 못했지만 꿈을 포기하지 않았다. 세상이 힘들다 해도 이 두 거장의 삶에 비교할 수 있을까? 훗날 지나간 세월을 놓고 자신의 선택에 대한 기회비용을 아쉬워하지 말자. 기성세대가 만들어놓은 선택지를 정답이라 생각하고 좌절하지 말자.

세계 경제나 우리 경제가 어떠하든 잊지 말아야 할 것은 우리의

경제직 청춘

인생이나 경제적 운명의 주인공은 우리 자신이라는 것이다. 세상이 우리를 속일지라도 말이다. 이제 모든 것을 물질로만 따지고 계산하며 사회의 그림자에 웅크린 청춘에서 벗어나 스스로의 삶을 개척하고 사랑하는 경제적 청춘이 되길 바란다. 그러려면 국가도 사회도 그리고 우리도 스스로 변해야 한다. 변화의 거센 바람 속에서 저 들에 푸르른 솔잎을 본다. 깨치고 나아가 끝내 이기리라.

SECTION I. 청춘의 경제학

조원경,《법정에 선 경제학자들》, 책밭, 2015.
토머스 셸링; 최동철 역,《갈등의 전략》, 나남, 1992.
폴 오어; 홍지수 역,《짝찾기 경제학》, 청림출판, 2014.
〈인연, 수학으로 계산 할 수 있을까?〉, 숙대신보, 2011.

Gary S. Becker, *A theory of marriage: part I*, Journal of Political
    Economy, Chicago Journals, 1973.
Gary S. Becker, *A theory of marriage: part II*, Journal of Political
    Economy, Chicago Journals, 1974.
Michael Spence, *Market Signaling: Informational Transfer in Hiring and
    Related Screening Processes*, Harvard University Press, 1974.
Oliver Hart, *The Costs and Benefits of Ownership: A Theory of Vertical
    and Lateral Integration*(with Sanford J. Grossman), Journal of Political
    Economy, 1986.

Oliver Hart, *Incomplete Contracts and Renegotiation*(with John Hardman
　　Moore), Econometrica 56(4), 1988.

Michael Spence, http://www.nobelprize.org/mediaplayer/index.
　　php?id=504
'Oliver Hart and Bengt Holmstrröm Win Nobel in Economics for Work
　　on Contracts', New York Times, 2016.

SECTION II. 자기 결정의 경제학

Franco Modigliani, *The Life Cycle Hypothesis of Saving, the Demand for
　　Wealth and the Supply of Capital*, Social Research. 33 (2), 1966.
Gunnar Myrdal, *An American Dilemma: The Negro Problem and
　　Modern Democracy*, Harper & Bros, 1944.
Gunnar Myrdal, *Asian Drama: An Inquiry into the Poverty of Nations*,
　　RAND Corporation, 1968.
Jim Stevens, *The q Theory of Investment*, Investopedia, 2005.
Lars Peter Hansen, *Uncertainty Inside and Outside Economic Models*,
　　(Nobel Lecture).
William F. Sharpe, *Portfolio Theory and Capital Markets*, McGraw-Hill,
　　2000.

SECTION III. 더 나은 삶을 위한 경제학

크레그 램버트; 현주 역,《그림자 노동의 역습》, 민음사, 2016.

Amartya Sen, *The Possibility of Social Choice*, American Economic

Review, 1999.

Friedrich Hayek, *The Road to Serfdom*, University of Chicago Press, 1994.

Herbert A. Simon, *Administrative Behavior: A Study of Decision-Making Processes in Administrative Organization*, The Free Press, 1997(4th edition).

Robert Lucas, *Expectations and the Neutrality of Money*, Journal of Economic Theory, 1972.

Interview with Dr. Kenneth Arrow, The Center for Election Science, 2012(pdf 파일).

Interview with Vernon Smith, Region Focus, 2003(pdf 파일).

SECTION IV. 4차 산업혁명 시대의 경제학

에드워드 글레저; 진원 역,《도시의 승리》, 해냄, 2011.

조지프 스티글리츠; 브루스 그린왈드; 김민주 역,《창조적 학습사회》, 한국경제신문사, 2016.

클라우스 슈밥; 김진희 외 역,《4차 산업 혁명의 충격》, 흐름출판, 2016.

Lewis, William Arthur, *The Theory of Economic Growth. London*, Taylor and Francis, 2003.

Theodore Schultz, *Economics of the Family: Marriage, Children, and Human Capital*, University of Chicago Press. 1974.

Theodore Schultz, *Investment in Human Beings*, University of Chicago Press, 1962.

Thomas J. Sargent, *Rational Expectations and the Theory of Economic Policy*, Journal of Monetary Economics, 1976.

경제적 청춘

SECTION V. **포용의 경제학**

George Stigler, *The Theory of Economic Regulation*, Bell Journal of
   Economics and Management Science, 1971.
Robert Solow, *On Policy Consistency: Finn Kydland*, Palgrave
   Macmillan, 2014.
Robert Mundell, *A Theory of Optimum Currency Areas*, The American
   Economic Review, 1961.

'Mechanism Design Theory-Eric Maskin', Serious Science on YouTube
   http://serious-science.org, 2013.